U0677507

中国历代名著全译·丛书

近思录全译

[南宋]朱熹　吕祖谦　撰集
于民雄　译注

贵州出版集团
贵州人民出版社

中国历代名著全译丛书
再版工作委员会

再版说明

◎ 在人类文明历史长河中，中华民族创造了源远流长、博大精深的优秀传统文化，它是中华民族的“根”与“魂”，为中华民族生生不息、发展壮大提供了强大的精神支撑。中华优秀传统文化内容包蕴万千，而浩如烟海的历代经典名著正是其中最为璀璨的瑰宝。

◎ 为了传承和弘扬中华优秀传统文化，使广大读者了解我国历代经典名著的全豹，20世纪90年代，我们在全国学术界许多著名学者的支持下，出版了这套《中国历代名著全译丛书》。丛书分两批，每批50种，精选我国历代经史子集四部名著以全注全译的形式整理出版。由于丛书开名著全译之先河且兼具权威性、通俗性、学术性和资料性，出版之后得到书界的认可和受到读者的喜爱，并于1993年荣获第三届中宣部精神文明建设“五个一工程”奖。

◎ 随着中国开启建设社会主义现代化国家新征程，文化作为一个国家、一个民族的灵魂，在中国特色社会主义事业全局中的重要地位被进一步凸显，提高文化软实力成为实现中华民族伟大复兴的重要支撑。正是由于这样的背景，让我们开启《中国历代名著全译丛书》的再版工作具有非同寻常的意义。此次再版我们主要做了两项工作：一是对书的内容进行全面细致的校订，改正上一版中存在的舛误，同时，在尊重和保持作者学术成果原貌的基础之上，对个别属于历史局限的地方作了适当处理，使其内容更加精善；二是对书的装帧形式重新进行设计，使其形态更具审美价值并符合新时代读者的阅读习惯。

◎ 我们相信，这套新版的《中国历代名著全译丛书》在让读者领略到中华优秀传统文化独特风采与恒久魅力的同时，对提升中华民族文化自觉自信将起到应有的作用。

贵州人民出版社有限公司

2021年1月

前言

《近思录》成书于南宋淳熙二年（1175），著名理学大师朱熹、吕祖谦合编。书名取《论语·子张》“切问而近思”之义；内容择自《太极图说》《易通》《西铭》《正蒙》《经学理窟》《二程遗书》《易传》等有关著述，集北宋哲学家周敦颐、程颢、程颐和张载的主要言论而成。全书分为道体、为学、致知、存养、克治、家道、出处、治体、治法、政事、教学、警戒、辨异端、观圣贤等十四门，凡六百二十二条，为阐述儒家性理的概论之作。

一

《近思录》既为朱熹、吕祖谦合编，又全面展现了周敦颐、程颢、程颐、张载的基本思想，故该书可视为双重合作的产物。了解《近思录》，与了解上述六人的生平、事迹、思想有关，亦为解读《近思录》提供背景知识准备。职是之故，有必要对朱熹等六位学者作一简要介绍。

朱熹（1130—1200）字元晦，一字仲晦，号晦庵，别称紫阳，晚号晦翁等。徽州婺源（今属江西）人，侨居建阳（今属福建）。绍兴十八年（1148），登进士第。后历任泉州同安主簿、知南康军、知漳州、秘阁修撰等职。庆元二年（1196），落职罢祠。时韩侂胄专权，党禁猖狂，其学被目为"伪学"。方是时，稍以儒名者，无所容其身。后党禁松弛，其学亦渐得见用。嘉定二年（1209），朱熹被赐谥为"文"，旋赠中大夫，特赠宝谟阁直学士。理宗宝庆三年（1227），赠太师，追封信国公。淳祐元年（1241），理宗手诏：以周敦颐、张载、程颢、程颐及朱熹"从祀孔子庙庭"。

朱熹早岁从父朱松学，后师事李侗。一生孜孜不倦，"博极群书，自经史著述而外，凡夫诸子、佛老、天文、地理之学，无不涉猎而讲究也"①，堪称古代百科全书式的大学者。哲学上，朱熹认为理、气不能相离，"天下未有无理之气，亦未有无气之理"②。但又断言理为形而上之道，理是本，逻辑上先在；气为形而下之器，气在后。道德上，朱熹强调"天理"与"人欲"的对立："圣贤千言万语，只是教人明天理，灭人欲。"③人的存在依归，指向"天理"；人通过"居敬""穷理"的道德实践工夫，实现人的目的；复归"天理"，即是人的完满——它内在于人的神圣性与合目的性。知识论上，朱熹强调“即物穷理”，知识源于经验，“格物”是获得知识的前提。

朱熹是宋代理学集大成者，其思想被视为儒家正统，支配中国思想界达六百年之久。其主要著作有《四书章句集注》《周易本义》《诗集传》《楚辞集注》《太极图说解》《资治通鉴纲目》等，以及后人编纂的《朱文公文集》和《朱子语类》等。

吕祖谦（1137—1181）字伯恭，学者称东莱先生。婺州（今浙江金华）人。孝宗隆兴元年（1163）中进士第。历任秘书郎、国史院编修官、实录院检讨官、著作郎等职。与朱熹、张栻齐名，时称“东南三贤”。全祖望说：“宋乾、淳以后，学派分而为三：朱学也，吕学也，陆学也。三家同时，皆不甚合。朱学以格物致知，陆学以明心，吕学则兼取其长，而复以中原文献之统润色之。”④吕氏学术折中朱熹、陆九渊之学，又吸收永嘉学派经世致用思想，自成一派，人称“婺学”，影响颇大。

吕祖谦为学主“明理躬行”，崇尚讲实理，育实才，求实用，反对空谈阴阳性命之说。主张治经史以致用，重视历史研究与文献整理，提倡以史为鉴，从历史中总结经验智慧。凡此种种，开浙东学派先声。著作有《东莱集》《东莱左传博议》《吕氏家塾读书记》《东莱书说》等。编有《宋文鉴》《古文关键》等。

周敦颐（1017—1073）字茂叔。道州营道（今湖南道县）人。因筑室庐山莲花峰下的小溪上，取营道故居濂溪以名之，后人遂称濂溪先生。曾先后任分宁县主簿、南安军司理参军、桂阳县令、大理寺丞、合州判官、虔州通判等职。晚年为提点广南东路刑狱、知南康军，"为政精密严恕，务尽道理"[⑤]。

周敦颐为二程师，其再传、三传弟子有杨龟山、罗仲素、李延平、朱熹等，周氏遂被奉为宋代理学开山祖师。

周敦颐依据《易传》《中庸》及道家与道教思想，构建以"太极"为本体创化阴阳万物的宇宙生存论模式，且为儒家道德人性论确立形上根据，对后世理学发展有开创作用。著作有《太极图说》《通书》等，后人编为《周子全书》。

程颢（1032—1085）字伯淳，世称明道先生。河南洛阳人。少时受父命，与弟颐同师事周敦颐。嘉祐年间，举进士第。曾为上元主簿，晋城、扶沟县令。为官廉洁，有政绩，后经吕公著推荐，为太子中允、监察御史里行。对王安石新政持有限反对立场。在洛阳讲学十余年，弟子有"如坐春风"之喻。为理学创始人之一。嘉定十三年（1220），谥纯公；淳祐元年（1241），封河南伯，从祀孔子庙庭。

程颢著作有《定性书》《识仁篇》等。后人所编《遗书》《文集》《经学》等，收入《二程全书》。

程颐（1033—1107）字正叔，世称伊川先生。河南洛阳人。颐幼聪敏，“年十八，上书阙下，欲天子黜世俗之论，以王道为心”⑥。又游太学，其文为胡瑗称道。由司马光、吕公著推荐，受诏为西京国子监教授、秘书省校书郎，旋提为崇政殿说书。哲宗时，被斥为奸党，削籍流放涪州。徽宗即位，被赦还洛阳。一生不喜仕进，讲学达三十余年。与其兄程颢同为理学奠基者，世称“二程”。嘉定十三年（1220），谥正公；淳祐元年（1241），封伊川伯，从祀孔子庙庭。

程颐著作有《易传》《颜子所好何学论》等。后人所编《遗书》《文集》《经学》等，收入《二程全书》中。

程颢、程颐思想基本一致，其范围不出天理本体论、心性人性论、道德修养论。细微差异为：程颢为学以“识仁”为主；程颐为学以“穷理”为本。“二程”学说后为朱熹承继与发展，世称“程朱学派”。

张载（1020—1077）字子厚。凤翔郿县（今陕西眉县）横渠镇人，世称横渠先生。少好谈兵，“年十八，慨然以功名自许”⑦。后承范仲淹教诲，致力《中庸》。出入佛老，究其说，终无所得，返求之《六经》。嘉祐二年（1057），举进士第，为祁州司法参军、云岩令。熙宁九年（1076）除崇文院校书，与朝官不合，辞官西归故里。

张载讲学关中，故其学称为“关学”。为北宋“五子”（邵雍、周敦颐、程颢、程颐、张载）之一，理学创始人之一。以恢复古代井田制为政治理想。提出“太虚即气”说，肯定“气”是充实宇宙实体——“气”聚散变化，形成万物。其学以《易》为宗，以《中庸》为体，以孔孟为法。主张通过“变化气质”，成就至善的“天地之性”。著作有《正蒙》《易说》《经学理窟》等，编入《张子全书》。

二

中国学术，源远流长。自先秦子学以降，两汉经学、魏晋玄学、隋唐佛学、宋明理学彼伏此起，洋洋大观。宋代理学，承继孔孟儒学，亦批判、吸收佛道思想，自成一体。理学即人学，亦即道德形上学。集大成者朱熹，其思想与周敦颐、程颢、程颐、张载一脉相承。不言而喻,《近思录》作为集中代表周、二程、张基本思想的作品，在理学史上具有重要地位；其编排次第，符合朱熹哲学体系的内在价值与逻辑理路。

理学是系统化哲学体系，本体论构成整个思想大厦的基石。故《近思录》十四门中,《道体》排列第一，开宗明义直指大本大原。周敦颐说：

“无极而太极。太极动而生阳，动极而静，静而生阴，静极复动。一动一静，互为其根；分阴分阳，两仪立焉。阳变阴合，而生水火木金土，五气顺布，四时行焉。五行一阴阳也，阴阳一太极也，太极本无极也。五行之生也，各一其性。无极之真，二五之精，妙合而凝。‘乾道成男，坤道成女。二气交感，化生万物，万物生生而变化无穷焉’。”⑧

这即是著名的“太极”本体创化万物的宇宙生存论模式。但，从这一宇宙论，周敦颐引出“圣人定之以中正仁义，而主静立人极焉”的价值指归。张载亦然。张载说:“游气纷扰，合而成质者，生人物之万殊。”⑨但，从气一元论，张载引出“立天地之大义”“无非教也”的价值结论。从自然本体引出价值，建构道德形上学，是理学的本质所在。质言之，自然本体即道德本体。自然本体无非抗拒佛教空幻论的批判武器，在儒学心性论体系中，它只具有从属地位。宋儒所谓的“天”“理”“道”——作为本体的不同称谓，是一切价值的终极来源。程颢说:“盖上天之载，无声无臭。其体则谓之易，其理则谓之道，其用则谓之神，其命于人则谓之性，率性则谓之道，修道则谓之教。”⑩这一本于儒家经典的概论，表述的正是天人合一的理念。儒家的真精神，从“天理”开出，亦内在于人心，它先验地赋于人的神圣性。所谓“体道”，即体悟性理至善的原理，在根本点上把握人存在的价值和意义。

“学”属于经验范畴。但在儒学道德形上学体系内,“学”与终极价值密不可分，受内在性理牵引，指向并成就完满人格。“学”是儒家的传统。“学”作为道德主体的实践活动，具有广泛的含义。《近思录》所列的《为学》《致知》《存养》《克治》诸门，大致属于“学”的范围。

人性善——真实的道德自我内在人心，是宋儒的先验设定。但，人内在的善性并不等同于实存的人格。完满道德人格是修养的结果。善性只是完满化的可能，“学”作为实践工夫，实属完满化的必要条件。

“学”以圣人之道为终极归依。圣人之道作为历史实在，展现在儒家经典之中，它集价值理念、历史智慧、文化精神、人格理想于一炉，代表整全真理。《六经》及《论语》《孟子》以文字载道，但决非文辞而已。体悟儒家真精神，不啻读经的根本路向，故“以博闻强记、巧文丽辞为工，荣华其言，鲜有至于道者”⑪。经有难易之别，故宋儒强调循序渐进之法。程颐说：“初学入德之门，无如《大学》，他莫如《语》《孟》。”⑫读经由浅入深，于一事一义理会，学习领悟不辍，是求道明理的工夫。所谓“致知”，即在“格物”基础上，最终达到对儒家义理的全面把握。

圣道体用一源，即体即用，知行一体，相互作用。但体用、知行在概念上各自具有独立的含义。“致知”为人性完满提供知识论支援，但日用道德学问是“天理”的具体落实。理事的圆融表征体用、知行的统一。宋儒注重问学，强调在伦常日用中提升自己，依据的是儒学实践论的本质要求。它体现在方法、要求、过程、态度、意义等方方面面，构成一学道成圣、相互关联的有机系统。

方法上，宋儒有一套朴素而切实的经验：

“人之蕴蓄，由学而大。在多闻前古圣贤之言与行，考迹以观其用，察言以求其心。”⑬

“孟子才高，学之无可依据。学者当学颜子，入圣人为近，有用力处。”⑭

“博学之，审问之，慎思之，明辨之，笃行之。五者废其一，非学也。”⑮

“朋友讲习，更莫如相观而善工夫多。”⑯

如此等等，止为大略，亦可见宋儒对方法的重视。方法有特定功用，但方法内在于目的。目的实现的前提是立志。所谓“志伊尹之所志，学颜子之所学”⑰，“先立其大者”⑱，是学圣人之道的应然之义。志纯粹如一，与外在功名、得失、毁誉无涉。故宋儒对一切私欲杂念持否定立场，阻断一切“义”外觊觎之心。志超越时空制约，与空谈性命格格不入；志同时有待日用证验，伪志必然半途而废。志要求自觉陶铸锻炼，成就道德人格具有主动性、严肃性、长久性、艰巨性，不可能一蹴而就。宋儒之所以主“诚”“敬”为本，守护心性，直指“天道”（如“毋不敬，可以对越上帝”⑲，“涵养吾一”⑳），亦倡经验论路径，格一事一物，力行致用，基于存在论的神圣律令，两者相互发明，相得益彰[21]。

《家道》讲齐家。齐家是儒家传统格致诚正、修齐治平八条目之一。孝悌是修身之本，宋儒注重齐家，自在情理之中。家系人与国之中介，是社会的缩影。家庭反映社会面貌。饮食起居、人情世故、交往应酬、婚丧嫁娶，构成生活本身。《家道》所举，不乏经验教训之谈：

“世人多慎于择婿而忽于择妇。其实婿易见，妇难知，所系甚重，岂可忽哉。”[22]

“人无父母，生日当倍悲痛，安忍置酒张乐以为乐，若具庆者可矣。”[23]

但家庭生活琐细实际，不胜警戒；警戒有针对性，例证有限定性。故齐家，必须把“多”抽象为“一”，以为基本原则。程颐说：“正伦理，笃恩义，家人之道也。”[24]依据人伦秩序的内在要求，遵从仁义孝悌的道德精神，家庭人际关系及生活遭遇之种种，可以迎刃而解——，是原始儒家的基本观念，也是宋代理学家的基本观念。

儒学与佛、道哲学不同，是入世之学。治国平天下作为儒家社会政治理想，要求儒者参与政治。《近思录》中《出处》《治体》《治法》和《政事》诸门，大致属于儒家政治思想范畴。

济世是士人的当然之理。“圣贤之于天下，虽知道之将废，岂肯坐视其乱而不救?”㉕但作为现实选择，儒家并非无条件、无原则地鼓动士人投身政治。出仕是儒者的政治切入点，亦代表士人的积极姿态，但退隐决非意味背离救世原则。士人可以根据世道时势之几，保留退隐的权利。退隐基于不得已，并内含俟机而作。出仕虽内在于儒家政治理念中，“然去就取舍，唯义之从。”㉖孟子说：“可以仕则仕，可以止则止，可以久则久，可以速则速，孔子也。”㉗孔子的明智策略，代表宋儒出处观的立场。

儒家的价值理念需要在历史文化中落实，士人出仕从政，履行的是责任与使命。毋庸置疑，儒家的终极关怀指向人间理想国的建立。但儒家的社会理想，本质上是道德观念的投射，修身作为治国平天下的逻辑前提，使政治附属于道德，亦使儒家政治哲学具有强烈的精英政治色彩。这一道德——政治论，起源于上古时代，孔子集大成并奠定基本范式。宋儒关于政治建构的学说，是孔孟原创思想的支脉，精神不出儒家藩篱。宋儒说：

“得邱民则得天下。”㉘

“治天下以正风俗、得贤才为本。”㉙

“君仁莫不仁，君义莫不义。天下之治乱，系乎人君仁不仁耳。”㉚

“治身齐家以至平天下，治之道也。”㉛

这就是儒家的道德——政治论，概言之，即“内圣外王”之道。宋儒反复推崇的所谓王道、仁政、礼制，反复张扬的所谓诚敬、公心、爱民，反复批判的所谓霸道、邪心、暴力等等，彻上彻下包含在“内圣外王”之道中，凸现儒家一脉相承的道德——政治体系的基本价值理念。

《教学》乃经验之谈，但儒家传统教育原则、目的、方法蕴含其中。周敦颐、程颢、程颐、张载均以桃李满天下著称于世，在中国教育史上占有一席地位。《教学》一门凡二十二条，虽不足以概周、二程、张教育思想之全貌，但摘选精当，可窥其本旨。宋儒认为，成就君子人格非一朝一夕之功，亦不离一时一事的社会实践。故宋儒强调幼儿教育，主张“先传以小者近者，而后教以大者远者”㉜，日常生活的事事物物，都与培养理想人格息息相关。宋儒的教育思想，是方法论与目的论的统一，最好的表述是程颢所说的“古之教人，莫非使之成己。自洒扫应对上，便可到圣人事”㉝。宋儒关于教学相长、恪尽职守、因材施教等生动表述，是中国传统教育思想的财富。

《警戒》一门，亦经验之谈，要在阐明事理，让人警省。人生遭遇，大致祸福、是非、公私、荣辱之间，以克己为本，以警戒为法，可以抑制私欲，可以减少谬见，可以避免耻辱，可以成全人格。宋儒认为，就道理而言，警省之所以必要，因为人时时有落入陷阱的可能。越是人们不加注意的地方，越是真实的危险；越是人欲耽恋的对象，越容易招致损害。贪图逸豫是人之常情，但宋儒则认为“处豫不可安且久，久则溺矣”[34]，最终导致身败名裂。计较得失利弊，亦常人难免，但宋儒认为，贪利害义，有损人格，得不偿失。关于警省，宋儒不乏发人深省之言：

“富贵骄人固不善，学问骄人，害亦不细。”[35]

“虽公天下事，若用私意为之，便是私。”[36]

“阅机事之久，机心必生。盖方其阅时心必喜，既喜则如种下种子。”[37]

《警戒》属于儒家修身范畴，其主旨不出义利之辨，但其特定的视角与经验，构成中国传统的人生智慧。与老庄的出世超然之道不同，儒家的修身警省之道，高扬的是义理道德境界，不可视为守身全命的处世哲学。

在儒家看，儒学代表真理，其他种种学说基本上被视为异端邪说。孔子本人就提出过“攻乎异端”[38]的口号。孟子辟杨墨，韩愈批佛老，是中国思想史上的重要事件。宋儒捍卫孔孟之道，《辨异端》即彰显宋儒与佛道思想势不两立的价值立场。[39]其基本立论是：佛教空幻说、轮回说、道教神仙说、飞升说等等，皆不足为据，属虚妄之列；佛教出家说，背弃纲常名教；佛教生死说，蔽于小我私欲，与儒家公道大相径庭；即使佛教思想与儒学有一定相同点，但佛教“本领不是，一齐差却”㊵。如此种种，毕现宋儒之倾向。平心而论，宋儒对佛道的批判，激烈有余，而说理不足，有失之于武断之虞。

《观圣贤》凡二十六条，阐述儒家道统，亦集中宋儒对历史上儒家著名人物的评价。对于儒家圣人，宋儒崇敬仰慕之情溢于言表。如程颢把孔子说成是天地精神的体现，无以伦比。在儒家，这一评价自是当然。朱熹认为，儒家道统自孟子后，中断千年，其间有荀子、毛苌、董仲舒、扬雄、诸葛亮、王通、韩愈相继出世，他们“立言立事，有补于世教”，但“未能传斯道之统”㊶。不言而喻，上述诸人依朱熹所言，算不上大儒，不能真正承传儒家真精神。故程颢说：“荀卿才高其过多，扬雄才短其过少。”㊷荀扬都有缺欠，自不待言。至于诸葛亮，程颢说：“诸葛武侯有儒者气象。”㊸但又说：“孔明有王佐之心，道则未尽。”㊹依然算不上完满。

宋儒得儒学真髓，传儒家真学。朱熹认为，正是因为周敦颐、程颢、程颐、张载的出现，才使“圣学复明，道统复续”㊺。这是极高的评价，庶几可与孟子、颜回比肩。

《观圣贤》最后几节介绍周、二程、张生平事迹、思想学问。其清旷高远的气象、廓然大公的境界、立人立己的精神、恬淡洒脱的志趣，依儒家标准，堪称人世楷模。

《近思录》从形上本体缘起，大略循着格物致知、诚意正心、穷理尽性、存养迁善、齐家育人的路径，到治国平天下及儒家礼法文化制度，终而批驳佛道异说而彰圣贤道统，全面系统反映程朱理学一系的价值、观念与立场。朱熹、吕祖谦对《近思录》极为重视，认为此书是学习周、二程、张四子，进而学习《六经》的阶梯，“循是而进，自卑而高，自近及远”㊻，足以使学者“得其门而入矣”㊼。《近思录》对复兴儒学，传播儒家精神和文化，具有不可替代的历史作用和长久影响，这一点，毋庸置疑。国学大师钱穆把《近思录》看成是代表中国传统文化的七部基本经典之一（其余六部分别是《论语》《孟子》《老子》《庄子》《坛经》《传习录》），其地位之高，由此可见。

三

《近思录》自问世后，注家不断。南宋叶采《近思录集解》：

“其诸纲要，悉本朱子旧注……有阙略者，乃出臆说。”㊽故该书虽盛行一时，但失之注解不当，字句讹误。元以后，《近思录》支流曼衍，传本颇多讹舛，特别经明周公恕妄臆穿凿后，该书正文、注语淆乱纷纭，遗误甚多。康熙四十九年（1710），张伯行《近思录集解》刊行问世。该书正本清源，依照朱、吕原编，拾遗补阙。又荟萃众说，校勘精当，引据精详，亦参以己意，解析缜密。

本书所据，即以1936年上海商务印书馆王云五主编《丛书集成初编》张伯行《近思录集解》排印本（所据即同治五年（1866）福州正谊堂刻本）为底本，参校江永《近思录集注》(《四部备要》本）、茅星来《近思录集注》(《四库全书》本），对全书作标点、注释与今译。

关于本书的“译文”部分，这里需要说明一下。

我译《近思录》基本原则，大致说来，包括以下几点。第一，力求完整、准确地表达原文每句话的原义。古人用字简明，如果机械地都以直译处理，不但往往词不达意，无法表述原文的含义，而且容易使译文显得生硬、僵滞，缺少连贯性，甚至还可能违背现代汉语的语法结构和规范。因此，在无法直译的情况下，我采用意译。例如,《治法第九》9·3条中的所谓“十事”，只可意译。直译只能让读者不知所云；对译者来说，只能说是不负责任，无法驾驭。意译以准确为目的，同时避免不必要的累赘与敷衍。第二，本书基本上属于哲学著作。对于常用的哲学术语与概念，如“天”“性”“命”“道”“理”“形而上”“形而下”等等，原则上不译，因为是不可译的。要译，也是根据具体语境的需要，使之更具准确性、具体性。例如,“理”可根据行文中的特定含义，译为“道理”“合理”“天理”“义理”等等。第三，尽力使译文流畅、通俗，尽量使文字显得生动、贴切，能简单明白就简单明白；决不故弄玄虚，决不做晦涩聱牙之词，尽可能不拖泥带水。

上述三点，有的是我可以遵守的，有的只是我的主观愿望。然而，要做到译文的准确、流畅、优美，要使译文达到“信”“达”“雅”的统一，不是只凭主观愿望就能实现的。但是，这种愿望已经对我产生鞭策使用，虽然它离实际结果相距尚远。

对于本书“注释”部分，这里也需要谈一点我的感受。

据我所知，迄今为止，《近思录》还没有出现一部符合现代学术规范的注释作品，这给我的注释工作带来较大困难。生僻的字词、专门的术语、历史人物和事件等等，当然是要注释的。但相对来说，困难不太大，认真查阅工具书和有关资料，进行比较、甄别、提炼，就可以解决。对我来说，真正困难的是对原书“引文”的辨认，标明其出处。《近思录》引用大量儒家典籍和部分古代文献，却几乎不标明其来源，我所据的底本张伯行《近思录集解》对部分“引文”也只是粗略地提示，并不指明准确的出处。这一点，在古人自是当然。古人对典籍烂熟于心，没有必要对常识性的问题多费脑筋。但时过境迁，过去的常识在今天就成了学问。我虽然对儒家典籍有所涉猎，但浅陋如我辈，岂敢望古人之项背！古人一目了然的东西，在我，却是一种辛苦的求索。因此，在缺少现存参照可用的情况下，我只有以勤补拙了。具体说，在有提示的情况下，我依据《近思录集解》提供的线索，按图索骥，通常能够达到目的。但有时候，要准确找出“引文”的出处，往往需要通读一本书甚至两三本书，因为提示往往含糊，你不能确定它出自何部典籍。在没有提示的情况下，我只有依据自己的经验，处处小心，以避免该标明出处的地方有所遗漏。显然，这一状况更加麻烦，更加难以把握。

注释的甘苦，我自己知道。虽然我总是孜孜矻矻，但疏忽与遗漏，依然是可能的。对于此，我当然不能推卸。

此外，每卷开头有“说明”。大致阐述每一卷的基本内容，一定意义上具有提要作用。“说明”立足客观化，以宋儒的价值立场为准。个别篇幅，稍有一定评论，但依然以客观实际为原则。

凡“说明”所引原文，出自本卷条目者，一律不注明出处。

儒学是中国文化的主干，是中国传统社会的精神支柱。了解儒学，是了解中国、了解中国文化的基本途径。《近思录》作为一代大儒周敦颐、程颢、程颐和张载的思想精粹，代表儒家哲学发展的又一高峰，其价值自不待言。正是本着对“生机勃勃的传统是创造性的源泉”（海耶克语）这一深邃智慧的认同，对中国优秀传统文化的挚爱，以及弘扬中国文化真精神和消解伪历史浪漫神话的迷信的需要，我注译了此书。注译过程中，虽不敢懈怠，但由于才力不足，疏漏讹舛之处难免，祈请专家、学者和读者赐教。

于民雄

1998年11月8日

注释

①《宋元学案》卷四八。

②《朱子语类》卷一。

③《朱子语类》卷十二。

④《宋元学案》卷五一《东莱学案》。

⑤《近思录·观圣贤第十四》。

⑥《宋史·程颐传》。

⑦《近思录·观圣贤第十四》。

⑧《近思录·道体第一》。

⑨同上。

⑩同上。

⑪《近思录·为学第二》。

⑫《近思录·致知第三》。

⑬《近思录·为学第二》。

⑭同上。

⑮同上。

⑯同上。

⑰同上。

⑱同上。

⑲《近思录·存养第四》。

⑳同上。

㉑见《近思录·存养第四》及《克治第五》。

㉒《近思录·家道第六》。

㉓同上。

㉔同上。

㉕《近思录·出处第七》。

㉖同上。

㉗《孟子·公孙丑上》。

㉘《近思录·政事第十》。

㉙《近思录·治法第九》。

㉚《近思录·治体第八》。

㉛同上。

㉜《近思录·教学第十一》。

㉝同上。

㉞《近思录·警戒第十二》。

㉟同上。

㊱同上。

㊲同上。

㊳《论语·为政》。

㊴宋以后，儒、道、释具有合流趋势。宋儒以儒学为宗，批判、吸收佛道思想，从而导致理学出现，基本为学界共识。但从宋儒的价值立场看，宋儒对佛老是持否定态度的。明代大儒王阳明认为，佛老出世思想，与儒家入世精神格格不入，但在形上层面，佛老与儒家同源。但仅就后者，宋儒亦持否定立场（见《近思录·辨异端第十三》）。

㊵《近思录·辨异端第十三》。

㊶《近思录·观圣贤第十四》。

㊷同上。

㊸同上。

㊹同上。

㊺同上。

㊻吕祖谦《〈近思录〉跋》。

㊼朱熹《书〈近思录〉后》。

㊽见《附录》，叶采《近思录集解·序》。

目录

道体第一

（凡五十一条）

此卷论性之本原，道之体统，盖学问之纲领也。

说明 儒家形上本体论，是儒学整全真理的基石。

博大精深的儒家文化，从本原上说，源于“道”的牵引，具有终极本体依据。儒家精神之所以生生不息，中国人文传统之所以弥久日新，根本原因就在这里。

“道”是唯一、绝对的本体，是超越性的最高实在。在儒学体系中，“天道”“仁道”“天理”均是表征本体的术语。本体之“道”的神圣性在于：创化万物又内在万物，是一切价值之源，是个体完满化的理念。

因此，《易·系辞上》说：“形而上者谓之道，形而下者谓之器。”又说：“一阴一阳之谓道。”

《中庸》说：“道也者，不可须臾离也。可离非道也。”

孔子说：“朝闻道，夕死可矣。”（《论语·里仁》）

孟子说：“尽其心者，知其性也。知其性，则知天矣。”（《孟子·尽心上》）

凡此种种，在儒家经典中比比皆是，整体上展现了原始儒学关于天、地、人的终极性思考与关怀，凸现了中国文化的形上智慧。

作为一代思想大师，宋儒周敦颐、张载、程颢、程颐承先启后，在彰显、弘扬儒家大智慧方面成就斐然，庶几具有开创性的贡献。他们以儒学原典为根据，感知、理解、体悟儒家形上真髓，并在此基础上进行创造性阐释。《道体第一》五十一条，以“道”为核心，展示为自然本体论、宇宙生存论、人性论、认识论、道德形上学的内在有机统一体系。周敦颐说：

“无极而太极。太极动而生阳，动极而静，静而生阴，静极复动。一动一静，互为其根；分阴分阳，两仪立焉。阳变阴合，而生水火木金土，五气顺布，四时行焉。五行一阴阳也，阴阳一太极也，太极本无极也。五行之生也，各一其性。无极之真，二五之精，妙合而凝。乾道成男，坤道成女。二气交感，化生万物，万物生生而变化无穷焉。”

这就是具有经典地位的“太极”本体创化万物的宇宙生存论模式。但，由这一宇宙论，周敦颐引出“惟人也，得其秀而最灵”的人性论，推出‘形既生矣，神发知矣’的认识论，以及最终确立“圣人定之以中正仁义，而主静立人极焉”的道德形上本体论。

张载亦然。张载说：“游气纷扰，合而成质者，生人物之万殊。”但终极指向依然归结于“立天地之大义”，依然指向道德形上学。

自然本体即是道德本体，“天道”“地道”“人道”具有统一性。“立天之道，曰阴与阳；立地之道，曰柔与刚；立人之道，曰仁与义。”自然与社会、人生与世界、事实与价值，皆统摄于“道”之中。

因此，“道”就是本原、规律、法则、功能、价值、精神；它的显现即是器、万物、现象、状态、变化、作用。换言之，形而上之道存在于形而下之器中，用程颢的话说：“器亦道，道亦器。”

因此，把握了本体之“道”，就可以理解儒家的“性”“命”“鬼神”“仁义”“理”“阴阳”“生生”等等基本范畴，因为在儒家哲学体系中，它们都只是“道”的本质、功能、原则、道理、价值的不同表述而已。

本卷是全书的大纲，自不待言。

原文

1·1 濂溪[①]曰：“无极而太极[②]。太极动而生阳[③]，动极而静，静而生阴，静极复动。一动一静，互为其根；分阴分阳，两仪[④]立焉。

阳变阴合[⑤]，而生水火木金土；五气顺布，四时行焉。五行一阴阳也，阴阳一太极也，太极本无极也。

五行之生也，各一其性。无极之真[⑥]，二五之精[⑦]，妙合而凝。乾道成男，坤道成女[8]；二气交感，化生万物。万物生生，而变化无穷焉。

惟人也，得其秀而最灵。形既生矣，神发知矣，五性感动而善恶分，万事出矣；圣人定之以中正仁义，而主静立人极焉。

故圣人与天地合其德，日月合其明，四时合其序，鬼神合其吉凶[9]。君子修之吉，小人悖之凶。故曰：立天之道，曰阴与阳；立地之道，曰柔与刚；立人之道，曰仁与义[10]。又曰：原始反终，故知死生之说[11]。大哉《易》也，斯其至矣。”

注释

①濂溪（1017—1073）：即周敦颐，字茂叔。道州营道（今湖南道县）人。北宋哲学家。曾知南康军。因筑室庐山莲花峰下小溪上，取营道故居濂溪以名之，后人遂称为濂溪先生。著作有《太极图说》《通书》等，后人编为《周子全书》。其思想学说对理学影响极大。

②无极而太极：“无极”指最原始的、无形无象的宇宙本体。《老子·十四章》：“复归于无极。”“太极”指派生万物的本原。《易·系辞上》：“易有太极，是生两仪，两仪生四象，四象生八卦。”关于周敦颐之说，朱熹认为“无极”即无方所、无形状，是“太极”的形容词；陆九渊认为“太极”之上加个“无

极”，根本是叠床架屋。

③阳：与“阴”相对。阴阳的原始意义，指日光的向背，向日为阳，背日为阴。历来引申为气候的寒暖。后抽象为哲学概念：代表一切事物中两种对立和相互消长的存在。《老子·四十二章》：“万物负阴而抱阳，冲气以为和。”《易·系辞上》：“一阴一阳之谓道。”肯定阴阳的矛盾为事物本身所固有，阴阳交替是宇宙的根本规律。

④两仪：即阴阳。

⑤阳变阴合：指阴阳交感。其结果生成水火木金土。张伯行《集解》：“阳趋乎阴，则主于施而为变；阴还乎阳，则主于受而为合。”如阳一变生水，而阴以六合成之；阴二合生火，而阳以七变成之。

⑥无极之真：无极为实在本体，故真实不虚。

⑦二五之精：阴阳五行出于无极，禀赋粹然精醇之气。

⑧乾道成男，坤道成女：语出《易·系辞上》。高亨《周易大传今注》：“乾，天也。坤，地也。成犹为也。《易传》以天比男，以地比女，故言天道为男，地道为女。”

⑨“故圣人与天地合其德”四句：语出《易·乾·文言》。“圣人”一词,《文言》为“大人”。

⑩“立天之道”六句：语出《易·说卦》。

⑪原始反终，故知死生之说：语出《易·系辞上》。“原”，考

察。“反”，反观。

译文 周敦颐说：“无形无象的太极是创化宇宙万物的本原。太极一动，即生成阳，动达到极限，即转化为静，静生成阴，静达到极限，又转化为动。太极一动一静，循环无端，相互为其存在的根据。于是，阴阳即有各自的界限，也就确立了阴仪与阳仪的对立。

阴阳相互交感，产生出水火木金土；水火木金土五气生成顺布于天地间，与春夏秋冬四季相协调，于是，产生了自然的和谐秩序。

水火木金土五行性质各异，但都是阴阳交感的产物。从原因上说，五行即是阴阳，阴阳相互对立，但都包容于太极之中；从生成上说，阴阳即是太极。五行、阴阳、太极本质上具有同一性。而太极之为本原，是无形无象，无声无臭的。

五行生成后，各自有其特性。无极是真实的本体，阴阳五行禀赋有无极粹然精醇之气，它们神妙地结合，从而凝聚成有形有象的存在。表现为乾道阳刚者，为男；表现为坤道阴柔者，为女。阴阳二气相互交感，创化出宇宙万事万物。宇宙万物生生不已，而阴阳的变化，却没有穷尽。

只有人可以获得天地之精神，故人为万物之灵。人因阴的凝聚而生成，便有人的形质；又因阳的运作而为神，神一发动人即能感知。仁义礼智信五性感应万物而动，得义理之正，为善；任人欲之偏，为恶。于是人世间有善恶的区别，有万象的差异。幸运的是，圣人制定了以中正仁义为最高准绳的道德原则，以无欲无私之静为本，奠立了人的最高精神境界。

因此，圣人心胸开阔，像天地一样广大；圣人明察万物，像日月一样光华；圣人变通而出于自然，像四时代嬗，井然有序；圣人赏善罚恶，英明无比，如同鬼神对待吉凶，无不至当。君子修圣人之道，即是吉，是福；小人背离圣人之道，是凶，是祸。因此，《易·说卦》说：‘圣人定立了天之道，即阴与阳；定立了地之道，即柔与刚；定立了人之道，即仁与义。’《易·系辞上》又说：‘圣人考察万物之始，因此了解其所以生；究求万物之终，因此知道其所以死。’《易经》多么博大啊，它博大到至高无上的地步。”

原文 1·2 濂溪曰：“诚无为[①]。几[②]善恶。德[③]爱曰仁，宜曰义，理曰礼，通曰智，守曰信。性[④]焉安焉之谓圣，复焉执焉[⑤]之谓贤，发微不可见、充周不可穷之谓神⑥。”

注释 ①诚无为：“诚”，真实无妄；“无为”，自然无伪无欲，与人为无涉。

②几：微小的行动。

③德：张伯行《集解》：“道得于身谓之德。”

④性：人的本质，是天道或天理在人身上的体现。如《礼记·中庸》：“天命之谓性。”《孟子·告子上》：“人性之善也，犹水之就下也。”《二程遗书》卷十九：“性出于天。”

⑤复焉执焉：“复”，恢复，返回；“执”，保持。

⑥神：《易·系辞上》：“阴阳不测之谓神。”谓天道之阴阳变化不可预测。

译文 周敦颐说：“所谓‘诚’，即是天理自然，摒弃人欲私念等人为的羁绊。任何微小行动或思想，出于自然之理，即是善；出于杂念，即是恶。把体现天道的爱的恻隐之心表达出来，是仁；行为合宜，是义；行为有条理，符合秩序，是礼；行动明白是非，通融无碍，是智；操守坚定确实，是信。人性天然完满，不思不勉，自明自安，浑然与天理合一者，是圣人；能反观恢复人性中固有的天理，并能保持而不丧失者，是贤人。天理发用，微妙而不可见，充塞一切周遍一切而又不可穷尽，这就是天理的神奇所在。”

原文 1·3 伊川[①]曰：“喜怒哀乐之未发谓之中[②]，中也者，言寂然不动者也，故曰天下之大本；发而皆中节[③]谓之和，和也者，言感而遂通者也，故曰天下之达道[④]。”

注释 ①伊川（1033—1107）：即程颐，字正叔。河南洛阳人，北宋哲学家、教育家。官至崇政殿说书。曾与兄程颢学于周敦颐，并同为北宋理学的奠基人，世称“二程”。其思想学说为朱熹所继承与发展，并以“程朱学派”著称于世，影响极大。著作有《易传》《颜子所好何学论》等，后人所编《遗书》《文集》《经说》等，收入《二程全书》中。

②中：虚静澹然、不偏不倚。

③中（zhòng）节：“中”，符合；节，法度，道理。“和”，中正和谐。

④本条由《礼记·中庸》和《易·系辞上》两段引文组成。其中“寂然不动，感而遂通”出于《系辞上》，其余出自《中庸》。程颐在此交叉引用，以相互发明。

译文 程颐说："喜怒哀乐没有表现出来的时候，称为'中'。所谓'中'，即是虚静不动、无思无为浑然一体的状态。因此，'中'是天地的本真。喜怒哀乐表现出来，符合天理，称为'和'。所谓'和'，即是感应发用和谐无碍、畅通自由。因此，'和'是通贯天下的原则。"

原文 1.4 伊川："心①，一也。有指体②而言者，有指用③而言者，惟观其所见如何耳。"

注释 ①心：指本原。南宋陆九渊说："宇宙便是吾心，吾心即是宇宙。"（《象山全集·杂说》）明王阳明说："天下无心外之物。"（《传习录》下）

②体：指本体。"体"为内在，为本质。中国哲学史上，有以"无""理""心"为体者，如王弼等；有以"气""物""有"为体者，如王夫之等。

③用：与"体"相对，指作用。"用"是"体"的外在表现。

译文 程颐说："心是唯一的本原，即体即用。因此，心即一。因为心有体用，可以把心说成是本原，亦可以把心说成是作用，这种区别，只是人们观察心的不同层面而产生的分别而已。”

原文 1.5 伊川曰：“乾[1]，天也。天者，乾之形体；乾者，天之性情。乾，健[2]也，健而无息之谓乾。夫天，专言之则道也，天且弗违[3]是也；分而言之，则以形体谓之天，以主宰谓之帝，以功用谓之鬼神，以妙用谓之神，以性情谓之乾。”

注释 ①乾:《易》卦名之一，与坤相对，构成阴阳两种对立势力，乾代表阳，乾之象为天。

②健：刚健不息。《易经·乾·象》：“天行健，君子以自强不息。”

③天且弗违：语出《易经·乾·文言》，意谓天象不违背道的规律。

译文 程颐说：“乾即是天。天是乾的形体，乾是天的禀性。乾代表刚健，刚健不息即是乾。统一而言，天即是道；天象的运行不背离道的规律，说的正是这个意思。分别而言，天——从形体上看称为天，从主宰上看称为帝，从功用上看称为鬼神，从妙用上看称为神，从禀性上看称为乾。”

原文 1·6 伊川曰："四德[①]之元，犹五常[②]之仁，偏言则一事，专言则包四者。"

注释 ①四德：即元亨利贞，为《易经》乾卦卦辞。历来解释不一。《易经·乾·文言》："元者善之长也，享者嘉之会也，利者义之和也，贞者事之幹也。"据孔颖达疏："《子夏传》云：元，始也；享，通也；利，和也；贞，正也。"高亨《周易大传今注》："元，大也。亨即享字，祭也。利即利益之利。贞，占问。卦辞言：筮遇此卦，可举行大享之祭，乃有利之占问。"

②五常：指仁义礼智信。

译文 程颐说："元亨利贞四德之元，犹如仁义礼智信五常之仁，偏于一方面说，元只是四德之一；统而言之，则元可以包括四德。"

原文 1·7 伊川曰："天所赋为命，物所受为性。"

译文 程颐说："天所赋予的，即是命；物所禀受的，即是性。"

原文 1·8 伊川曰："鬼神者，造化[①]之迹也。"

注释 ①造化：自无而有谓之造，自有而无谓之化。

译文 程颐说："鬼神屈伸往来，即是造化的踪迹。"

原文 1·9 伊川曰："剥[①]之为卦，诸阳消剥已尽，独有上九一爻尚存[②]，如硕大之果，不见食[③]，将有复生之理。上九亦变，则纯阴[④]矣，然阳无可尽之理。变于上则生于下，无间可容息也。圣人发明此理，以见阳与君子之道，不可亡也。或曰：剥尽则为纯坤，岂复有阳乎？曰：以卦配月，则坤当十月，以气消息言，则阳剥为坤，阳来为复[⑤]，阳未尝尽也。剥尽于上，则复生于下矣。故十月谓之阳月，恐疑其无阳也，阴亦然，圣人不言耳[⑥]。"

注释 ①剥：《易经》卦名之一。

②诸阳消剥已尽，独有上九一爻尚存：剥卦卦形为☶☷，五爻皆阴，独一阳爻在上，阳几消尽。

③硕大之果，不见食：语出《易经·剥》："上九：硕果不食，君子得舆，小人剥庐。"意谓有丰硕的果实而不食之。

④上九亦变，则纯阴：剥卦☶☷上九一爻一变，即为坤卦☷☷，坤卦全是阴爻，故为纯阴。下文"剥尽则为纯坤"即指此变。

⑤阳剥为坤，阳来为复：阳消落，剥卦☶☷即变为坤卦☷☷，但坤卦非无阳，正是阳生长之时，只是微小之阳而已，即阳逐渐生成一爻，坤卦就转化为复卦☷☳。

⑥阴亦然，圣人不言耳：阴于四月纯阳之时，与阴于十月纯阴之时，性状相反，表现相同。只是阳为君子，圣人言之；阴为小人，圣人不言。圣人扶阳抑阴，但阴阳相互作用，相互转化则永不停息。

译文 程颐说："剥卦卦形表现为，阳几乎已消落殆尽，只有上九一爻还存在着。这如同众多果实纷纷飘落，仅剩有一个大果实，可种于地下，重新生长。剥卦上九一变，转化为坤卦，坤卦是纯阴之卦。然而阳不可能彻底消逝，阳之上九一爻消落之时，即以微小的状态逐渐生长，以至变为初九、九二等，这其间，不存在瞬刻的停息。圣人阐明这个道理，以表明阳与君子之道不会死亡。有人问，剥卦上九消落就变为纯阴的坤卦，怎么可能再生出阳呢？回答说，用卦形配月份，那么坤卦正当十月；从气的消长看，阳的消落即是坤，阳的生长即是复。阳并没有完全消亡，在剥卦上九消落，则在复卦初九生长出来。因此，圣人之所以称十月为阳月，正是因为担心人们误疑坤卦纯阴无阳；四月为阴月，其道理亦然，只是圣人扶阳抑阴，不明说而已。”

原文 1·10 伊川曰：“一阳复于下[①]，乃天地生物之心。先儒皆以静为见天地之心，盖不知动之端[②]，乃天地之心也。非知道者，孰能识之？”

注释 ①一阳复于下：谓复卦䷗初九一爻成形。

②端：端倪，起始。

译文 程颐说：“初九一爻（即阳爻）再生于下，这即是天地无时无刻不在生成万物。过去的儒者认为静是天地之心，却不知道动的端倪，也是天地之心。不懂得一阴一阳之道的人们，谁能知道其中的奥妙呢？”

原文 1·11 伊川曰：“仁者，天下之公，善之本也。”

译文 程颐说：“仁即是天下之公，善的本质。”

原文 1·12 伊川曰：“有感必有应。凡有动皆为感，感则必有应，所应复为感，所感复有应，所以不已也。感通之理，知道者默而观之可也。”[①]

注释 ①本条是程颐对《易经·咸·彖》“咸，感也”的阐释。

译文 程颐说：“有感一定有应。天地间，一切动都是感，凡感一定有应合，所应又为感，所感又有应，感应相互循环，因此永不停息。对于万物感通之常理，知‘道’的人们无非是静静地观察罢了。”

原文 1·13 伊川曰：“天下之理，终而复始，所以恒而不穷。恒非一定之谓也，一定则不能恒矣。惟随时变易，乃常道也。天地常久之道，天下常久之理，非知道者，孰能识之？”[①]

注释 ①本条为程颐对《易经》恒卦的阐释。

译文 程颐说：“天下的常理，无非终结后又重新开始，因此表现为恒常而又不能穷尽。恒常不是固定，一固定就不能恒常。只有随时不断变易，才是常道，天地常久之道，常久之理，对于不懂自然之道的人们来说，谁能认识它呢？”

原文

1·14 伊川曰："人性本善，有不可革[①]者，何也？曰：语其性则皆善也，语其才[②]则有下愚之不移。所谓下愚有二焉：自暴[③]也，自弃[④]也。人苟以善自治，则无不可移者，虽昏愚之至，皆可渐磨而进。唯自暴者拒之以不信，自弃者绝之以不为，虽圣人与居，不能化而入也。仲尼之所谓下愚也。然天下自弃自暴者，非必皆昏愚也，往往强戾而才力有过人者，商辛[⑤]是也。圣人以其自绝于善，谓之下愚，然考其归则诚愚也。既曰下愚，其能革面，何也？曰：心虽绝于善道，其畏威而寡罪，则与人同也；唯其有与人同，所以知其非性之罪也。"

注释

①革：《易经》卦名之一。"革"，改，改革过错。《易经·革·彖》："汤武革命，顺乎天而应乎人。"本条为程颐因革卦而发明之。

②才：材质。就性而言，性即天理，所以人性善。就才而言，人受天理而生，而所生的气质，有昏明强弱之异。程颐说："性出于天，才出于气"；"才则有善与不善，性则无不善。"（《二程遗书》卷十九）下愚不移：语出《论语·阳货》："惟上智与下愚不移。"

③自暴：暴戾而不信乎善，刚愎而自害其性。

④自弃：知其善而怠废不为，柔慢而自绝其性。

⑤商辛：即商纣，亦称帝辛。商代最后的君主。曾征服东夷，杀死比干，囚禁周文王。后周武王向商进攻，在牧野之战中，他兵败自杀。商纣是历史上著名暴君之一。

译文

程颐说："既然说人性本善，然而又说存在着凶恶而不可改悔的人，如何解释呢？回答说：就性而言，人性皆善；就才而言，则有明暗智愚之分。因此也就有不肯悔改的极其昏愚的人。所谓'下愚'有二种：一是自暴者，一是自弃者。人如果能以内在的善控制自己，那么，就没有什么是不可改变的，即令是最昏暗愚蠢的人，都可以渐渐磨炼而不断进步。只有自暴者自弃者不然。自暴者不相信善，拒绝修炼；自弃者知道善，却怠废不为。对于这两种人，即使圣人和他们生活在一起，也不能感化他们，使他们走上正道。孔子所说的'下愚'，就是指这样的人。但是，世界上自弃自暴的人，并非都是昏愚的人，相反，他们往往是强戾刚愎、才力过人的人。商纣就是典型。因为他自绝于善，圣人才说他是'下愚'。我们考察一下商纣的最后归属，就可以知道，他确实是最愚蠢的人。既然说'下愚'者顽固不化，然而又似乎能改变自己的面目，如何解释呢？回答说：小人虽然自绝于善，但他知道威刑可畏，希望不犯罪而避免惩罚，这一点，他与常人没有什么区别。恰恰因为在这一点上小人与常人相同，因此，我们可以说，小人行为不善，并非是人性造成的。”

原文 1·15 伊川曰：“在物为理，处物为义。”

译文 程颐说：“事物的存在自有其存在的原因，这就是理；而如何看待事物、处理事物，使之合理、适宜，即是义。”

原文 1·16 伊川曰：“动静无端，阴阳无始，非知道者，孰能识之？”

译文 程颐说：“动与静没有端倪可寻，阴与阳也没有开始处可见，不懂得动静阴阳之道的人，谁能够认识这一点呢？”

原文 1·17 明道[①]曰：“仁者，天下之正理，失正理则无序而不和。”

注释 ①明道（1032—1085）：即程颢，字伯淳。河南洛阳人。北宋哲学家、教育家。曾学于周敦颐，北宋理学奠基者之一。著作有《定性书》《识仁篇》等。后人所编《遗书》《文集》《经说》等，收入《二程全书》中。

译文 程颢说："仁是天下的正理，一旦丧失正理，就会出现无序不和谐的状态。"

原文 1·18 明道曰："天地生物，各无不足之理。常思天下君臣父子兄弟夫妇，有多少不尽分处。"

译文 程颢说："天地化生万事万物，皆出于天理，各具性分而自足。我们应该常常思考一下：对于天下君臣、父子、兄弟、夫妇之道，还存在多少不尽本分的地方，还有多少不足之处。"

原文 1·19 明道曰："忠信所以进德①，终日乾乾②。君子当终日对越③在天也。盖'上天之载，无声无臭④。'其体则谓之易⑤，其理则谓之道，其用则谓之神，其命于人则谓之性，率性则谓之道，修道则谓之教⑥。孟子于其中，又发挥出浩然之气⑦，可谓尽矣。故说神如在其上，如在其左右[8]；大小[9]大事，而只曰诚之不可掩如此夫，彻上彻下，不过如此。形而上为道，形而下为器[10]；须著如此说，器亦道，道亦器。但得道在，不系[11]今与后，己与人。”

注释

①忠信所以进德：语出《易经·乾·文言》。忠信：从本心出发，无一不尽，是忠；遵循实际，不违其理，是信。

②终日乾乾：语出《易经·乾》：“九三，君子终日乾乾。”乾乾：勤勉努力。

③对越：面对。“越”，乎。

④上天之载，无声无臭：语出《诗经·大雅·文王》。载：指存在状态。

⑤易：《易经·系辞上》：“易有太极，是生两仪，两仪生四象，四象生八卦。”故易即本体。

⑥其命于人则谓之性，率性则谓之道，修道则谓之教：语出《礼记·中庸》：“天命之谓性，率性之谓道，修道之谓教。”“命”，天命，天理；“率”，遵循；“教”，教化。

⑦浩然之气：语出《孟子·公孙丑上》：“我善养吾浩然之气。”指充塞天地间的一种至大至刚的精神气概。

⑧故说神如在其上，如在其左右：语出《礼记·中庸》：“鬼神之为德，其盛矣乎！……洋洋乎，如在其上，如在其左右。”

谓神无所不在。

⑨大小：多少。

⑩形而上为道，形而下为器：语出《易经·系辞上》："形而上者谓之道，形而下者谓之器。""道"无形无象，是本体、规律、原则；"器"有形有象，是具体事物与存在。

⑪不系：不拘。

译文 程颢说："忠信只是为了增进仁德，因此，君子每时每刻都要勤勉努力，都应当时刻面对天帝。天没有声音没有气味。它的太极之本体，称为易；它的自然循环之理，称为道；它的微妙作用，称为神；它的定命作用于人，称为性；遵循天命之性行动，称为道；按照道去修炼，称为教。孟子在上述理论的基础上，又发挥出浩然之气，可谓使儒学到达了尽善尽美的程度。因此我们说，天的精神如在其上，如在左右，充塞贯穿一切领域。天下无论多少事，只有'诚'不可遮蔽；四方上下、古往今来，从不间断的东西，不过'诚'而已。形而上者是道，形而下者是器；但更须这样说，道器不相离，器即是道，道即是器。只要恪守'道'，就无须在意古今物我之分。"

原文 1·20 明道曰："医书言手足痿痹[①]为不仁，此言最善名状。仁者以天地万物为一体。莫非己也，认得为己，何所不至。若不有诸己，自不与己相干，如手足不仁，气已不贯，皆不属己。故博施济众[②]，乃圣人之功用。仁至难言，故止曰：'己欲立而立人，己欲达而达人。能近取譬，可谓仁之方也已[③]。'欲令如是观仁，可以得仁之体。"

注释 ①痿痹（wěi bì）："痿"，中医指身体某一部分萎缩或失去机能的病，如下痿（下肢瘫痪）。"痹"，中医指肢体疼痛或麻木的病。

②博施济众：语出《论语·雍也》："子贡曰：'如有博施于民而能济众，何如？可谓仁乎？'"

③己欲立而立人，己欲达而达人，能近取譬，可谓仁之方也已：语出《论语·雍也》。为孔子对子贡"博施济众"一问的回答。

译文 程颢说："医书上说人的手足萎缩麻木，即是不仁，这种说法最恰当地指出了病症的特征。仁者视天地万物为一体。天地万物，无非是自己身内的事，人能够认识到这一点，还有什么彼此亲疏之别呢？还存在什么阻碍呢？如果不把天下事看成自己分内事，结果天下事与自己不相关，如同手足不仁，血气不通，虽然仍存在于身体上，但已经不属于自己了。因此，广泛地给人民以好处，又能帮助大家更好地生活，是圣人功用的表现。仁最难界说。因此孔子仅如此说：‘自己要站得住，同时也使别人站得住；自己要事事行得通，同时也使别人事事行得通。凡事都要以自身为例而想到别人，可以说是实行仁道的方法了。’如果能够这样看待仁，就可以把握仁的本质。”

原文

1·21 明道曰：“生之谓性[①]，性即气，气即性，生之谓也[②]。人生气禀，理有善恶[③]，然不是性中元有此两物相对而生也。有自幼而善，有自幼而恶，是气禀有然也。善固性也，然恶亦不可不谓之性[④]也。

盖生之谓性，人生而静以上[⑤]，不容说。才说性时，便已不是性也。凡人说性，只是说继之者善也[⑥]，孟子言性善是也。夫所谓继之者善也者，犹水流而就下也，皆水也。有流而至海，终无所污，此何烦人力之为也；有流而未远，固已渐浊；有出而甚远，方有所浊。有浊之多者，有浊之少者，清浊虽不同，然不可以浊者不为水也。如此，则人不可以不加澄治之功。故用力敏勇则疾清，用力缓怠则迟清；及其清也，则却只是元初水也，不是将清来换却浊，亦不是取出浊来，置在一隅也。水之清，则性善之谓也，故不是善与恶在性中为两物相对，各自出来。此理，天命也，顺而循之，则道也；循此而修之，各得其分，则教也。自天命以至于教，我无加损焉，此舜有天下而不与[7]焉者也。”

注释

①生之谓性：语出《孟子·告子上》：“告子曰：‘生之谓性。’”告子主张性无善恶论，与孟子性善论对立。这里程颢说“生之谓性”，与孟子性善论相互发明，与告子之说不同。

②生之谓也：生是气，生之理是性，气非理不立，理非气不行。生不外性与气，故说“生之谓也”。

③理有善恶：“性即理”是程朱理学的基本观点。“天理”至善，无恶可言。程颢这里说“理有善恶”，谓人禀阴阳五行之气而生，其生长过程中交感错综，参差不齐，就存在清浊偏正之分，因此有善恶之分，善恶各有根据，故说“理有善恶”。

④恶亦不可不谓之性：这里的“性”，非本然“天理”之性，指气禀生出采之“性”，气禀之性，过或不及皆是恶。

⑤人生而静以上：语本《礼记·乐记》：“人生而静，天之性也。”指人初生以前。

⑥继之者善也：语出《易经·系辞上》，意谓从本原上看，人禀受承继“天理”，“天理”至善。

⑦舜有天下而不与：《论语·泰伯》：“子曰：‘巍巍乎，舜禹之有天下也而不与焉！”“与”，参与，关连。“不与”，指不掺入自己的意志，一切顺从天理。

译文

程颢说：“天生的本色叫作性，性即是气，气即是性，‘生’是两者的统一。人禀受气而生，由于阴阳五行之气交感错综，参差不齐，人禀受的气有清浊偏正的不同，因此人自然有善恶之分。但这并不是说，人性中本来就有善恶的对立，由此生出来就有善恶的区别。有的人从小就善，有的人从小就恶，这是因为禀受的气清浊偏正不同造成的。善固然是性，但恶也不能不是性，区别在于它是气禀生出来的而已。

因为天生的本色是性，因此，人未生出来时，就不能说性。一说到性，就已经不是性了。凡人们说的所谓性，只是说从本原上看，人性本善，孟子的性善论就是这个意思。所谓人性本善，如同说凡是水，都往下流。有的水流向大海，最终却没有污染，无须人为干预；有的水没有流多远，却已渐渐昏浊起来；有的水流出很远之后，才开始变浊。有的水很昏浊，有的水不太昏浊，水虽然有清浊的区别，但我们却不可说浊水不是水。如此看来，要使水变清，人们就不能不在澄清治理方面下功夫。治水行动敏勇，效率高，水就清得快；反之，治水行动缓怠，效率低，水就清得慢。等到把水治理清时，水也只是原来的水，并非用清水换浊水，也不是把浊水取出来，放在某个角落。水之清，犹如性之善。因此，我们说，善与恶不是人本性中两个相互对立的存在，也不是从人本性中各自派生出来的。人性善之理，就是天命；顺从天命遵循天命，就是道；遵循道而修身，各得其本然之分，就是教。从天命一直到教，我没有增加什么，也没有减少什么。正如孔子所说，舜得到了天下，却一点也不依据自己的意志行事，一切遵循自然的天理。”

原文 1·22 明道曰：“观天地生物气象。”

译文 程颢说：“静静地观察天地万物的勃勃生机。”

原文 1·23 明道曰：“万物之生意最可观，此元[①]者善之长也，斯所谓仁也。”

注释 ①元：大。《易经·乾·彖》："大哉乾元，万物资始，乃统天。"

译文 程颢说："万物的勃勃生机最值得观察。万物的生意始于'元'，'元'即善的生成，'元'也就是仁。"

原文 1·24 明道曰："满腔子[①]是恻隐之心。"

注释 ①满腔子：浑身。恻隐之心：《孟子·公孙丑上》："恻隐之心，仁之端也。"

译文 程颢说："人浑身充满恻隐之心。"

原文 1·25 明道曰："天地万物之理，无独必有对[①]，皆自然而然，非有安排也。每中夜以思，不知手之舞之足之蹈之也。"

注释 ①无独必有对：没有单独存在的，只有相对立而存在的，如阴阳、动静、善恶、屈伸、上下、寒暑等等，可推及一切。

译文 程颢说："天地万物存在之理，绝没有单独存在的，一定是相对立而存在的，它们的存在自然而然，不是人为的安排。每当我半夜思想到这一精妙无比的自然之理时，高兴得不禁手舞足蹈起来。”

原文 1·26 明道曰：“中者天下之大本，天地之间，亭亭当当，直上直下之正理，出则不是，唯敬而无失最尽。”

译文 程颢说：“‘中’是宇宙的根本，天地之间，‘中’是崇高铿锵、直上直下的正理，丝毫不容偏离，偏离就不是正理，只有对它保持敬畏之心，片刻也不背离它，才能最终与‘中’合一。”

原文 1·27 伊川曰：“公则一，私则万殊，人心不同如面①，只是私心。”

注释 ①人心不同如面：语出《左传·襄公三十一年》“子产曰：‘人心不同，如其面焉，吾岂敢谓子面如吾面乎？’”

译文 程颐说：“出于公心，自然一视同仁，视天地万物为一体；出于私心，必然背离天理，导致亲疏贵贱得失物我之分。所谓人心不同如相貌的不同，说的无非是人各一心，各人的私心不同而已。”

原文 1·28 伊川曰：“凡物有本末[①]，不可分本末为两段事，洒埽[②]应对是其然，必有所以然。”

注释 ①本末：理与事。形而上者为本，形而下者为末，犹如树根与树梢。

②埽（sǎo）：同“扫”。

译文 程颐说：“凡存在的东西都有本有末，不能把本末分为两个互不相关的东西，洒水、扫地、应和、对答是其末，是具体的存在，但一定有末之所以存在的原因和道理。”

原文 1·29 伊川曰：“杨子拔一毛不为，墨子又摩顶放踵为之[①]，此皆是不得中，至如子莫执中[②]，欲执此二者之中，不知怎么执得、识得。则凡事物上，皆天然有个中在那上，不待人安排也，安排著则不中矣。”

注释 ①杨子拔一毛不为，墨子又摩顶放踵为之：见《孟子·尽心上》：“孟子曰：‘杨子取为我，拔一毛而利天下，不为也。墨子兼爱，摩顶放踵利天下，为之。'" 杨子：即杨朱。魏国人，战国初哲学家。先秦古书中称他为杨子、阳子居或阳生，相传他反对儒墨两家，主张"为我""贵生""重己"，重视个人生命的保存。无著作传世，其片断史料，散见于《孟子》《庄子》《韩非子》《吕氏春秋》和《列子》等书中。墨子（约前468—前376）：名翟，宋国人。春秋战国之际思想家、政治家，墨家的创始人。墨子反对儒家"礼乐""天命"等思想，主张"兼爱""非命""非乐""尚同"等，成为儒家的主要反对者，其学说影响极大，与儒家并称"显学"。现存著作《墨子》，共五十三篇。摩顶放踵：摩，磨；放，至；踵（zhǒng），脚后跟。从头顶到脚后跟都磨伤，意谓不辞劳苦。

②子莫执中：语出《孟子·尽心上》。子莫：战国时鲁国人。执中，采取中间态度。

译文 程颐说："杨朱只考虑自己，哪怕拔一根毫毛有利于天下，他都不会干；墨子主张兼爱，即使从头到脚都摩伤了，只要对天下有利，他也肯干。这两种极端态度，都不符合'中'。至于子莫取中间态度，想要在杨朱和墨子之间取个中间平衡，却不知道怎么取，也不懂得何为中间。任何事物，都天然存在'中'，它不需要人为安排，人为因素一掺杂其间，就不是

‘中’了。”

原文 1·30 问时中①如何？伊川曰：“中字最难识，须是默识心通。且试言：一厅则中央为中；一家则厅中非中，而堂为中；言一国则堂非中，而国之中为中，推此类可见矣。如三过其门不入，在禹稷②之世为中，若居陋巷，则非中也；居陋巷，在颜子③之时为中，若三过其门不入，则非中也。”

注释 ①时中：“中”是一与多、理与事的统一，“中”的具体性，依时间、地点、境况而异。

②禹稷：禹，姒姓，亦称大禹、夏禹、戎禹，一说名文命，鲧之子。原为夏后氏部落领袖，奉舜命治理洪水，领导人民疏通江河，兴修沟渠，治水十三年，三过家门而不入。后因治水有功，被舜选为继承人。

稷（jì）：《礼记·祭法》：“厉山氏之有天下也，其子曰农，能殖百谷；夏之衰也，周弃继之，故祀以为稷。”农与弃被人们奉为五谷之神，即是稷。

③颜子（前521—前490）：即颜渊，名回，字子渊。春秋末鲁国人，孔子学生。孔子称赞他的德行说：“贤哉，回也！一箪食，一瓢饮，在陋巷，人不堪其忧，回也不改其乐。”（《论

语·雍也》）早逝，有“复圣”之称。

译文 有人问什么是“时中”，程颐回答说：“‘中’最难把握，必须默审其理，融会贯通，才能了解究竟。这里姑且试着用显而易见的事物说一说：一厅以中央为中；一家以堂为中，而厅的中央就不是中；一国以国之中为中，而堂就不是中。以此类推，何为‘中’，也就可以想见了。比如禹三过家门而不入，在禹和稷的境遇下是‘中’，设若他们像颜回一样居住在小巷里，就不是‘中’了；颜回居住在小巷，在颜回的生存境遇下是‘中’，设若颜回三过其门而不入，就不是‘中’了。”

原文 1·31 伊川曰：“无妄①之谓诚，不欺②其次矣。”

注释 ①无妄：实理自然，无一毫之虚假，是天然的“诚”。

②不欺：心向天然之“诚”，努力做道德实践工夫，毫无欺骗之念，以期达到与“诚”合一。但“诚”是绝对完满；而人思“诚”，向“诚”靠拢，则只能处于逐渐完满的过程中，是后天的一种努力，故说“其次矣”。

译文 程颐说："无妄即是'诚'，是绝对价值；心向'诚'，毫无一念之欺，属于次一等的价值。"

原文 1·32 伊川曰："冲漠无朕[①]，万象森然已具，未应[②]不是先，已应[③]不是后，如百尺之木，自根本至枝叶，皆是一贯。不可道上面一段事[④]，无形无兆，却待人旋[⑤]安排引入来，教人涂辙[⑥]。既是涂辙，却只是一个涂辙。"

注释 ①冲漠无朕：冲，虚空。漠，通"寞"，寂静无声。朕（zhèn），朕兆。冲漠无朕，犹言宇宙本体无形无象，浑然一体。

②未应：指静，寂然不动的状态。

③已应：指动，交感流通的状态。

④上面一段事：指浑然状态的本体。

⑤旋：随后。

⑥涂辙：涂，同"途"，路。辙，车轮压出的痕迹。涂辙，路脉。

译文 程颐说："宇宙本体浑然一体，无形无象，但宇宙万象却栩栩如生。本体无时间先后之分，本体的寂静状态不是先，本体的运动状态不是后，如同一棵参天大树，从它的根到它的枝叶，浑然一体，不可分割。不能说本体先是虚空无有，等到它化生天地万象后，却要人对它们进行安排分类，教人们去寻找路脉。既然说是路脉，纵然千条万条，只是一条路脉。”

原文 1·33 伊川曰："近取诸身[①]，百理皆具。屈伸往来之义，只于鼻息之间见之，屈伸往来只是理，不必将既屈之气，复为方伸之气，生生之理，自然不息。如复卦言‘七日来复[②]’，其间元不断续；阳已复生[③]，物极必返[④]。其理须如此：有生便有死，有始便有终。”

注释 ①近取诸身：语出《易经·系辞下》。近处取法于人体各部分。

②七日来复：语出《易经·复》卦辞："反复其道，七日来复。"复：《说文》："往来也。"

③阳已复生：复卦☷五阴一阳，阳在上消落已尽，又于下复生出来。

④返：同“反”。

译文 程颐说："从人体的各个组成部分看，都有其存在之‘理’。屈伸往来的含义，只要在鼻子呼吸之间就可以体验到，屈伸往来只是‘理’。因此，不必把已屈之气，看成是方伸之气，万物生生不息，这是天理使然。例如《易经·复》说‘七日来复’，是说阴阳循环，原本就无所谓中断可言。阳在上消落，又会在下生成出来，事物到达极端必然走向反面。这个道理就是：有生便有死，有始便有终。”

原文 1·34 明道曰：“天地之间只有一个感与应而已，更有甚事？”

译文 程颢说：“天地之间除了阴阳的感应消长的无限循环之外，还存在着什么呢？”

原文 1·35 问仁。伊川曰：“此在诸公自思之，将圣贤所言仁处，类聚观之，体认出来。孟子曰：‘恻隐之心，仁也。’后人遂以爱为仁。爱自是情[①]，仁自是性，岂可专以爱为仁？孟子言‘恻隐之心，仁之端[②]也’，既曰仁之端，则不可便谓之仁。退之[③]言‘博爱之谓仁’，非也。仁者固博爱，然便以博爱为仁则不可。”

注释 ①情：与性相对，性是体，情是用。仁是爱之体，爱是仁之用，体发用，即表现喜怒好恶之情。

②端：开端。

③退之（公元768—824）：即韩愈，字退之，世称韩昌黎。河南河阳（今河南孟县南）人，唐哲学家、文学家。文学上倡导古文运动，哲学上维护儒家正统。著作有《昌黎先生集》。博爱之谓仁，语出韩愈《原道》。

译文 弟子问什么是仁。程颐说："这需要诸位自己思考，只有把圣贤关于仁的界说与实践，统一起来思考，才有所体认。孟子说'恻隐之心即是仁'，后人于是就认为爱即是仁。爱本是情，仁本是性，怎么可以专把爱说成是仁呢？孟子说'恻隐之心是仁的开端'，既然说是仁的开端，就不能说成是仁。韩愈说'博爱即是仁'，错了。仁固然是博爱，但由此就认为博爱即是仁，就行不通。"

原文 1·36 问仁与心何异。伊川曰："心譬如谷种，生之性便是仁，阳气发处乃情也。"

译文 弟子问仁与心差别何在。程颐说："打个比方，心即是谷种，谷种所以能生长，是因为有生之性，这个性就是仁，而谷种遇到阳气而萌芽，只是谷种生之性的发用和表现而已。”

原文 1·37 伊川曰：“义训宜，礼训别，智训知，仁当何训？说者谓训觉训人，皆非也；当合孔孟言仁处大概[①]研穷之，二三岁得之，未晚也。”

注释 ①大概：大略，基本的内容。

译文 程颐说：“义解释为合宜，礼解释为区别，智解释为知道，仁应当如何解释？有人说应该解释为觉悟或解释为人，这两种解释，都不对，应该从孔孟关于仁的解释的基本观点出发，彻底全面地进行研究、思考、实践，能够用两三年时间把握仁的真谛，并不算晚。”

原文 1·38 伊川曰：“性即理也。天下之理，原[①]其所自来[②]，未有不善。喜怒哀乐未发，何尝不善，发而中节，则无往而不善，发不中节，然后为不善。故凡言善恶，皆先善而后恶；言吉凶，皆先吉而后凶；言是非，皆先是而后非。”

注释 ①原：推求，察究。

②自来，原来的样子，本然面目。

译文 程颐说：“性即是理。天下的理，推究其本原的性质，没有不是善的。喜怒哀乐没有表现出来时，何尝不是善，表现出来以后符合法度，则所到之处，没有不是善的；喜怒哀乐表现出来不符合法度，才是不善的。因此，凡说善恶，都是先善而后恶；说吉凶，都是先吉后凶；说是非，都是先是后非。”

原文 1·39 问心有善恶否？伊川曰：“在天为命，在义为理，在人为性，主于身为心，其实一也。心本善，发于思虑，则有善有不善，若既发，则可谓之情，不可谓之心。譬如水只可谓之水，至如流而为派[①]，或行于东，或行于西，却谓之流也。”

注释 ①派：水的分流。

译文 问心是否有善恶。程颐说：“永恒变化中体现为天道的，是命；伦常日用中体现为当然之义的，是理；天理在人身上体现出来的本质，是性；人一身的主宰，是心；命、理、性、心，都是一个东西。心本来即善，心表现于思虑，就有善与否的区别。设若说心的思虑已经展现出来，那就只能说是情，是用，而不能说是心，是体了。例如水只是水，流淌过程中分为若干支流，有的流向东，有的流向西，这种变化，就是流。”

原文 1·40 伊川曰：“性出于天，才出于气。气清则才清，气浊则才浊。才则有善有不善，性则无不善。”

译文 程颐说：“人的本性源于天理，人的材质源于气。气清醇，材质就清醇；气昏浊，材质就昏浊。材质有善也有不善，而本性则没有不善。”

原文 1·41 伊川曰：“性者，自然完具。‘信’只是有此者也，故四端[①]不言‘信’。”

注释 ①四端：指仁、义、礼、智四种道德观念的端绪、萌芽。《孟子·公孙丑上》：“恻隐之心，仁之端也；羞恶之心，义之端也；辞让之心，礼之端也；是非之心，智之端也。人之有是四端也，犹其有四体也。”

译文 程颐说："性是人心中的天理，人天然完全毕具天理，毫无亏欠。所谓'信'，无非是说天理真实存在于人心中，因此，孟子只说仁、义、礼、智四端，而不说'信'。"

原文 1·42 伊川曰："心，生道也，有是心斯具是形以生。恻隐之心，人之生道也。"

译文 程颐说："心是生命的本原和主宰，有心就有形有象，就有生命的产生。恻隐之心，是人的生命的本原和主宰。"

原文 1·43 横渠[①]曰："气坱然太虚[②]，升降飞扬，未尝止息。此虚实动静之机，阴阳刚柔之始。浮而上者阳之清，降而下者阴之浊，其感通聚散，为风雨，为霜雪，万品之流行，山川之融结，糟粕煨烬，无非教也。"

注释 ①横渠（公元1020—1077）：即张载，字子厚。凤翔县（今陕西眉县）横渠镇人，世称横渠先生。北宋哲学家。讲学关中，故其学派被称为"关学"，对后世有较大影响。著作有

《正蒙》《经学理窟》《易说》等，编入《张子全书》中。

②气坱然太虚：坱（yǎng），尘埃。坱然，盛大氤氲。太虚，一指虚空，一指气的存在状态。张载《正蒙·太和》："太虚不能无气，气不能不聚而为万物，万物不能不散而为太虚。"

译文 张载说："气弥漫于太虚之中，它上升、下降、飞扬，从不停止运动。它虚虚实实、动静交感的妙用，确立了阴、阳、刚、柔的性质，飘浮在上的是清醇的阳气，沉降在下的是昏浊的阴气，阴阳感应、交通、聚汇、散发，就形成风雨、霜雪，也就有万事万物的存在、流布，也就有山川聚结，就是酒的糟粕，经火煨烬之后，也是气的渣滓。总而言之，气的一切变化无非是天理的显现，是天理向人的昭示，因此，最终无非是对人的教化。"

原文 1·44 横渠曰："游气纷扰①，合②而成质者，生人物之万殊；其阴阳两端，循环不已者，立天地之大义。"

注释 ①游气纷扰：游气，气的流布。纷扰，参差不齐。

②合：氤氲交合。

译文 张载说："流行的气参差纷扰，气氤氲交合，从而产生万事万物的形质，构成千差万别的现象；气的阴阳两极，相互感应，循环不已，这就是天地间根本的法则。"

原文 1·45 横渠曰："天体物不遗，犹仁体[①]事而无不在也。'礼仪三百，威仪三千[②]'，无一物而非仁也；'昊天曰明，及尔出王，昊天曰旦，及尔游衍[③]'，无一物之不体也。"

注释 ①体：体察。

②礼仪三百，威仪三千：语出《礼记·中庸》。礼仪，礼节的主要规则，又称礼经。威仪，典礼中的动作规范及待人接物的礼节，又称曲礼。

③昊天曰明，及尔出王，昊天曰旦，及尔游衍：语出《诗经·大雅·板》。昊（hào）：广大无边。王：往。陈奂《传疏》："王读与往同，此谓假借也。"衍：从容。

译文 张载说："天体察万物，无一遗漏，正如仁体察万事，无所不在。'礼仪三百，威仪三千'，没有一条不是仁的精神的体现。《诗经·大雅·板》说：'昊天多么明朗，和你一道同来往，昊天刚刚明亮，和你一起同游憩。'由上述所引诗句可知，没有一样东西不被天体察呵。"

原文 1·46 横渠曰："鬼神者，二气之良能[1]也。"

注释 ①良能：《孟子·尽心上》："人之所不学而能者，其良能也。"这里借指阴阳二气相互作用，本于自然。

译文 张载说："所谓鬼神，就是阴阳二气自然地屈伸往来，交感相应。"

原文 1·47 横渠曰："物之初生，气日至而滋息[1]，物生既盈，气日反[2]而游散。至之谓神，以其伸也；反之谓鬼，以其归也。"

注释 ①滋息：生长。

②反：同"返"，离开。

译文 张载说："万物萌芽时，气每日每时弥漫着，因此它们得以生长，等到它们壮大而走向衰老时，气就不断地离开，以至消散净尽。‘至’称为神，因为‘至’表现为展开；‘反’称为鬼，因为‘反’表现为回归。”

原文 1·48 横渠曰：“性者，万物之一源，非有我之所得私也；惟大人①为能尽其道，是故立必俱立，知必周知，爱必兼爱，成不独成。彼自蔽塞而不知顺吾理者，则亦未如之何矣。”

注释 ①大人：圣人。《荀子·成相》：“大人哉舜，南面而立万物备。”

译文 张载说：“性是唯一的本原，万物皆源于性，并非为小我所独占，只有圣人能完满固有之性，与道合一。因此，只有圣人才能做到自己堂堂挺立，同时使所有的人都堂堂挺立；自己知道，同时使所有的人都知道；圣人的爱是博爱，能够把爱推及一切，圣人不仅成就自己，同时也能使一切人都能成就自己。那些偏狭蔽塞的人不知道顺应天理，就不知会走入什么样的歧途了。”

原文 1·49 横渠曰：“一故神，譬之人身，四体皆一物，故触之而无不觉，不待心使至此而后觉也，此所谓‘感而遂通，不行而至，不疾而速也[1]。’”

注释 ①感而遂通，不行而至，不疾而速：语出《易·系辞上》：“《易经》无思也，无为也，寂然不动，感而遂通天下之故。……唯神也，故不疾而速，不行而至。”张载所引有所省略，顺序亦有不同。

译文 张载说：“一即是神，随感而通，如同人的四肢，只是统一的有机体的组成部分，不可分割。因此，触摸四肢，四肢就产生感觉，不需要等待心发布命令后才有感觉。这就是《易经·系辞上》所说的‘感应就能通晓，不行动却能达到目的，不加快速度却迅速无比。’”

原文 1·50 横渠曰：“心统性情者也。”

译文 张载说：“心统摄性与情。”

原文 1·51 横渠曰：“凡物莫不有是性，由通蔽开塞，所以有人物之别；由蔽有厚薄，故有智愚之别。塞者，牢不可开；厚者，可以开而开之也难。薄者，开之也易，开则达于天道，与圣人一。”

译文 张载说：“天地万物无不有性，但由于所禀之气有清浊不同，就必然存在通畅遮蔽开阔闭塞的不同，因此就有人与物的差别。由于遮蔽的程度有轻有重，因此人就有智愚之别。闭塞的东西，极其牢固而不可开通；而遮蔽严重的人，可以开通，但十分困难。遮蔽较轻的人，开通就比较容易，开通就能不断完善自己，最终上达于天道，与圣人同一。”

为学第二

（凡一百一十二条）[①]

此卷总论为学之要，盖尊德性矣，必道问学，明乎道体，知所指归，斯可究为学之大凡矣。

说明 狭义地说，儒学是一种做人的学问。《大学》所谓格物、致知、诚意、正心、修身、齐家、治国、平天下，关键是理想人格的塑造。换言之，儒家理性建构的完满世界的实现，逻辑上决定于理想人格的社会历史实践。

在儒家道德价值体系中，“君子”与“小人”是两个彼此对立的人格类型。前者在价值上是肯定的，后者则是否定的。学做人，就是学做君子，不做小人。这是儒家的根本原则，不容置疑。

如何提升人的道德意识，是周、张、二程四子人文关怀的切入点，它与孔子开创的以“仁”为归依的理论与实践一脉相承。宋儒认为，学做人，首先要立志，要树立大境界。

“为天地立心，为生民立命，为往圣继绝学，为万世开太平。”这是张载的名言，是气贯长虹的豪迈誓言。

这就是程颢所说的“先立其大者”，是儒家人格论的真精神。它高扬的是主体的道德意识，拓展的是超越世俗功名利禄、荣辱得失的开阔视野，寄托的是人类命运的终极关怀。一个弊于物欲、滞于小我的人，不能设想他会有如此崇高的境界和如此庄严的使命感。

但，立志先在，只是逻辑上如此。在时间上，志向的确立往往是人生遭遇的结果。因此，立志的过程即是修炼的过程，学习的过程，实践的过程。程颢说："'自舜发于畎亩之中，至孙叔敖举于海，'若要熟，也须从这里过。"程颢在此引述的是孟子的话，"这里过"即指程颢省略的孟子千古警句——"天将降大任于斯人也，必先苦其心志，劳其筋骨，饿其体肤，空乏其身。"（《孟子·告子下》）显然，孟子所说的是一种特定境遇。但它真正的含义是：艰难苦厄是伟大人格必须面对的考验，只有百折不回，才能进入精神的圣域。

更具普遍性"为学"实践存在于日常生活世界中，它是道德提升的立足点。程颐说："君子之学必日新。日新者，日进也；不日新者，必日退。""日新"是一种命令，具有"变化气质"之功；君子"日日新"，必能成就人格。

"日新"同样是一种结果，它自然依赖于人的努力。"人之学不进，只是不勇。""懈意一生，便是自弃自暴。"浅尝辄止、得过且过、畏缩不前，无论在任何生活领域，无论处于何种人生遭遇，本身就意味着放弃努力，当然无生命提升意义可

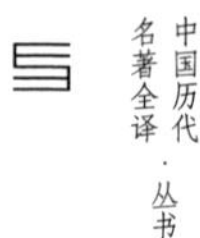

谈，更谈不上超越自我肉身的价值关怀。

“为学”是一种广义的社会行为，价值指向鲜明而彻底。它要求“一言一事总是实”，反对任何虚伪浮华；它要求凡事出于公心；反对“自私而用智”；它要求恪守忠信仁义，是非分明，反对“乡愿”式的伪善，反对一切邪恶。概言之，“为学”的目标就是要做一个堂堂正正的人，做一个真正的君子。公正无私、坚定勤勉、宽厚廉洁、超然自如、恪守诚信、立己立人，是儒家“君子”人格的应然之义。在中国历史传统的长河里，它不只是价值符号，它同时活生生地挺立在伟大人格的生命历程中，召唤着、鼓舞着、启迪着一代又一代的中华儿女。

看一看今天浮泛起来的寡廉鲜耻、背信弃义、焦躁空虚、狭隘庸俗吧，我们会触目惊心。人欲横流的社会不是人的世界，而是狰狞的陷阱。

我们期盼美好，厌弃丑恶。而我们的期盼与厌弃，从一定意义上说，是从学做人开始的。

学做人是中国的神圣传统。回到传统，回到儒学，我们可以获得自我拯救、社会拯救的智慧与资源。因为我们是人，自然要求恢复人的尊严和价值。

注释 底本为一百一十一条，似误。据原文条目改。

原文 2·1 濂溪曰："圣希[1]天，贤希圣，士希贤。伊尹[2]颜渊，大贤也。伊尹耻其君不为尧舜，一夫不得其所，若挞于市[3]；颜渊不迁怒，不贰过[4]，三月不违仁[5]。志伊尹之所志，学颜子之所学。过则圣，及则贤，不及则亦不失于令名。"

注释 ①希：仰慕，效法。

②伊尹：商初大臣。名伊，尹是官名；一说名挚。传说奴隶出身，原为有莘氏女的陪嫁之臣，汤用为"小臣"，后来任以国政，帮助汤攻灭夏桀。汤去世后，历佐外丙、仲壬二王。仲壬死后，由太甲即位，由于太甲破坏商汤法制，被放逐，三年后太甲悔过，又接回复位。死于沃丁时。

③伊尹耻其君不为尧舜，一夫不得其所，若挞于市：《尚书·说命下》："王曰：……，昔先正保衡作我先王，乃曰：'予弗克俾厥后惟尧舜，其心愧耻，若挞于市。'一夫不获，则曰时予之辜。"保衡，即伊尹。周敦颐所引，即本于此。

④不迁怒，不贰过：语出《论语·雍也》。为孔子对颜回的评价。

⑤三月不违仁：《论语·雍也》："子曰：'回也，其心三月不违仁，其余则日月至焉而已矣。'"

译文 周敦颐说："圣人效法天，贤人效法圣人，士人效法贤人。伊尹和颜回都是大贤人。伊尹把不能使自己的君主成为尧舜看成是自己的耻辱，认为只要有一个人得不到妥善安置，就好像自己在集市上受到鞭打一样。颜回不迁怒于人，不犯同样的错误，能够长期恪守仁德。士人应该树立像伊尹一样的宏伟志向，应该学习像颜回一样的学习方向。超过他们，就是圣人，达到他们的境界，就是贤人，即使赶不上他们，也不会丧失士人的名节。"

原文 2·2 濂溪曰："圣人之道，入乎耳，存乎心，蕴[①]之为德行，行之为事业，彼以文辞而已者陋矣。"

注释 ①蕴（yùn）：积累，藏蓄。

译文 周敦颐说："圣人的仁道精神，通过平日讲习讨论，听闻于耳，存留于心，日积月累就会变为美好的德行。这种德行在日常人伦实践中就会成就宏伟的事业，那些仅仅把圣人精神看成是文章词采的人是多么浅陋呵。"

原文 2·3 或问："圣人之门，其徒三千，独称颜子为好学[①]，夫诗书六艺[②]，三千子非不习而通也，然则颜子所独好者，何学也？"伊川曰："学以至圣人之道也。圣人可学而至欤？曰：然。学之道如何？曰：天地储精，得五行之秀者为人。其本也，真而静，其未发也，五性具焉，曰仁义礼智信。形既生矣，外物触其形而动其中矣，其中动而七情出焉，曰喜怒哀乐爱恶欲。情既炽而益荡，其性凿[③]矣。是故觉者约其情使合于中，正其心，养其性；愚者则不知制之，纵其情而至于邪僻，梏[④]其性而亡之。

然学之道，必先明诸心知所往，然后力行以求至，所谓自明而诚[⑤]也。诚之之道[⑥]，在乎信道笃，信道笃则行之果，行之果则守之固。仁义忠信，不离乎心，造次必于是，颠沛必于是[⑦]，出处[⑧]语默必于是，久而弗失，则居之安，动容周旋中礼，而邪僻之心无自生矣。

故颜子所事，则曰：'非礼勿视，非礼勿听，非礼勿言，非礼勿动[⑨]。'仲尼称之，则曰：'得一善则拳拳服膺，而弗失之矣[⑩]。'又曰：'不迁怒，不贰过。''有不善未尝不知，知之未尝复行也[⑪]，'此其好之笃学之之道也。

然圣人则不思而得，不勉而中[12]，颜子则必思而后得，必勉而后中；其与圣人相去一息，所未至者，守之也非化之也，以其好学之心，假[13]之以年，则不日而化矣。后人不达，以谓圣本生知，非学可至，而为学之道遂失。不求诸己而求诸外，以博闻强记、巧文丽辞为工，荣华其言，鲜有至于道者，则今之学与颜子所好异矣。"

注释

①独称颜子为好学：事见《论语·雍也》："哀公问：'弟子孰为好学？'孔子对曰：'有颜回者好学，不迁怒，不贰过。不幸短命死矣，今也则亡，未闻好学者也。'"

②六艺：一指《六经》；一指礼、乐、射、御、书、数六艺。这里指后者。

③凿：斫丧、斫害。

④梏（gù）：拘禁、束缚。

⑤自明而诚：《礼记·中庸》："自诚明，谓之性；自明诚，谓之教。""自明而诚"，意谓通过学习教化而明白事理，最后达到与"诚"（天道）合一。

⑥诚之之道：《礼记·中庸》："诚者，天之道。诚之者，人之道也。""诚之"，使之诚，使自己做到"诚"。

⑦造次必于是，颠沛必于是：语出《论语·里仁》："子曰：'君

子无终食之间违仁，造次必于是，颠沛必于是。'" 意谓颠沛流离的时候也与仁德在一起。

⑧出处（chǔ）：出，出仕；处，隐退。

⑨非礼勿视，非礼勿听，非礼勿言，非礼勿动：语出《论语·颜渊》，为孔子对颜渊提问的回答。

⑩得一善则拳拳服膺，而弗失之矣：语出《礼记·中庸》："子曰：'回之为人也，择乎中庸，得一善则拳拳服膺，而弗失之矣。'" 拳拳服膺：牢牢放在心上。服，放置。膺，胸口。

⑪有不善未尝不知，知之未尝复行也：语出《易经·系辞下》："子曰：颜氏之子，其殆庶几乎。有不善未尝不知，知之未尝复行也。'"

⑫不思而得，不勉而中：语出《礼记·中庸》："诚者，不勉而中，不思而得，从容中道，圣人也。" 程颐所引顺序不同。意谓不用思考，无须努力，就能合于天道。

⑬假：给予

译文

有人问："圣人孔子门下有三千弟子，孔子唯独说颜回好学，诗书六艺，三千弟子并非没有学习通晓，然而却说只有颜回一人好学，颜回学的是什么呢？" 程颐回答说："学的是力求与圣人精神同一。圣人境界可以通过学习而达到吗？回答说：肯定可以达到。那么，学圣人的方法是什么呢？回答说：天地储藏阴阳之精粹，阴阳冲和变化，就产生金木水火土五行，能够禀受五行精髓的就是人。人的本质真诚无妄、淡然而静，其原始虚静的状态中，已具备了仁、义、礼、智、信五性，即所谓人性本善。人生长出来后，就有形质，就有五官四肢，外在的东西触及人的形体器官，就会引起回应，由此人就会产生七种不同的情感——喜、怒、哀、乐、爱、恶、欲。人的情欲炽烈放荡，愈演愈烈，其结果必然戕害人的本性。因此，觉悟的人会约束自己的情感，使它的表现合于中道，并且通过端正自己的心灵，从而养育自己的本性。愚蠢的人则不然，他们不知道控制自己的情感，反而放纵不止，以至达到邪侈放辟的程度。正是由于他们肆无忌惮地损毁自己的本性，致使他们最后一点善性也消亡了。

如此看来，要了解学的方法，必须首先明白自己应该追求什么，然后才能通过自己的努力以达到自己的目标。所谓‘通过明白事理而达到诚的境界’说的就是这个道理。要使自己做到‘诚’，根本点在于笃信天道，笃信天道行为就必然果断，行为果断操守必然坚定。由此，仁义忠信之道就不会离开身心，无论是在匆忙仓促的时候还是在颠沛流离的时候，无论是出仕还是隐退，也无论是说话还是沉默，都会恪守仁义忠信之道。久而久之，仁义忠信之道自然铭刻在心。这样，饮食起居就会安详自如，一举一动、交际应酬就会符合礼仪，而邪僻之念也就无从滋生了。

因此，颜回问实践仁德应该怎么做时，孔子回答说：‘不合于礼的事不看，不合于礼的事不听，不合于礼的事不说，不合于礼的事不做。’孔子曾称赞颜回说：‘颜回得到一条善理，就会牢牢地记在心上，不让失去。’孔子并且还说：‘颜回不迁怒于人，不犯同样的错误。’‘有过错未尝不知道，知道了再不会重犯。’上面所说的，大概就是追求仁道、笃学仁道的方法吧。

然而圣人则不同，圣人不思考就能达到仁道，不努力就已经符合仁道；而颜回则必须通过思考然后才能体悟仁道，必须通过努力然后才能符合仁道。颜回与孔子的差距，只在瞬息之间。颜回之所以未能一蹴而就，因为他必须先体悟仁道获得仁道然后才能守持仁道，而孔子与仁道浑然一体。但是，其好学不倦如颜回者，只要给他一点时间，他与仁道化而为一就指日可待。

后人不懂圣人可学而至的道理，以为圣人原本生而能知，不是通过学可以达到的，于是，为学之道就消失了。那些不从内心严格要求自己，一味追求外在得失，沉溺自诩于博闻强记、巧文丽辞的人，一味夸夸其谈，浮华其言的人，几乎不会有接近仁道的。今天的人所谓的学与颜回的追求真是有天壤之别啊。”

原文

2·4 横渠问于明道先生曰：“定[①]性未能不动，犹累于外物，何如？”

明道曰：“所谓定者，动亦定，静亦定，无将迎[②]，无内外。苟以外物为外，牵己而从之，是以己性为有内外也；且以性为随物于外，则当其在外时，何者为在内？是有意于绝外诱，而不知性之无内外也，既以内外为二本，则又乌可遽[③]语定哉？

夫天地之常，以其心普万物而无心；圣人之常，以其情顺万事而无情。故君子之学，莫若扩然而大公，物来而顺应。

《易》曰：‘贞吉悔亡，憧憧往来，朋从尔思[④]，’苟规规[⑤]于外诱之除，将见灭于东而生于西也，非惟日[⑥]之不足，顾其端无穷，不可得而除也。人之情各有所蔽，故不能适道，大率患在于自私而用智[⑦]。自私则不能以有为为应迹，用智则不能以明觉为自然。今以恶外物之心，而求照无物之地，是反鉴[⑧]而索照也。《易》曰：‘艮其背，不获其身，行其庭，不见其人[⑨]。’孟子亦曰：‘所恶于智者，为其凿也[⑩]。’与其非外而是内，不若内外之两忘也。两忘则澄然无事矣。无事则定，定则明，明则尚，何应物之为累哉？

圣人之喜，以物之当喜；圣人之怒，以物之当怒。是圣人之喜怒，不系于心而系于物也。是则圣人岂不应于物哉？乌得以从外者为非，而更[⑪]求在内者为是也？今以自私用智之喜怒，而视圣人喜怒之正为何如哉？

夫人之情，易发而难制者，惟怒为甚，第[⑫]能于怒时遽忘其怒，而观理之是非，亦可见外诱之不足恶，而于道亦思过半矣。”

注释

①定：稳定

②将迎：将，送。将迎，送迎。

③遽（jù）：匆忙。

④贞吉悔亡，憧憧往来，朋从尔思：语出《易经·咸》九四爻辞。贞吉，占吉。憧憧，往来不绝。朋，朋友。意谓贞卜吉利，无所悔恨。纷沓往来，朋友们都顺从你的意旨。

⑤规规：浅陋拘泥貌。《庄子·秋水》："子乃规规然而求之以察，索之以辩。"

⑥日：日时，时间。

⑦智：机巧。

⑧反鉴：镜子的背面。

⑨艮其背，不获其身，行其庭，不见其人：语出《易经·艮》卦辞。艮（gèn），止。意谓卸掉责任，罢官隐退，朝列中已看不到他的身影，在他的庭院中寻找，也没有找到。

⑩所恶于智者，为其凿也：语出《孟子·离娄下》。意谓人们之所以厌恶机巧，因为它往往穿凿附会，背离自然。

⑪更：换。

⑫第：但；只。

译文 张载问程颢说："稳定的本性不能不动，仿佛受到外面东西的牵累，如何才能不受牵累呢？"

程颢回答说："关于定，我的看法是：动是定，静也是定。稳定的本性无离去与返回之分，也没有所谓内与外之分。如果认为外面的东西为外，牵引自己去顺从它，这样看，即是认为自己的本性有内外之分。进一步说，如果认为本性顺随外面的东西在外，那么，当本性在外时，在内的是什么呢？这样看，就是有意图地拒绝外面东西的引诱，而不知道本性无内外之分。既然认为内与外互不相关，又怎么可以急切说所谓‘定’呢？

天地之所以永恒，是因为天地以其博大心胸普育万物而无私心；圣人之所以永恒，是因为圣人以其博大情怀顺应万事而无私情。因此，君子所要学的，无非是达到扩然大公的境界，不存在一毫私念，一切顺应自然。

《易经·咸》九四爻辞说：‘贞卜吉利，无所悔恨。纷沓往来，朋友们都顺从你的意旨。’如果拘泥于根除外在事物的诱惑，结果必然是这种引诱消除了，那种引诱又出现了。要消除外在事物的引诱，非但没有充足的时间，而且外在事物的端绪无穷无尽，怎么可能除绝呢？人的情感各有所蔽，因此不能与天道和谐。之所以如此，大概其害在于人的自私和运用机心。自私就是以己御物，所作出的行动反应就不能顺应事物本来的面目；用智就是滥用机巧，所表现出来的就不可能是天然明觉的智慧观照下的自然之理。眼下以厌恶外在事物的态度来照寻纯粹的本性，如同拿镜子的背面来照东西一样。《易经·艮》说：‘放下包袱，不呈私念，不显人迹。’孟子也说：‘人们之所以厌恶机心，因为它往往穿凿附会，与自然相悖。’与其否定‘外’而肯定‘内’，不如内外都忘却，不存内外之见。忘却内外是非之别，就能够达到澄然无事状态，澄然无事则稳定，稳定则明达，明达则境界高远。如此，应遇天地万物，还有什么牵累可言呢？

圣人之喜，是以事物应当喜才喜；圣人之怒，是以事物应当怒才怒。因此，圣人的喜怒，不决定于心而决定于物。圣人怎么可以不应遇万事万物呢？但又哪里可以说顺应于外就不对，换过来求于内就是正确的呢？喜怒源于自私机心的人，怎么能够认识圣人大公正当的喜怒之情呢？

人的七情中，最容易发作而又最难控制的是怒。但如果能在发怒时立刻忘掉怒，进而体察发怒是否有道理，当怒不当怒。这样，就能够懂得外在事物的诱发不能毁损本性，不足以厌弃，而且对‘道’的真谛的体悟也就得到大半了。”

原文 2·5 伊川先生答朱长文[①]书曰：“圣贤之言，不得已也。盖有是言则是理明，无是言，则天下之理有阙[②]焉，如彼耒耜[③]陶冶之器，一不制，则生人之道有不足矣。圣贤之言，虽欲已得乎？然其包涵尽天下之理，亦甚约[④]也。后之人始执卷，则以文章为先，平生所为，动多于圣人。然有之无所补，无之靡[⑤]所阙，乃无用之赘[⑥]言也。不止赘而已，既不得其要，则离真失正，反害于道，必矣。来书所谓欲使后人见其不忘乎善，此乃世人之私心也。夫子疾没世而名不称焉者[⑦]，疾没身无善可称云尔，非谓疾无名也，名者可以厉[⑧]中人，君子所存，非所汲汲[⑨]。”

注释

①朱长文：不详。

②阙：同“缺”，空缺。

③耒耜（lěi si）：农具的统称。

④约：简明。

⑤靡（mǐ）：无。

⑥赘（zhuì）：多余的，无用的。

⑦夫子疾没世而名不称焉者：语出《论语·卫灵公》：“子曰：‘君子疾没世而名不称焉。’”疾，痛恨。

⑧厉：同“励”，鼓励。

⑨汲汲（jí）：心情急切；热衷。

译文

程颐先生回答朱长文的来信说：“自古圣贤的垂世之言，都是不得已而说出来的。因此，有圣贤之言，天理就可以昭示于天下，无圣贤之言，天下之理就有欠缺。如同农具陶器一样，一件不制造出来，人们的日常生活、生产就有欠缺，就有所不足。圣贤的垂世之言，纵然是不得已说的，然而却囊括了天下之理，并且是十分简明的。后人从开始读书起，就把写文章作为第一等的大事，他们一生刻苦读书，寒暑不辍，所写下的文字，比圣人还多。然而这些东西，存在对世道人心无所补益，不存在对世道人心也无所欠缺，它们全是无用的废话。事实上，这些东西不只是无用的废话，它们繁琐冗长，不切要旨，背离真理，丧失正义，非但毫无任何价值可言，相反，只会必然造成对'道'的损害。你来信说期望后人读到你的文章而记住你的善意，这不可取，是世俗好名之欲的表现。孔子引以为恨的是终身不被人称颂，但他指的是善而不是名。名声可以鼓励中等材质的人，君子追求的是圣贤境界，因此，名声不是君子汲汲欲求的东西。"

原文 2·6 伊川曰："内积忠信，所以进德也；择言笃志，所以居业也[①]。知至至之[②]，致知[③]也，求知所至而后至之。知之在先，故可与几。所谓始条理者，知之事也[④]。知终终之，力行也，知所终则力进而终之。守之在后，故可与存义。所谓终条理者，圣之事也。此学之始终也。”

注释

①内积忠信，所以进德也；择言笃志，所以居业也：语出《易经·乾·文言》：“子曰：‘君子进德修业。忠信，所以进德也；修辞立其诚，所以居业也。’”“修辞立其诚”即程颐所谓“择言笃志”。

②知至至之：语出《易经·乾·文言》：“知至至之，可以言几也；知终终之，可与存义也。”“知至至之”以下，基本上是《易经·乾·文言》和《孟子·万章下》中的原话，程颐把两者结合起来，交叉引用，以相互发明。知至至之：前“至”字，名词，意指发展。后“至”字作动词用。几：《易经·系辞下》：“几者，动之微，吉凶之先见者也。”即今所言事机、征兆。知终终之：前“终”字、名词，意指结果。后“终”字，用如动词。

③致知：《礼记·中庸》：“致知在格物”。朱熹注：“致，推极也；知，犹识也。”

④始条理者，知之事也：语出《孟子·万章下》：“金声也者，始条理也；玉振之也者，终条理也。始条理者，智之事也；终条理者，圣之事也。”始条理，指奏乐中节奏旋律的开始。

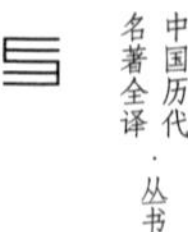

译文 程颐说："人应该以忠信为本，以培养发扬自己的品德；该说的话就说，不该说的话就不说，使自己志向坚定，这是操守自己事业的立足点。'知'产生后就要运用它，这就是'致知'，也就是说，要先了解'知'所以产生的途径，然后运用它。只有先获得了对事物的认识，由此才可以了解事物发展变化的征兆。所谓奏乐中节奏旋律的开始，即是'知'的体现。'知'可以完结就应该完结它，就转化为行动实践。换言之，知道事情能够完成，就应该努力通过自己的行动，圆满地完成它。事业完成之后，能够忠实地守护，就能够保存道义。所谓奏乐中能使节奏旋律完满终结，即是'圣'的体现。我们所说的'学'，无非是一个知行并进，自始至终的过程而已。"

原文 2·7 伊川曰："君子主敬以直其内，守义以方其外①，敬立而内直，义形而外方，义形于外，非在外也。敬义既立，其德盛矣，不期大而大矣，德不孤②也，无所用而不周③，无所施而不利，孰为疑乎？"

注释 ①君子主敬以直其内，守义以方其外：语出《易经·坤·文言》："直其正也；方其义也。君子敬以直内，义以方外，敬义立而德不孤。”直：正，端正。方：正，方正。两者皆用作动词。

②德不孤：语出《论语·里仁》：“子曰：‘德不孤，必有邻。’”意谓有德者不会孤单。孔子的话在前，故《文言》中“德不孤”一语，是对孔子原话的引用。

③周：遍，周遍。

译文 程颐说：“君子以敬肃为本，以达到内在精神的纯正，恪守道义，以达到外在表现的方正，做到敬肃内在精神就自然纯正，恪守道义外在表现就自然方正。道义虽然通过外在行为表现出来，但外在表现源于内在精神。因此，道义的表现不是外在的。一旦敬肃与道义矗立起来，人的德行就自然深厚广博，不企望宏大却自然宏大。德行不是孤高的，它所发生的作用，无不周遍，它所施加的影响，无论在什么地方都会带来利益。谁会对德行产生怀疑呢？”

原文 2·8 伊川曰：“动以天为无妄①，动以人欲则妄矣，无妄之义大矣哉！虽无邪心，苟不合正理，则妄矣，乃邪心也；既已无妄，不宜有往，往则妄也。故《无妄》之象②曰：‘其匪正有眚，不利有攸往③。’”

注释 ①无妄:《易经》卦名之一，其卦☰☳之外卦为乾☰，内卦为震☳，乾为天为刚为健，震为雷为刚为动。动健相辅，阳刚盛旺，大有作为。但须循正道而动，不可妄行，故卦名曰无妄。无妄即无曲邪谬乱之行。

②彖（tuàn）：即彖传，亦称彖辞。是解释各卦基本观念的篇名。孔颖达疏:“彖辞统论一卦之义，或说其卦之德，或说其卦之文，或说其卦之名。”彖属于《易传》(即《十翼》)之一。

③其匪正有眚，不利有攸往：匪，同“非”。眚(shěng)，灾。攸，所。

译文 程颐说:“行动以天道为根据，即是无妄，以私欲为依据，即是虚妄。可见，无妄的含义多么博大精深！人的行动虽然没有邪念，但如果不符合正理，也是虚妄，也是邪心，即令内心纯正纯一，但在不适合行动的情况下，有所行动也是虚妄。因此《无妄》彖辞说：‘行为不正当，则有灾殃，有所往则不利。’”

原文 2.9 伊川曰:“人之蕴蓄[1]，由学而大[2]，在多闻前古圣贤之言与行，考迹以观其用，察言以求其心，识[3]而得之，以蓄成其得[4]。”

注释 ①蕴蓄：积蓄、积累。《易经·大畜·象》曰："天在山中，大畜。君子以多识前言往行，以畜其德。"本段为程颐对《象辞》的阐释。

②大：扩大。

③识（zhì）：记，记住。

④得：同"德"。

译文 程颐说："人的德行是积累起来的，有一个通过学习而不断扩大的过程。因此，应该多多体悟古代圣贤的言行，通过考察他们的行为来观察他们的作用，通过考察他们的言论来探求他们的心灵，牢记在心融化在心，并在不断积累的基础上，成就自己的德行。"

原文 2·10《咸》之《象》曰[①]："君子以虚[②]受人"。伊川《易传》[③]曰："中无私主，则无感不通；以量而容之，择合而受之，非圣人有感必通之道也。其九四曰：'贞吉悔亡，憧憧往来，朋从尔思[④]。'《传》曰：'感者，人之动也。'故《咸》皆就人身取象，四当心位[⑤]，而不言咸其心，感乃心也。感之道无所不通，有所私系，则害于感通，所谓悔也。圣人感天下之心，如寒暑雨旸[⑥]，无不通无不应者，亦贞[⑦]而已矣。贞者，虚中无我之谓也。若往来憧憧然，用其私心以感物，则思之所及者，有能感而动，所不及者，不能感也。以有系之私心，既主于一隅[8]一事，岂能廓然无所不通乎?”

注释

①咸:《易经》卦名之一。象，即象传，亦称象辞。“象”有描写万物形象之意，分“大象”“小象”两种，说明卦的称为“大象”，说明六爻的称为“小象”。象属于《易传》(即《十翼》)之一。

②虚：谦虚，虚怀若谷。

③《易传》：程颐著作之一，不同于《易经》组成部分的《易传》。后者对《易经》而言，故称《传》，也称《十翼》，包括《彖》上下、《象》上下,《系辞》上下、《文言》《序卦》《说卦》《杂卦》十篇。

④贞吉悔亡，憧憧往来，朋从尔思：见2·4条注④。

⑤咸皆就人身取象，四当心位：据《象辞》,《易经》中的卦和爻都是一种“象”，而“象”则摹拟客观事物现象，并作出吉凶休咎的解释。《咸》卦六爻皆以人一身之形取象，第四爻（即九四爻）的爻位居股之上，脢之下，正当心位。

⑥旸（yáng）：日出，天晴。

⑦贞：正。

⑧一隅：一处，一个方面。

译文 《咸卦》的《象辞》说："君子以虚怀若谷的态度，接受他人的教益。"程颐的《易传》说："从容中道，毫无私念，就能随感而通。以做出来的气量容纳事物，以选择合适的机会承受事物，都不是圣人有感必通的圆融之道。《易经·咸》九四爻辞说：'贞卜吉利，无所悔恨，纷沓往来，朋友们都顺从你的意旨。'《易传》说：'所谓感，即是人的行动。'《咸卦》六爻全是以人一身之形取象，第四爻正处在心的位置上，因此不说感其心，因为感即是心。感的本质就是无所不通，人如果有私心杂念，就会损害感通，就会带来悔恨。圣人与天地之心交感相应，如同天地寒暑雨晴变化无不感通无不感应，之所以如此，无非是圣人周遍'正'而已。所谓'贞'，即是'正'，即是虚空圆融的无我境界。物我之间，往来纷然不绝，如果用自己的私心去感受事物，那么，欲望所涉及的东西，可能会因自己的行动做出反应，欲望不能涉及的东西，就不会有所行动，也就无所谓反应。人如果受私心控制，偏执于一处一事，怎么能够企望廓然大公无所不通呢？"

原文 2·11 伊川曰："君子之遇险阻，必自省于身：有失而致之乎？有所未善则改之，无歉于心则加勉，乃自修其德也。"①

注释 ①本段是程颐对《易经·蹇·象》的解释。《象》曰："山上有水，蹇。君子以反身修德。"蹇卦䷦内卦为艮☶，外卦为坎☵。艮为山，坎为水，山上有水，山高水险，是蹇卦的卦象，意谓遭遇险阻。

译文 程颐说："君子在人生道路上遇到险厄困阻，必须自我反省：是否因为自己有所过失而导致这样的结果呢？如果有做得不对的地方就应该改正，如果内心无所愧歉就以此勉励自己，这就是君子自我修养自己德行的方法。"

原文 2·12 伊川曰："非明则动无所之，非动则明无所用。"

译文 程颐说："不明白事理，行动就没有方向；不行动，明白事理也没有用。"

原文 2·13 伊川曰："习[①]，重习也，时复思绎[②]，浃洽[③]于中则说也。以善及人而信从者众，故可乐也；虽乐于及人，不见是而无闷[④]，乃所谓君子。"

注释 ①习：演习，实习，复习。

②思绎（yì）：反复推求。

③浃洽：融洽，和洽。说（yuè）：同"悦"。

④无闷：语出《易经·乾·文言》："子曰：'龙，德而隐者也。不易乎世，不成乎名，遁世无闷，不见是而无闷。'"无闷，不烦闷。

译文 程颐说："所谓习，即是重复演习，时时反复思考、推求，使学到的东西融会贯通在自己的心中，喜悦之感就会油然而起。以自己的善推及他人，于是大家皆善，信从善的人越来越多，这当然是一件值得高兴的事。虽然乐于以自己的善推及他人，但如果得不到他人的赞同却毫无烦闷之感，这就是君子的境界了。"

原文 2·14 伊川曰："古之学者为己[①]，欲得之于己也；今之学者为人，欲见知于人也。"

注释 ①古之学者为己：语出《论语·宪问》："子曰：'古之学者为己，今之学者为人。'"

译文 程颐说："古代的人求学是为了培养自己，是希望通过学习提高自己的道德学问；现在的人求学是为沽名钓誉，无非是给人看，获得别人的称赞而已。"

原文 2·15 伊川谓方道辅[①]曰："圣人之道，坦如大路。学者病不得其门耳，得其门，无远之不可到也。求入其门，不由于经[②]乎？今之治经者亦众矣，然而买椟还珠[③]之蔽，人人皆是。经所以载道也，诵其言辞，解其训诂，而不及道，乃无用之糟粕耳。觊[④]足下由经以求道，勉之又勉，异日见卓尔[⑤]有立于前，然后不知手之舞足之蹈，不加勉而不能自止矣。"

注释 ①方道辅：名寀（cǎi），程颐学生。

②经：儒家经典。包括《易》《诗》《春秋》《礼》《书》等。唐有十二经，宋以后加上《孟子》，为十三经。

③买椟还珠：事见《韩非子·外储说左上》："楚人有卖其珠于郑人者，为木兰之柜，熏以桂椒，缀以珠玉，饰以玫瑰，辑以羽翠，郑人买其椟而还其珠。"椟，匣子，后因用以比喻舍

本逐末，取舍失当。

④觊（jì）：希望。

⑤卓尔：特立貌；超然高举貌。

译文 程颐对方道辅说："圣人之道，像康庄通衢一样平坦宽广。读书人的困惑在于没有找到进入的门径，如若找到门径，那么，无论多么遥远的地方都可以到达。要寻求圣人之道的门径，难道可以绕开《六经》吗？现在读经治经的人很多，然而几乎人人都犯了舍本逐末的错误。经是用来阐释'道'的，只知道背诵经书的言辞，解释经书中字句的含义，而没有体悟经书中'道'的真谛，就毫无任何价值可言。希望你能通过治经来寻求'道'，不断勉励自己，久而久之，你会发现圣人之道卓然展现在眼前，此时此刻，你肯定会高兴得不禁手舞足蹈的。有了这样的精神升华之后，即使你不勉励自己，你也不能停止精神生命渴望向'道'靠拢的永恒追求了。"

原文 2·16 明道曰："修辞立其诚[①]，不可不子细[②]理会。言能修省言辞，便是要立诚，若只是修饰言辞为心，只是为伪也。若修其言辞，正为立己之诚意，乃是体当自家敬以直内义以方外之实事[3]。道之浩浩，何处下手，惟立诚才有可居之处，有可居之处，则可以修业也。终日乾乾[4]，大小大事，却只是忠信所以进德，为实下手处，修辞立其诚，为实修业处。"

注释

①修辞立其诚：语出《易经·乾·文言》："子曰：'君子进德修业。忠信，所以进德也。修辞立其诚，所以居业也。"本段为程颢对"修辞立其诚"的阐释，见解精微，发人深省。

②子细：仔细。

③敬以直内义以方外之实事：语出《易经·坤·文言》。参阅2·7条注①。

④终日乾乾：见1·19条注②。

译文

程颢说："《易经·乾·文言》中说的'修辞立其诚'这句话，不可不仔细理解它的真正本意。这句话的要旨是说，人要修省自己外在的言辞，首先必须确立内在的诚意。如果一心想怎样修饰自己的言辞，以取悦于他人或企望他人的赞扬，那只是在作伪。反之，如若修省自己的言辞，正是为了确立自己的内在诚意，那才是体认自己，使自己的行为符合以敬肃为本以保持内在精神的纯正，恪守道义以达到外在表现的方正的要求。‘道’浩大无边，求‘道’从何处下手？唯有从确立自己的诚意下手才能有坚实的根基，有了坚实的根基，就可以修炼自己事业。因此，君子每时每刻都要勤勉努力，无论做什么样的事，其根本点不外是：以忠信为本，增进仁德，这是实实在在的下手工夫；修省自己的外在言辞，确立自己的内在诚意，这是实实在在的修业工夫。”

原文 2·17 伊川曰："志道[①]恳切，固是诚意，若迫切不中理，则反为不诚。盖实理[②]中自有缓急，不容如是之迫，观天地之化乃可知。"

注释 ①志道：志于道。"志"为动词。

②实理：实存之理。

译文 程颐说："求‘道’诚恳而切实，固然是真诚的标志，但如果急切无序，不符合客观的道理，反而变得不真诚。实存的理中自然有缓急的不同，不容背理而行的急促之举。体悟一下天地造化寒暑昼夜井然有序的规律，怎样学‘道’，庶几可以明白了。"

原文 2·18 伊川曰："孟子才高，学之无可依据；学者当学颜子，入圣人为近，有用力处。"又曰："学者要学得不错，须是学颜子。"

译文 程颐说："孟子才气高迈，学孟子，找不到下手的地方，难以依从，难以效仿；应该学颜回，效法颜回，圣人之道就容易接近，就有实践上的依据。"又说："学圣人之道要学得不走样，必须学颜回。"

原文 2·19 明道曰："且省外事，但明乎善，惟进诚心，其文章虽不中，不远矣。所守不约，泛滥无功。"

译文 程颢说："姑且省减外边繁杂的事务，只专心明达本然的善，增进内在心灵的真诚，这样，即使文章写得不尽完美，也差得不远了。人所守护的东西不简明精微，纵然泛滥辞章，终是劳而无功。"

原文 2·20 明道曰："学者识得仁体，实有诸己，只要义理栽培，如求经义，皆栽培之意。"

译文 程颢说："学的根本目的在于认识本体的'仁'无所

不在、至公至纯、至大至精，懂得这个道理，也就懂自己只是‘仁’的精神存在的体现，剩下的只是义理的培养和发掘，例如读经书探求其义理，即是培养与发掘。”

原文 2·21 明道曰：“昔受学于周茂叔，每令寻颜子仲尼乐处[①]，所乐何事。”

注释 ①颜子仲尼乐处：指孔子颜回超然淡泊、素其位而行的乐天境界。其具体表现见《论语·雍也》：“子曰：‘贤哉，回也！一箪食，一瓢饮，在陋巷，人不堪其忧，回也不改其乐。”《论语·述而》：“子曰：‘饭疏食，饮水，曲肱而枕之，乐亦在其中矣。”

译文 程颢说：“过去我们跟从周敦颐学习的时候，周先生每每要我们体悟孔子颜回的快乐境遇，他们感到快乐的是什么事情。”

原文 2·22 明道曰：“所见所期，不可不远且大，然行之亦须量力有渐。志大心劳，力小任重，恐终败事。”

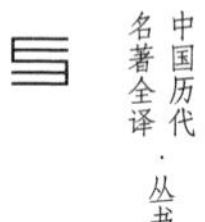

译文 程颢说："读书人的眼界和期望，不能不高远博大，然而实际做事必须量力而行，循序渐进。志向大然而却心劳力竭，力量小然而却承担重任，恐怕只能以失败告终。"

原文 2·23 明道曰："朋友讲习[①]，更莫如相观而善工夫多。"

注释 ①朋友讲习：语出《易经·兑·象》："君子以朋友讲习。"

译文 程颢说："朋友之间讲习讨论，比不上朋友之间相互砥砺、相互感化的收益大。"

原文 2·24 明道曰："须是大其心使开阔，譬如为九层之台，须大做脚始得。"

译文 程颢说："读书人必须扩大自己的心胸，使自己开阔起来，例如要建造九层的楼台，就必须使基脚的面积扩大。"

原文 2·25 明道曰："'自舜发于畎亩之中，至孙叔敖举于海[1]，’若要熟，也须从这里过。”

注释 ①自舜发于畎亩之中，至孙叔敖举于海：事见《孟子·告子下》：“孟子曰：‘舜发于畎亩之中，傅说举于版筑之间，胶鬲举于鱼盐之中，管夷吾举于士，孙叔敖举于海，百里奚举于市。故天将降大任于是人也，必先苦其心志，劳其筋骨，饿其体肤，空乏其身。’”发：发达，兴旺。畎（quǎn）：田间小沟，孙叔敖：春秋时楚国期思（今河南固始）人。官令尹。邲之战，辅助楚庄王指挥楚军，大败晋兵。

译文 程颢说：“从舜在耕田种地中振兴起来，一直到孙叔敖在海滨被举用，古代的圣贤豪杰，大多是在艰难困苦的环境中磨炼出来的。因此，士人若要成熟坚强，必须经过人生坎坷患难的考验。”

原文 2·26 明道曰：“参[1]也竟以鲁得之”。

注释 ①参：即曾参（前505—前436），字子舆。春秋末鲁国南武城（今山东费县）人。孔子学生，以孝著称。相传《大学》是他的作品，有“宗圣”之称。鲁：迟钝。《论语·先进》：“柴也愚，参也鲁。”

译文 程颢说："曾参纵然钝拙，但最终却获得了孔子的真精神。"

原文 2·27 明道先生以记诵博识为玩物丧志[①]。

注释 ①玩物丧志：《书·旅獒》："玩人丧德，玩物丧志。"

译文 程颢认为：以记诵词章、展示博学为好者，皆属于玩物丧志之列。

原文 2·28 明道曰："礼乐只在进反[①]之间，便得性情之正。"

注释 ①进反：进返。犹言一张一弛，相互制约，以达到平衡。

译文 程颢说："礼乐是用来陶冶人的性情的，在礼与乐之间保持必要的张力，就可以达到性情的纯正。"

原文 2·29 明道曰："父子君臣，天下之定理，无所逃于天地之间。安得天分，不有私心，则行一不义，杀一不辜，有所不为；有分毫私，便不是王者事。"

译文 程颢说："父子君臣作为人伦秩序，是天经地义的定理，任何人都无法脱离这种秩序。人只要安于天理确定的名分，不怀私念，那么，即使行一不义，杀一无辜就可以得到天下，也不会这样做。倘若心中有丝毫私欲，就不是圣王的境界。"

原文 2·30 明道曰："论性不论气，不备；论气不论性，不明；二之则不是。"

译文 程颢说："只说性而不说气，是片面的；只说气而不说性，是糊涂的；而把性与气割裂开来，则是没有道理的。"

原文 2·31 明道曰："论学便要明理，论治便须识体。"

译文 程颢说："论学就要明白道理，论治理天下就必须了解政体。"

原文 2·32 明道曰："曾点①漆雕开已见大意，故圣人与之②。"

注释 ①曾点：即曾皙，名点，曾参的父亲。孔子的学生。漆雕开：复姓漆雕，名开，字子开。孔子的学生。

②圣人与之：事分别见《论语·公冶长》："子使漆雕开仕。对曰：'吾斯之未能信。'子说。"《论语·先进》："（曾点）曰：'莫春者，春服既成，冠者五六人，童子六七人，浴乎沂，风乎舞雩，咏而归。'夫子喟然叹曰：'吾与点也。'"与，赞同。孔子对漆雕开和曾点的回答，一感到高兴，一表示同意，故程颢说"圣人与之"。

译文 程颢说："曾点和漆雕开都已经体悟到了人生精神境界的根本旨归，因此孔子对他们表示赞同。"

原文 2·33 明道曰："根本须是先培壅[①]，然后可立趋向也，趋向既正，所造浅深，则由勉与不勉也。"

注释 ①壅（yōng）：同"壅"。在植物根部培土或施肥。《管子·轻重甲》："次日大雨且至，趣芸壅培。"

译文 程颢说："人必须先培植好自己的立身之本，然后才可以确立人生的方向，只要方向端正，那么，所取得的成就的大小，就决定于勤勉与否。"

原文 2·34 明道曰："敬义夹持直上，达天德[1]自此。"

注释 ①天德：最高的精神境界。

译文 程颢说："守持敬肃，恪守道义，勇往直前，就可以达到天人合一的境界。"

原文 2·35 明道曰："懈意一生，便是自弃自暴。"

译文 程颢说："一生都处在松懈状态中，就是自暴自弃。"

原文 2·36 明道曰："不学便老而衰。"

译文 程颢说："人不学理义，精神就会衰老。"

原文 2·37 明道曰："人之学不进，只是不勇。"

译文 程颢说："人的学问没有进步，其原因无非是缺少勇往直前的精神。"

原文 2·38 明道曰："学者为气所胜，习所夺，只可责志。”

译文 程颢说：“人在求学过程中，受意气支配，受习俗摆布，以致学无所成，根本原因在于志向不明确、不坚定。”

原文 2·39 明道曰：“内重则可以胜外之轻；得深则可以见诱之小。”

译文 程颢说：“人如果把内在心性、道德修养看得重，自然就会把外在功名利禄看得轻。人如果学问深厚，境界高远，自然就会觉得利欲物欲的诱惑无比渺小。”

原文 2·40 明道曰：“董仲舒①谓正其义不谋其利，明其道不计其功。孙思邈②曰胆欲大而心欲小，智欲圆而行欲方。可以为法矣。”

注释 ①董仲舒（前179—前104）：西汉哲学家，今文经学大师。广川（今河北枣强东）人。曾任博士、江都相和胶西王相。提出“诸不在六艺之科，孔子之术者，皆绝其道，勿使并进。”为汉武帝采纳，开此后两千余年儒学为正统的先声，影响巨大。著作有《春秋繁露》和《董子文集》。

②孙思邈（581—682）：唐医学家，京兆华原（今陕西耀县）人。其著作《千金要方》《千金翼方》是中国传统医学的重要经典。

译文 程颢说："董仲舒说：端正义理，摒弃私欲；明达天道，忘却功利。孙思邈说：胆子要大，心要细；知识要周圆，行为要方正。这两句话，都可以作为人生效仿的法则。"

原文 2·41 明道曰："大抵学不言而自得者，乃自得也，有安排布置①者，皆非自得也。"

注释 ①安排布置：意为主观感觉，自以为是。

译文 程颢说："关于读书学问，那些不说自己有所收获的人，往往有收获；而那些自以为是，自以为有所收获的人，都没有什么收获。"

原文 2·42 明道曰："视听思虑动作，皆天也，人但于其中，要识得真与妄尔。"

译文 程颢说："人的眼能视，耳能听，心能思，四肢能动，都是天赋的本能，但之所以视听思动，却有'真'与'妄'的区别，循'理'而视听思动者，是'真'，反之，则是'妄'。"

原文 2·43 明道曰："学只要鞭辟近里[①]，著己[②]而已。故'切问而近思，则仁在其中矣[③]。''言忠信，行笃敬，虽蛮貊之邦，行矣。言不忠信，行不笃敬，虽州里，行乎哉？立则见其参于前也，在舆则见其倚于衡也，夫然后行[④]。'只此是学。质美者明，得尽查滓[⑤]便浑化，却与天地同体，其次惟庄敬持养，及其至则一也。"

注释 ①鞭辟近里：切实透辟。

②著己：切实贴身。

③切问而近思，则仁在其中矣：语出《论语·子张》："子夏曰：'博学而笃志，切问而近思，仁在其中矣。'"切：恳切。

④"言忠信"至"夫然后行"：语出《论语·卫灵公》，为孔子对子张提问的回答。蛮貊（mò）：南蛮和北狄，均为古代对边远落后地区民族的称呼。参：并立。衡：车前横木。

⑤查滓："查"同"渣"。渣。

译文 程颢说:“求学唯一的前提是切实透辟,贴切自身。因此子夏说:‘恳切地发问,多考虑当前的问题,仁德就在其中了。’孔子说:‘言语忠诚老实,行为忠厚严肃,即使到了文化不发达的蛮貊之地,也是行得通的。言语欺诈无信,行为刻薄轻浮,即使在本乡本土,难道能行得通吗?站立的时候,就仿佛看见忠诚老实忠厚严肃几个字在我们面前,乘车时,也仿佛看见它们刻在车前的横木上,这样才能使自己处处行得通。’这就是‘学’。气质最优秀的人,天然明白事理,一切渣滓,都能净化,从而达到与天地合一的境界。次一等的人,只有在保持端庄恭敬的基础上,不断修炼自己,永不停息,最终也能达到与天地合一的境界。”

原文 2·44 明道曰:“忠信所以进德,修辞立其诚所以居业者①,乾道也。敬以直内义以方外者②,坤③道也。”

注释 ①忠信所以进德,修辞立其诚所以居业者:见2·15条注①。

②敬以直内义以方外者:见2·7条注①。

③坤:《易经》卦名之一。

译文 程颢说："《易经·乾·文言》所说的'以忠信来增进自己的品德；修省自己的外在言辞，确立自己的内在诚意，以保持自己事业的稳固。'这就是乾道。《易经·坤·文言》所说的'敬肃为本，以达到内在精神的纯正；恪守道义，以达到外在表现的方正。'这就是坤道。"

原文 2·45 明道曰："凡人才学，便须知著力处；既学，便须知得力处。"

译文 程颢说："人开始学习的时候，必须知道学习的切要工夫在哪里；学习以后，必须知道学习有什么样的功效。"

原文 2·46 有人治园圃役，其知力甚劳。先生曰："《蛊》[①]之《象》：'君子以振民育德。'君子事惟有此二者，余无他焉。二者，为己为人之道也。"

注释 ①蛊：《易经》卦名之一。

译文 有一个人管理园圃，精疲力竭。程颐说："《易经·

蛊·象》说：‘君子要振救民众，同时要培养自己的德行。’君子一生只做这两件事，此外再也没有其他事可以考虑。这两件事：一是做一个堂堂正正的君子，一是把自己的一切无私地推及他人。”

原文 2·47 伊川曰：“博学而笃志，切问而近思，何以言仁在其中矣[①]？学者要思得之，了此，便是彻上彻下之道。”

注释 ①博学而笃志，切问而近思，何以言仁在其中矣：见2·42条注③。

译文 程颐说：“子夏说：‘广泛地学习，坚守自己的志向；恳切地发问，多考虑当前的问题，仁德就在其中了’。子夏为什么这样说？读书人如果能体悟其中的道理，就懂得了形上形下圆融无碍的本质了。”

原文 2·48 明道曰：“弘而不毅则难立，毅而不弘则无以居之。”

译文 程颢说：“恢弘而不坚毅则难以挺立，坚毅而不恢弘则不能周通。”

原文 2·49 伊川曰：“古之学者，优柔厌饫[①]，有先后次序；今之学者，却只做一场话说，务高而已。常爱杜元凯[②]语：若江海之浸，膏泽[③]之润，涣[④]然冰释，怡然理顺，然后为得也。今之学者，往往以游夏[⑤]为小，不足学。然游夏一言一事，却总是实。后之学者好高，如人游心千里之外，然自身却只在此。”

注释 ①优柔厌饫（yù）：优柔：从容。厌饫：饱满。

②杜元凯（222—284）：名预，字元凯。西晋将领、学者。京兆杜陵（今陕西西安东南）人。曾任镇南大将军，以灭吴功，封当阳县侯。撰有《春秋左氏经传集解》《春秋释例》等。

③膏泽：犹雨泽，滋润土壤的雨水。

④涣：消散。

⑤游夏：子游与子夏。子游：姓言，名偃，字子游。孔子学生。子夏（前507—？）：卜氏，名商，字子夏。晋国温（今河南温县西南）人，孔子学生。相传《诗》《春秋》等儒家经典是由他传授下来的。

译文 程颐说：“古时候的读书人，从容实在，学习有先后次序；现在的读书人，只会高谈阔论，无非是徒有其表的好高骛远而已。杜预认为：读书如同江海的浸渍，雨水的滋润，久而久之，便仿佛冰雪涣然融化，道理即刻融会贯通，其怡然自得之感油然而起。杜预的看法，我非常赞同。现在的读书人，往往小看子游和子夏，认为他们不足以效仿。然而子游子夏说话做事，却是实实在在的。往后的读书人好高骛远，就像游心于千里之外，精神飘然遥寄，然而自己的身躯依然只停留在此处。”

原文 2·50 伊川曰：“修养之所以引年①，国祚②之所以祈天永命，常人之至于圣贤，皆工夫到这里，则有此应③。”

注释 ①引年：延年。

②国祚（zuò）：国家的命运。祈：祈祷。

③应：应验，效验。

译文 程颐说“个人的寿命，似乎不可知，然而通过修炼其精神，充养其元气，就自然会产生延年益寿的效果。国家的命运，似乎非人力可为，然而只要积累功德，推行仁义，也可以达到与天沟通，从而保证国家长治久安。圣贤似乎不可企及，然而常人只要勤勉不懈，勇猛精进，也能够达到圣贤的境界。总而言之，只要有坚持不懈的实践工夫，就必然有效应。”

原文　2·51　伊川曰：“忠恕[1]所以公平，造德则自忠恕，其致则公平。”

注释　①忠恕：《论语·里仁》：“曾子曰：‘夫子之道，忠恕而已矣。’”朱熹注：“尽己之谓忠，推己之谓恕。而已矣者，竭尽而无余之辞也。”忠即是“己欲立而立人，己欲达而达人。”（《论语·雍也》）恕即是“己所不欲，勿施于人。”（《论语·卫灵公》）

译文　程颐说：“恪守忠恕，就能实现公平。增进、培养自己的德行必须从忠恕开始，而忠恕落实的地方，就自然有公平”。

原文　2·52　伊川曰：“仁之道，要之只消道一公字。公只是仁之理，不可将公便唤做仁，公而以人体之，故为仁。只为公则物我兼照，故仁所以能恕，所以能爱，恕则仁之施，爱则仁之用也。”

译文 程颐说：“仁的本质，概言之，只好说是一个公字。但公只是仁之应然，不能把公等同于仁。摒弃私念，体悟人之所以公的原因，就能把握仁。本于公，就能够达到物我同一，无所偏废的境界。由此，就能明白仁之所以能恕，能爱的道理，就能明白恕只是仁的实行，爱只是仁的作用。”

原文 2·53 伊川曰：“今之学者，如登山麓。方其迤逦[①]，莫不阔步；及到峻处便止。须是要刚决果敢以进。”

注释 ①迤逦（yǐ lǐ）：曲折连绵。

译文 程颐说：“现在的人求学，如同登山。在平缓的山路上，无不昂首阔步；等走到峻险的地方时，就畏阻不前。要知道，只有刚决果敢继续前进，才能达到目标。”

原文 2·54 伊川曰：“人谓要力行，亦只是浅近语。人既能知见，一切事皆所当为，不必待著意，才著意，便是有个私心。这一点意气，能得几时子。”

译文 程颐说：“人们往往说要用实际行动做实事，这无非是一句普通浅显的话。人只要能明白事理，那么，一切应当做的事，自然会去做，不必执着于自己的见解，一执着，便是私心作怪。人的一点点意气，能够支撑多久呢？”

原文 2·55 伊川曰：“知之必好之[①]，好之必求之，求之必得之。古人此个学，是终身事，果能颠沛造次必于是，岂有不得道理！”

注释 ①知之必好之：《论语·雍也》：“子曰：‘知之者不如好之者，好之者不如乐之者。’”孔子比较学问境界之高低，程颐得到启示，进而展示为学问的必然指向。

译文 程颐说：“对于学问，懂得它的人必然喜好它，喜好它的人必然追求它，追求它的人必然得到它。古人把求学看成是终身大事，如果能够在任何艰难曲折颠沛流离的情况下始终不断地学习，岂有不能获得学问的道理！”

原文 2·56 伊川曰："古之学者一，今之学者三，异端不与焉，一曰文章之学，二曰训诂之学，三曰儒者之学，欲趋道，舍儒者之学不可。"

译文 程颐说："古时候的人求学，只有一个目标——求道。现在的人求学，有三个目标，异端尚且不包括在内：第一是词章之学，第二是训诂之学，第三是孔门儒学。现在的人如果要求道，那么，就决不能舍弃孔门儒学。"

原文 2·57 问："作文害道否？"

伊川曰："害也。凡为文不专意则不工，若专意，则志局于此，又安能于天地同其大也？《书》曰：'玩物丧志[①]'，为文亦玩物也。吕与叔[②]有诗云：'学如元凯[③]方成癖，文似相如始类俳[④]。独立孔门无一事，只输颜氏得心斋[⑤]。'古之学者，惟务养情性，其他则不学。今为文者，专务章句，悦人耳目；既务悦人，非俳优而何？"

曰："古者学为文否？"曰："人见《六经》[⑥]，便以为圣人亦作文，不知圣人亦摅发[⑦]胸中所蕴自成文耳，所谓有德者必有言也[⑧]。"

曰："游夏称文学⑨，何也？"曰："游夏亦何尝秉笔学为词章也？且如观乎天文以察时变，观乎人文以化成天下⑩，此岂词章之文也？"

注释

①《书》：亦称《尚书》《书经》，儒家经典之一。玩物丧志：参见2·27条注①。

②吕与叔：名大临，字与叔，程颐学生。

③元凯：即杜预。参见2·49条注②。

④相如：即司马相如（前179—前117），字长卿，蜀郡成都人，西汉辞赋家。代表作有《子虚赋》《上林赋》等。俳（pái）：俳优，伶人。

⑤心斋：语出《庄子·人间世》："惟道集虚，虚者心斋也。"指一种排除思虑和欲望的精神修养方法。这里指修养境界。

⑥《六经》：指《易》《诗》《礼》《乐》《书》《春秋》六部儒家经典。

⑦摅（shū）发：发表，表达。

⑧有德者必有言：语出《论语·宪问》："子曰：'有德者必有言，有言者不必有德。'"

⑨游夏称文学：《论语·先进》："德行：颜渊、闵子骞、冉伯牛、仲弓。言语：宰我、子贡。政事：冉有、季路。文学：子游、子夏。"文学：指古代文献，即《易经》《尚书》《诗

经》等。

⑩观乎天文以察时变，观乎人文以化成天下：语出《易经·贲·彖》。

译文 有人问程颐："写文章是否有损于道？"

程颐回答说："是的。大凡写文章，不专心就写不好，一旦专心，就必然使自己的志趣局限在写文章上，又怎么能达到心胸弘大，像天地一样包容万物呢？《尚书》说：'玩物丧志。'而舞文弄墨，无疑也属于'玩物'之列。吕与叔有一首诗如此说：'学如元凯方成癖，文似相如始类俳。独立孔门无一事，只输颜氏得心斋。'这首诗的基本意思是说，应该像颜回那样一心一意培养自己的情性，其他事则不屑一顾。古代的学者，唯一的追求是修养自己的真性情，无须学习任何其他东西，现在的人写文章，只会寻章摘句，以华丽的词藻取悦于他人。既然以取悦于他人为目的，那又与俳优、伶人之类的人有什么差别呢？"

问："古时候的人是否学习写文章？"程颐回答说："人们看见儒家的《六经》，便以为圣人也写文章。但他们不知道圣人并非执意写文章，而是摅发内心所蕴蓄的精神和情感，所谓《六经》，只是性情自然流露而形成的经典。这就是孔子所说的‘有道德的人一定有精辟的名言。’”

又问:“子游子夏以文学著称,又怎么解释呢?”程颐回答说:“子游子夏何曾追求过时尚?学过什么词章之学呢?《易经·贲·象》说‘观察天文天象,就可以知道时序的变化;观察社会人文现象,就可以用教化成就天下的人。’所谓词章之‘文’,怎么可以与‘天文’‘人文’同日而语呢?”

原文 2·58 明道曰:“涵养[①]须用敬,进学则在致知。”

注释 ①涵养:身心的修养。

译文 程颢说:“身心的修养必须保持端庄敬肃,学问的进步在于格物致知。”

原文 2·59 伊川曰:“莫说道将第一等让与别人,且做第二等,才如此说,便是自弃,虽与不能居仁由义者差等不同,其自弃一也。言学便以道为志,言人便以圣为志。”

译文 程颐说："不要说把第一等的事让给别人去做，自己只做第二等的事。只要这样说，就是自弃。虽然说这种话的人与那些不讲仁义的人存在一定区别，但都是属于自弃之列，性质并没有什么不同。说求学，就要以求道为终极目标；说做人，就要以做圣人为终极归宿。"

原文 2·60 问："必有事焉①，当用敬否？"明道曰："敬是涵养一事，必有事焉，须用集义②，只知用敬，不知集义，却是都无事也。"

问："义莫是中理否？"曰："中理在事义在心。"

问："敬义何别？"伊川曰："敬只是持己之道，义便知有是有非，顺理而行，是为义也。若只守一个敬，不知集义，却是都无事也。且如欲为孝，不成只守著一个孝字，须是知所以为孝之道，所以侍奉当如何，温清③当如何，后能尽孝道也。"

注释 ①必有事焉：语出《孟子·公孙丑上》："必有事焉，而勿正，心勿妄，勿助长也。"

②集义：语出《孟子·公孙丑上》。孟子认为，浩然之气至大至刚，塞于天地之间，不待外求，纯由内心"集义所生"。集

义：犹言积善，指事事皆合于义。见《孟子·公孙丑上》朱熹注。

③温凊（qìng）：冬天温暖，夏天凉爽，意为子女对父母的敬重与体贴。

译文

问："孟子说必须培养自己的精神，那么，是否应当用敬肃来培养呢？"程颢说："敬肃只是修养方面的事。孟子所说的必须培养自己的精神，是说必须通过积累自己的善行，所做的事皆符合义，浩大的精神才能培养起来。只知保持敬肃，不知道集义积善，那是没有用的。"

问："义的表现是否都符合理？"程颢说："义在心中，以心中之义为根据做事，那么，所做的事无不符合理。"

问："敬与义有什么区别？"程颐说："敬只是身心修养之道，而义天然明白是非，顺从义之应然而行动，就是行义。如果只守持敬肃，不知集义积善，是没有效果的。例如孝顺父母，不能空洞地讲孝，必须知道孝顺父母的道理，由此，就知道应当如何侍奉，如何使他们感到子女的体贴和敬重，只有这样，才可以说尽到了孝道。"

原文 2·61 伊川曰："学者须是务实，不要近名方是。有意近名，则是伪也，大本已失，更学何事？为名与为利，清浊虽不同，然其利心则一也。"

译文 程颐说："求学必须务实，不要图虚名。执著于虚名，就是伪。求学的根本指向已经丧失，求学还有什么意义呢？为名与为利，表面上看有清高与恶浊之分，然而本质都一样，都是私欲的表现。"

原文 2·62 明道曰："回也，其心三月不违仁[①]。只是无纤毫私意，有少私意，便是不仁。"

注释 ①回也，其心三月不违仁：见2·1条注⑤。

译文 程颢说："孔子说颜回能够长时间不离开仁德。颜回之所以能如此，只是因为他毫无一点私心杂念，哪怕是一点点私心杂念，都是仁德不纯的表现。"

原文 2·63 明道曰："仁者先难后获[①]。有为而作，皆先获[②]也。古人惟知为仁而已，今人皆先获也。"

注释 ①仁者先难后获:《论语·雍也》:“(樊迟)问仁。曰:‘仁者先难而后获,可谓仁矣。’”指先要付出艰苦的劳动,然后才能有所收获。

②先获:未行动之前,先考虑功效。

译文 程颢说:“孔子认为:‘仁德的人只尽心做事,无所畏惧,至于收获,则无须考虑,听任自然。’未行动之前,先计较效果、得失、收获才下手做事,这就是‘先获’。古时候的人只知道奉行仁德,现在的人则首先想到的是功效。”

原文 2·64 伊川曰:“有求为圣人之志,然后可与共学;学而善思,然后可与适道;思而有所得,则可与立;立而化之,则可与权。”①

注释 ①程颐这段话出自《论语·子罕》:“子曰:‘可与共学,未可以适道;可以适道,未可以立;可以立,未可以权。’”孔子从否定方面立论,程颐从肯定方面立论,皆为开启思路之论。适道:追求道。适,往。权:变通。

译文 程颐说:“有志于以追求圣人境界为终极依归的人,

就可以与他一起学习；学习中能够善于思考，就可以和他一起追求‘道’；在求‘道’过程中通过思考能有所收获，就可以和他事事依义而行，坚定不移；在坚定的依义而行的实践达到与‘义’的圆融和谐，就可以和他一起通权达变。”

原文 2·65 伊川曰："古之学者为己[①]，其终至于成物；今之学者为物，其终至于丧己。"

注释 ①古之学者为己：见2·14条注①。

译文 程颐说："古时候的人求学是为了提高自己的道德学问，而最终却成就了万事万物，使万物各得其所；现在的人求学只是为了自己的名利得失，而最终却丧失了自己的基本人格。"

原文 2·66 伊川曰："君子之学必日新。日新者，日进也。不日新者，必日退，未有不进而不退者。惟圣人之道，无所进退，以其所造者极也。"

译文 程颐说："君子求学必须每天获得新的感受。换言之，必须每天取得进步。没有进步，必然退步，既不进步也不退步是不可能存在的。只有圣人之道，才无所谓进与退之别，因为它达到了仁至义尽、尽善尽美的绝对终极。”

原文 2·67 明道曰：“性静者可以为学。”

译文 程颢说：“禀性醇静的人，就可以追求道德学问。”

原文 2·68 横渠曰：“弘而不毅则无规矩，毅而不弘则隘陋”。

译文 张载说：“人弘大而不坚毅就会流于放任，人坚毅而不弘大就必然显得狭隘浅陋。”

原文 2·69 明道曰：“知性善以忠信为本，此先立其大者①。”

注释 ①先立其大者：语出《孟子·告子上》：“先立乎其大者，则其小者不能夺也。”

译文 程颢说："知道自己天性本来纯粹至善，由此确立忠信为本，依据忠信行动，即是孟子所说的'首先挺立自己涉身处事的根本立场。'"

原文 2·70 伊川曰："人安重则学坚固。"

译文 程颐说："人如果安静庄重，那么所学的东西自然坚实稳固。"

原文 2·71 伊川曰："'博学之，审问之，慎思之，明辨之，笃行之[①]，'五者废其一，非学也。"

注释 ①博学之，审问之，慎思之，明辨之，笃行之：语出《礼记·中庸》。

译文 程颐说："《礼记·中庸》上说：'要广博地学习，要详细地询问，要谨重地思考，要清晰地辨别，要忠实地实践。'这五件事废弃一件，就不是真正的学。"

原文 2·72 张思叔[①]请问："其论或太高？"伊川不答。良久曰："累高必自下。"

注释 ①张思叔：即张绎，字思叔。程颐学生。

译文 张思叔问："我的立论是不是太高深？"程颐不作回答。过了很久，程颐说："高深的理论是积累起来的，必须有根基，通过日积月累，才能产生高深的思想。"

原文 2·73 明道曰："人之为学，忌先立标准[①]，若循循不已，自有所至矣。"

注释 ①标准：目的、标的。

译文 程颢说："人求学，最忌讳的是先确立标的，如果循序渐进，永不停息，自然会达到目的。"

原文 2·74 尹彦明[①]见伊川后，半年方得《大学》《西铭》[②]看。

注释 ①尹彦明：名焞，字彦明，程颐学生。

②《西铭》：张载著，原为《正蒙·乾称篇》的一部分。作者曾于学堂双牖节录《乾称篇》，左书《砭愚》，右书《订顽》。后程颐将《砭愚》改称《东铭》，《订顽》改称《西铭》。

译文 尹彦明受业于程颐半年以后，程颐才拿《大学》和《西铭》给他读。

原文 2·75 有人说无心。伊川曰："无心便不是，只当云无私心。"

译文 有人说人应当做到无心。程颐说："说人应当无心不对，只能说人应当无私心。"

原文 2·75 谢显道[1]见伊川。伊川曰："近日事如何?"对曰："天下何思何虑[2]?"伊川曰："是则是有此理，贤却发得太早在。"

注释 ①谢显道（1050—1103）：北宋学者，名良佐，字显道，上蔡（今属河南）人。程颐学生，学者称上蔡先生。著作有《论语说》《上蔡语录》。

②天下何思何虑：语出《易经·系辞下》："子曰：'天下何思何虑？天下同归而殊途，一致而百虑。天下何思何虑？'"

译文 谢显道见到程颐。程颐问："近来学问工夫做得怎样?"谢显道回答说："天下人有什么可以思考的呢?"

程颐说："话说得很有道理，但对于你来说，却是说得太早了一点。"

原文 2·77 伊川直是会锻炼得人，说了又道，恰好著工夫也。

译文 程颐实实在在地让人得到了陶铸锻炼，他会反复陈述其中的道理，恰到好处，让人知道下工夫的地方。

原文 2·78 显道云："昔伯淳教诲，只管著他言语。"伯淳曰："与贤说话，却似扶醉汉，救得一边，倒了一边，只怕人执着一边。"

译文 谢显道说："过去听程颢的教诲，只是执着于他的言语。"程颢说："和你说话，就像扶醉汉一样，把他扶到这一边，他又倒向了那一边，人怕就怕在固执一端。"

原文 2·79 横渠曰："精义入神①，事豫②吾内，求利吾外也。利用安身③，素利④吾外，致养吾内也。穷神知化⑤，乃养盛自至，非思勉之能强。故崇德而外，君子未或致知也。”

注释 ①精义入神：语出《易经·系辞下》：“精义入神，以致用也。”精义：精通事物的义理。入神：进入神妙的境地。

②豫：先事为备。

③利用安身：利用知识，静养生命。语出《易经·系辞下》：“利用安身，以崇德也。”

④素利：犹言凡事从容恬适。

⑤穷神知化：语出《易经·系辞下》：“穷神知化，德之盛也。”穷神：穷究事物的神妙。知化：认识事物的变化。

译文 张载说：“精研义理达到纯熟高妙的境界，事先在思想上知识上做好充分准备，就可以给人间社会带来利益。利用知识安顿自己的精神生命，这样，处世为人就会从容恬淡，内在的德行也会得到养育。穷究事物的奥秘，认识事物的变化，就知道这一切都是天地化育的自然结果，不是人的思想行动所能改变的。因此，君子除了推崇、认识天地神化的盛德之外，再也没有需要认知的东西了。”

原文 2·80 横渠曰：“形而后有气质之性[①]，善反之，则天地之性②在焉，故气质之性，君子有弗性者焉。”

注释 ①气质之性：与天地之性相对，意谓出于生理要求的感觉、欲望等。

②天地之性：亦称“义理之性”“天命之性。”指天赋的仁、义、礼、智本性，至纯至善。

译文 张载说：“人有形有象，也就有气质之性，只要善于自我磨炼，克服气质之性的诱惑，就能够保存自己的天地之性。因此，纵然气质之性人人皆有，但君子却可以压抑它、控制它，以致消除它。”

原文 2·81 横渠曰：“德不胜气，性命于气；德胜其气，性命于德。穷理尽性①，则性天德，命天理。气之不可变者，独死生修夭而已。”

注释 ①穷理尽性：语出《易经·说卦》：“穷理尽性而至于命。”

译文 张载说：“德行不能战胜血气欲念，性与命就受制于血气欲念；德行战胜血气欲念，性与命就决定于德性。穷究事物的道理，完满自己的本性，那么，本性就是天德的体现，命运就是天理的化身。沉溺于血气欲念而无法改变的人，一辈子只能受私欲的折磨，没有任何光明可言。”

原文 2·82 横渠曰：“莫非天也：阳明胜则德性用，阴浊胜则物欲行。领[①]恶而全好[②]者，其必由学乎？”

注释 ①领：治理。

②好：善。

译文 张载说：“一切都是天理的必然：光明的阳气占主导地位，德性就自然发用；暗浊的阴气占主导地位，人欲就自然横流。压抑、摒弃人的私欲，保全人的善性，难道不是必须通过学圣人之道才能实现吗？”

原文 2·83 横渠曰：“大其心，则能体天下之物。物有未体，则心为有外。世人之心，止于见闻之狭；圣人尽性，不以见闻梏[①]其心，其视天下，无一物非我。孟子谓尽心则知性知天[②]以此。天大无外。故有外之心，不足以合天心。”

注释 ①梏（gù）：束缚、限制。

②尽心则知性知天：语出《孟子·尽心上》："尽其心者，知其性也，知其性则知天矣。"

译文 张载说："能够开阔自己的心胸，达到廓然大公的境界，就能够体认天下万事万物的道理。设若不能体认天下万事万物，那么，心与物存在阻隔，心就自然外在于物。世人的心胸狭隘，只满足于看到的听到的东西；反之，圣人则能够完满自己的天性，不会仅以看到的听到的事情限制自己的本心，圣人看待的天下，是全部天下，天下无一物一事在圣人之外、与圣人无关。孟子所说的'全部发挥心中的善端，了解自己的本性，进而认识天理'，正是这个道理。天无比广大，没有任何东西在天之外。因此，凡是认为有一事一物外在于我的人，都是小我，都没有达到天心包容一切、体认一切的博大状态。"

原文 2·84 横渠曰："仲尼绝四[①]。自始学至成德，竭两端之教[②]也。意有思也，必有待也，固不化也，我有方也。四者有一焉，则与天地为不相似[③]矣"。

注释 ①仲尼绝四：《论语·子罕》："子绝四：毋意，毋必，毋固，毋我。"绝：绝对没有。意：凭空推测。必：事先作肯定判断。固：固执。我：自以为是。

②竭两端之教：语出《论语·子罕》："子曰：'吾有知乎哉？无知也。有鄙夫问于我，空空如也。我叩其两端而竭焉。"两端：犹言问题正反两方面，首尾两头。

③与天地为不相似：《易经·系辞上》："与天地相似，故不违。"

译文 张载说："孔子绝对没有以下四种毛病：凭空推测，事先作肯定判断，僵化固执，唯我独是。他在求学到成圣成德的过程中，总是从事情的正反两方面反复进行仔细思考，因此没有常人难免的上述四种毛病。凭空推测就是凭主观见解看待事物；事先作肯定判断就要求事情的发展一定如此；固执就必然执著于成见，顽固不化；唯我独是就是棱角毕露，容不得人。以上四种毛病只要有一种存在，就是与天地之道相悖。"

原文 2·85 横渠曰："上达反天理①，下达徇人欲者欤？"

注释 ①上达反天理：《论语·宪问》："子曰：'君子上达，小人下达。'"反：同"返"。

译文 张载说："君子天天向上通达天理，小人日日趋下徇曲私欲。"

原文 2·86 横渠曰："知崇[①]，天也，形而上也，通昼夜而知[②]，其知崇矣。知及之而不以礼，性之非己有也，故知礼成性而道义出，如天地位而《易》行[③]。"

注释 ①知崇：语出《易经·系辞上》："知崇礼卑，崇效天，卑法地。"知崇，智慧崇高。

②通昼夜而知：《易经·系辞上》："通乎昼夜之道而知。"昼夜之道：焦循曰："昼夜之道即一阴一阳之道也。"

③天地位而《易经》行：《易经·系辞上》："天地设位，而《易》行乎其中矣。"意谓天地立其上下之位，易道即运行于天地之间。

译文 张载说："崇高的智慧即是天道、形而上之道，《易经》透彻地反映了阴阳变化的规律，因此是崇高的智慧。知道了事物规律，而不依据礼来实行，那么，人性的本质就不完满。因此，人如果能了解礼，并根据礼的规范行动从而成就自己的善性，那么，道义就会自然而然地体现出来，其道理如同天地确立了各自的地位,《易经》的原则就贯通于天地之间一样。”

原文 2·87 横渠曰:“困之进人也，为德辨[①]，为感速。孟子谓人有德、慧、术智者常存乎疢疾以此[②]。”

注释 ①为德辨：语出《易经·系辞下》:“困，德之辨也。”意谓人处于穷困境遇时，最容易辨别其德行的高低。

②人有德慧术智者常存乎疢疾：语出《孟子·尽心上》:“孟子曰:‘人之有德、慧、术、知者，恒存乎疢疾。’”疢（chèn）疾：灾患。

译文 张载说:“困苦可以促进人的德行，因为困厄最能鉴别、考验人的德行，从而激发人感悟人奋勇向上。孟子认为人的德行、智慧、本领、知识常常是通过灾患磨炼出来的，正是这个道理。”

原文 2·88 横渠曰:“言有教，动有法，昼有为，宵有得，息[①]有养，瞬有存。”

注释 ①息：一息，瞬息。

译文 张载说："说话必须依据圣贤的教说，行动必须依据礼仪法度，白天必须勤勉有所作为，夜晚必须反省有所心得，一息之间精神能够得到滋养，一瞬之间自觉天理常存心中。"

原文 2·89 横渠作《订顽》[1]曰："乾称父，坤称母[2]；予兹藐[3]焉，乃混然中处[4]。故天地之塞，吾其体；天地之帅，吾其性[5]。民，吾同胞；物，吾与[6]也。大君者，吾父母宗子[7]；其大臣，宗子之家相[8]也。尊高年，所以长其长[9]；慈孤弱，所以幼其幼[10]。圣其合德，贤其秀也。凡天下疲癃[11]残疾、茕独鳏寡[12]，皆吾兄弟之颠连[13]而无告者也。于时保之[14]，子之翼也；乐且不忧[15]，纯乎孝者也。违[16]曰悖德，害仁曰贼，济恶者不才，其践形[17]惟肖者也。知化则善述其事，穷神则善继其志[18]。不愧屋漏为无忝[19]，存心养性为匪懈[20]。恶旨酒，崇伯子之顾养[21]；育英才，颖封人之锡类[22]。不弛劳而底豫[23]，舜其功也；无所逃而待烹[24]，申生其恭[25]也。体其受而归全[26]者，参[27]乎；勇于从而顺令者，伯奇[28]也。富贵福泽，将厚吾之生也；贫贱忧戚，庸[29]玉汝于成也。存吾顺事，没吾宁也。"

明道先生曰："《订顽》之言，极醇无杂，秦汉以来学者所未到。"

又曰："《订顽》一篇，意极完备，乃仁之体也。学者其体此意，令有诸己，其地位已高，到此地位，自别有见处。不可穷高极远，于道无补也。"又曰："《订顽》立心便达得天德。"

又曰："游酢[30]得《西铭》读之，即涣然不逆于心。曰：'此中庸之理也，能求于言语之外者也。'"

杨中立问曰："《西铭》言体而不及用，恐其流遂至于兼爱[31]，何如？"

伊川先生曰："横渠立言诚有过者，乃在《正蒙》[32]。《西铭》之书，推理以存义，扩前圣所未发，与孟子性善养气之论同功，岂墨氏之比哉？《西铭》明理一而分殊，墨氏则二本而无分。分殊之蔽，私胜而失仁；无分之罪，兼爱而无义。分立而推理一，以止私胜之流，仁之方也。无别而迷兼爱，以至于无父之极[33]，义之贼也。子比而同之，过矣。且彼欲使人推而行之，本为用也，反谓不及，不亦异乎？"

注释

①《订顽》：即《西铭》参见2·74条注②。

②乾称父，坤称母：《易经·说卦》："乾，天也，故称乎父；

坤，地也，故称乎母。”

③藐：通“邈”。

④混然中处：谓与天地相合而位于天地之中。

⑤天地之塞，吾其体；天地之帅，吾其性：语本《孟子·公孙丑上》：“吾善养吾浩然之气。……其为气也，至大至刚，以直养而无害，则塞于天地之间。”又说：“夫志，气之帅也；气，体之充也。”塞，充塞。帅，主导者。这里指精神本质。吾其体，谓天地之气构成我的身体。

⑥与：同伴。

⑦宗子：古代宗法制度，嫡长子为族人兄弟所共宗（共尊），故称“宗子”。《礼记·曲礼下》：“支子不祭，祭必告于宗子。”

⑧家相：一家的总管。

⑨长其长：敬重长者。前“长”字为动词。

⑩幼其幼：爱护幼小的人。

⑪疲癃（lóng）：衰老多病。

⑫茕（qióng）独鳏（guān）寡：泛指无依无靠的人。茕，孤独。鳏寡：老而无妻叫鳏，无夫叫寡。

⑬颠连：困顿不堪。无告，有苦无处可告，形容处境极为不幸。

⑭于时保之：语出《诗经·周颂·我将》：“畏天之威，于时保之。”时，是。

⑮乐且不忧：语本《易经·系辞上》："乐天知命，故不忧。"

⑯违：指不服从父母之命。

⑰践形：语出《孟子·尽心上》："形色，天性也；惟圣人然后可以践形。"践形，一言一行符合道德标准。

⑱知化则善述其事，穷神则善继其志：语本《易经·系辞下》："穷神知化，德之盛也。"又本《礼记·中庸》："夫孝者，善继人之志，善述人之事也。"其，这里指天地。张载通过把上述两部经典原文加以综合，以期相互发明。

⑲不愧屋漏为无忝：《诗经·大雅·抑》："相在尔室，尚不愧屋漏。"毛传："西北隅谓之屋漏。"郑玄笺："屋，小帐也；漏，隐也。"不愧屋漏，意为心地光明，不在暗中做坏事，起坏念头。无忝：语出《诗经·小雅·小宛》："夙兴夜寐，无忝尔所生。"忝，辱；有愧于。

⑳存心养性为匪懈：《孟子·尽心上》："存其心，养其性，所以事天也。"匪懈：语出《诗经·大雅·烝民》："夙夜匪懈。"匪：非。

㉑恶旨酒，崇伯子之顾养：《孟子·离娄下》："孟子曰：'禹恶旨酒而好善言。"旨酒，美酒。崇伯子，即禹。顾养：善于保养天性。

㉒颖封人之锡类：《左传·隐公元年》："颍考叔，纯孝也，爱其母，施及庄公。《诗》曰：'孝子不匮，永锡尔类'，其是之

谓乎!”锡，通赐，颍封人，即颍考叔。封人：官名。春秋时为典守封疆之官。

㉓不弛劳而底豫：出自《孟子·离娄上》:“舜尽事亲之道而瞽瞍底预，瞽瞍底预而天下化。”底：致，到。预：安乐。

㉔无所逃而待烹：出自《礼记·檀弓》:“晋献公将杀其世子申生，申生辞于孤突，…… 再拜稽首乃卒，是以为恭世子也。”申生自缢而死，待烹即等待杀戮。

㉕恭：申生死后的谥号，因其顺从父亲，故谥为恭。

㉖体其受而归全:《礼记·祭义》:“曾子问诸夫子曰:‘父母全而生之，子全而归之，可谓孝矣；不亏其体，不辱其亲，可谓全矣。”体其受，身体受之于父母。

㉗参：孔子学生曾参。

㉘伯奇：周大夫尹吉甫的儿子。《颜氏家训·后娶篇》:“吉甫，贤父也；伯奇，孝子也。”伯奇事亲至诚，以顺令父亲著称。

㉙庸：用。

㉚游酢：字定夫。二程学生。

㉛兼爱：墨子的伦理思想。主张爱无差别等级，倡导人与人之间平等的、不分厚薄亲疏的彼此相爱。

㉜《正蒙》:张载著作，共九卷，十七篇，包括《太和》《参两》《天道》《神化》《诚明》《大心》《乾称》等篇目。编入《张子全书》中。

㉝无父之极:《孟子·滕文公下》:“孟子曰:‘墨子兼爱,是无父也。’”

译文 张载的《订顽》如下说:“乾称为父,坤称为母;我多么邈远,混然融汇在天地之中。天地之气构成我的身体,天地的精神构成我的本性。生民是我的同胞,生物是我的同伴。君主是我父母共尊的宗子,大臣是宗子的总管。尊重年老的人,爱护幼小的人,是天地的原则要求。圣人与这一原则合一,贤人则是这一原则的优秀代表。整个天下一切衰老残疾茕独鳏寡的人,都是我的困苦不堪、无可依靠的兄弟。保护、爱护一切有痛苦的人,是天地之子扶助天道的神圣职责;乐天知命,无忧无虑,是纯笃仁孝者的宽广境界。违背父母之命,即是背离道德原则;戕害仁道的人,就是贼子;助长邪恶的人,就不配做人;而只有天地父母之子,才能够把仁义的本质落实在人伦实践之中。知道万物的变化就能够遵循天地的法则,穷究万物的奥秘就能够承继天地的精神。心地光明,毫无邪念,就无愧于生养之恩的父母;守护本心,养育本性,即是不懈地追求与天道合一的表现。禹厌恶美酒,是为了护养天赋的本性;颍考叔有教育天下英才之志，因此他才能够以纯粹的心灵把恩德给予他人。舜竭尽全力让父亲感到快乐，是舜的功绩所在；申生宁愿自杀而不愿逃走，体现了孝子的无比恭顺。能够把受之于父母的肉身生命在精神上身体上完满守护者，是曾参；能够不顾险难，勇于顺从父亲之命者，是伯奇。富贵福泽，是天地对我的厚待，驱使我更加努力向善；贫贱忧戚，是天地对我的考验，以促使我奋发进取，成就人格。我活着，我顺乎天而行事；我死了，我无悔无憾。”

程颢说：“张载的《订顽》讲述的内容，极为纯正，没有丝毫杂质。秦汉以来，还没有哪一位学者达到他这样的高度。”

程颢又说：“《订顽》这篇文章，意义非常完备，是仁的精神的体现。学者如果能领会其中的寓意，让它融汇在心中，境界就比较高了。在这种境界下做一番实践工夫，自然就会达到对天道本原的把握。千万不可不切实际地一味好高骛远，若如此，对于追求天道而言，只能是无益无补。”

程颢又说：“以《订顽》确定精神追求的方向，就可以上达天道。”

程颢又说：“游酢读了《西铭》之后，便有精神焕发、心心相印之感。他说：‘《西铭》与《中庸》展示的是同一个理，而这个理，超越了言语的限制。’”

杨中立问：“《西铭》只说体，不说用，恐怕有流于墨子兼爱之嫌，您看怎么样?”

程颐说：“张载在《正蒙》一书中确实说了一些过头的话。但《西铭》则不然。《西铭》通过推及天理以展现道义，扩充了圣人没有阐发的思想，具有与孟子的性善论、养气论同等的功绩，墨子岂能相提并论！《西铭》阐明了唯一的天理寓于万事万物之中，而万事万物各不相同，各具特性的道理。而墨子则主张两个本原，不分别万事万物的差异。不讲天理本原，蔽于事物的差异区别，结果必然是私欲泛滥，仁爱消失；而不区分事物的差异——作为一种罪责，其结果必然导致所谓兼爱，必然无正义可言。区分事物的特性与差异，并从所有特性与差异中推出绝对、唯一的天理，以天理观照一切，就可以制止私欲横流，保证仁道的落实。不区别事物的特性与差异，一味迷恋于兼爱，以至于走到无视父母的程度，而这一切，完全与正义观念背道而驰。你把张载与墨子等量齐观，是错误的。况且，张载的本意是要人们进行道德实践。‘体’即是‘用’，‘用’是‘体’的表现。

而你反而说张载不讲‘用’，不也是令人感到十分诧异吗?”

原文

2·90 横渠又作《砭愚》曰:“戏言出于思也，戏动作于谋也。发于声见乎四支[①]，谓非己心，不明也；欲人无己疑，不能也。过言非心也，过动非诚也。失于声缪[②]迷其四体，谓己当然，自诬也；欲他人己从，诬人也。或谓出于心者，归咎为己戏，失于思者，自诬为己诚，不知戒其出汝者，归咎其不出汝者，长傲且遂非，不知孰甚焉。”

横渠学堂双牖，右书《订顽》，左书《砭愚》。伊川曰:“是起争端，改《订顽》曰《西铭》,《砭愚》曰《东铭》。”

注释

①支：通“肢”。

②缪：通“谬”。

译文

张载又撰有《砭愚》一文，其内容是:“人的戏谑言语，源于人的思想；人的戏谑动作，源于人的主意。戏谑之言通过声音表现出来，戏谑动作通过四肢表现出来，是明摆着的。但如果某人认为它们不是自己内在思想的外在表现，那么，这个人就不懂内在的思想与外在的表现是统一的这一道理。既然说了不该说的话，做了不该做的事，又要别人不怀疑自己言行的动机，是不可能的。过失的言论不符合本心的要求，过失的行为不符合诚善的标准。说了有损人格的话，做出了有害道德的行为，却视为理所当然，就是对自己天赋本心的自我欺骗，而在这一事实面前，却要他人顺从自己的所作所为，就是对他人是非感的诬蔑。有的人虽然也认为言行源于心，但却把自己的过失归咎于一时的戏耍需要，而之所以如此，只是偶然的思想迷失，并且自我欺骗地认为自己的心灵是诚实的。这种人，不警诫导致言行失误的原因，却把失误归咎于结果本身。因此，他们任意滋长自己的傲慢之气，顺从自己的非礼言行，已经不知道什么是真正的过失了。”

张载学堂的右边窗户书写有《订顽》，左边的窗户书写有《砭愚》。程颐说：“‘顽’‘愚’两字容易引起误解，导致争端。我来改一下，把《订顽》改为《西铭》,《砭愚》改为《东铭》。”

原文 2·91 横渠曰：“将修己，必先厚重以自持，厚重知学，德乃进而不固矣。忠信进德，惟尚友而急贤[①]，欲胜己者亲，无如改过之不吝。”[②]

注释 ①尚友：“尚”通“上”。谓上与古人做朋友。《孟子·万章下》：“以友天下之善士为未足，又尚论古之人；颂其诗，读其书，不知其人，可乎？是以论其世也，是尚友也。”此处引申为与高于己者交游。

②《论语·学而》：“君子不重则不威；学则不固。主忠信。无友不如己者。过，则勿惮改。”本节即是张载对孔子上述原话的发明，但与孔子本义不尽相同。

译文 张载说：“如若要修养自己的德行，必须首先笃厚庄重，自持有度，笃厚庄重并且知道学习的目的，德行就会提高而不至于固滞。忠信是提高德行的根据，但同时必须以与高尚的人交朋友和渴求贤人的帮助为辅，如果要与胜过自己的人亲近，最明智的选择莫过于果断地改正自己的错误。”

原文 2·92 横渠谓范巽[①]之曰：“吾辈不及古人，病源何在？”巽之请问。先生曰：“此非难悟，设此语者，盖欲学者存意之不妄，庶游心[②]浸熟，有一日脱然如大寐之得醒耳。”

注释 ①范巽（xùn）之：名育，字巽之，张载学生。

②游心：心神专注。

译文 张载问范巽之：“我们比不上古人，不足的原因何在？”范巽之不能回答，请张载解释。张载说：“这并不难领悟，我之所以如此设问，是希望读书人时时想到我们不如古人，把这一点牢记在心，就自然能够专心省察，久而久之浸灌纯熟，终有一天霍然如睡梦醒来，豁然开朗。”

原文 2·93 横渠曰：“未知立心，恶思多之致疑，既知所立，恶讲治之不精。讲治致思，莫非术内，虽勤而何厌？所以急于可欲者，求立吾心于不疑之地，然后若决江河以利吾往。逊此志，务时敏，厥修乃来[①]。故虽仲尼之才之美，然且敏以求之[②]。今持不逮[③]之资，而欲徐徐以听其适，非所闻也。”

注释 ①逊此志，务时敏，厥修乃来：语出《尚书·说命下》：“惟学逊志，务时敏，厥修乃来。”逊，使谦逊。敏，努力。厥，其。

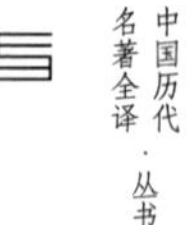

修，修养。

②敏以求之：《论语·述而》：“子曰：‘我非生而知之者，好古，敏以求之者也。”

③逮（dài）：到，及。

译文 张载说：“读书人没有确立自己的志向时，毛病在于胡思乱想，非但无益，反而导致疑惑；确立了自己的志向后，毛病在于讲习治学浅略不精。讲习、治学、思考，都是学术分内的事情，只能勤勉不懈，却不能有任何厌倦之感。读书人所急切追求的东西，无非是确立坚定的志向，有了坚定的志向，人生的道路就像江河奔流，畅通无阻。此外，务必要时时保持谦虚的心态，务必时时奋勉努力，学问和修身才会不断取得进步。因此，虽然孔子天才横溢，却仍然在孜孜不倦地追求。今天才智远不及孔子的人，却企望不思不学，慢慢自然就会达到预想的目标，真是闻所未闻的奇谈怪论。”

原文 2·94 横渠曰：“明善为本，固执之乃立，扩充之则大，易[①]视之则小，在人能弘之而已。”

注释 ①易：轻视。

译文 张载说："明白什么是善，是最根本的事情；能够牢固地恪守自己的善性，人就能够挺立于人世间；能够推广扩充自己的善性，人就能够无比光辉高大。反之，轻视善，人就必然渺小狭隘。人的真正价值和追求，无非在于弘扬善而已。"

原文 2·95 横渠曰："今且只将尊德性而道问学[①]为心，日自求于问学者有所背否？于德性有所懈否？此义亦是博文约礼[②]，下学上达[③]，以此警策一年，安得不长？

每日须求多少为益，知所亡，改得少不善，此德性上之益。读书求义理，编书须理会有所归著，勿徒写过，又多识前言往行，此问学上益也。勿使有俄顷闲度，逐日似此，三年庶几有进。"

注释 ①尊德行而道问学：语出《礼记·中庸》。道（dǎo）：由，从。问学：学习及询问。

②博文约礼：意谓用各种文献来丰富人的知识，用一定的礼节来约束人的行为。语出《论语·子罕》："颜回喟然叹曰：

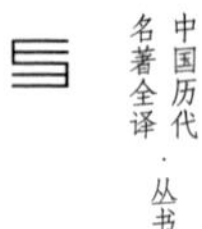

‘仰之弥高，钻之弥坚；瞻之在前，忽焉在后。夫子循循然善诱人，博我以文，约我以礼，欲罢不能。”

③下学上达：意谓下学人事，上达天理。语出《论语·宪问》：“子曰：‘不怨天，不尤人，下学而上达。’”

译文

张载说：“从眼前的情况看，必须以《中庸》所说的‘尊德性而道问学’为核心，每天应该问问自己，是否违背了‘道问学’？是否对‘尊德性’有所松懈？‘尊德性而道问学’即是用各种文献来丰富自己的知识，用一定的礼节来约束自己的行为，也即是下学人事，上达天理，用上述圣贤的教言来警诫自己，鞭策自己，坚持一年左右，怎么会不取得进步呢？

每天必须在道德修养上或多或少有所收益；在认识自己不足、不善的基础上，不断改正，使之逐渐减少，这就是德性上的收益。读书是为了追求义理；编书必须先了解纲领条目，性质类别，然后进行合理归类，不可仅仅抄写凑集了事；还要多多了解前人往贤的嘉言懿行；能做到上述几点，就是学问上的收益。不让光阴须臾间虚度，能天天做到这一点，三年庶几会取得可观进步。”

原文 2·96 横渠曰："为天地立心，为生民立道，为去圣继绝学，为万世开太平。"

译文 张载说："儒者应该树立像天地一样广阔的胸怀；应该为生民确立神圣的道德原则；应该继承圣人开创的学统，使之不中断；应该为开辟永恒大同世界贡献自己的一切力量。"

原文 2·97 横渠曰："载所以使学者先学礼者，只为学礼则便除去了世俗一副当[①]习熟缠绕，譬之延蔓之物，解缠绕即上去，苟能除去了一副当世习，便自然脱洒也，又学礼则可以守得定。"

注释 ①一副当：犹言一整套。习熟：指习惯于熟悉于一套世故的繁文缛节。

译文 张载说："我之所以要读书人先学礼，无非是因为学礼可以排除世俗一整套繁文缛节的纠缠纷扰，譬如蔓延生长的植物，解除了枝蔓的缠绕，就容易向上生长。因此，读书人如果能够排除世俗的繁文习套的束缚，心胸就自然超脱洒落，在此前提下，通过学礼，就可以达到身心有所守持，坚定自如。”

原文 2·98 横渠曰：“须放心宽快公平以求之，乃可见道，况德性自广大。《易》曰：‘穷神知化，德之盛也[①]。’岂浅心可得！”

注释 ①穷神知化，德之盛也：语出《易经·系辞下》。参见2·79条注⑤。

译文 张载说：“求道，必须开放心胸，使心胸宽广、舒畅、公正、平易，就可以体悟道，发现道，况且人的德性本来就宽广弘大。《易经·系辞下》说：‘穷究事物的神妙，认识事物的变化，是最伟大的德性。’道岂是浅狭之心可以认识的！”

原文 2·99 横渠曰：“人多以老成则不肯下问，故终身不知；又为人以道义先觉处之，不可复谓有所不知，故亦不肯下问，从不肯问，遂生百端欺妄人，我宁终身不知。”

译文 张载说：“人往往认为自己年长老成而不肯下问于后

辈，因此终身不能解惑，只能处于无知状态；或者总以道义自居，先觉自许，自以为无所不知，因此不肯下问，从不肯问，于是只能想方设法欺瞒他人。人若宁愿终身不知也不愿请教他人，只能是愚蠢之极。”

原文 2·100 横渠曰：“多闻[①]不足以尽天下之故，苟以多闻而待天下之变，则道足以酬[②]其所尝知，若劫之不测，则遂穷矣。”

注释 ①多闻：见闻广博。

②酬：应对。

译文 张载说：“广博的知识不足以穷尽天下的事情，如果用广博的知识来应付天下万事万物的变化，那么，人只能应对自己知识范围内的事，一旦面对知识范围外的事，就无法应付了。”

原文 2·101 横渠曰：“为学大益，在自求变化气质[①]。不尔，皆为人之弊，卒无所发明，不得见圣人之奥。”

注释 ①变化气质：理学重要思想之一，认为人的气质有昏明清浊之异，不能皆纯，故有智愚、贤不肖之别，只有通过变化气质的功夫，矫正自己，才能回复到本原的至纯至善。

译文　张载说："求学所获得的最大益处是：主动自觉地在自身做变化气质的功夫。否则，任何其他的选择都只能有害无益，最终不能有所发现，有所明白，而圣人奥妙的本旨，自然也就无从知晓了。"

原文　2·102　横渠曰："文[①]要密察，心要洪放。"

注释　①文：礼乐文化。

译文　张载说："礼乐文化要详细地观察，心胸要宽广舒展。"

原文　2·103　横渠曰："不知疑者，只是不便实作，既实作则须有疑，有不行处，是疑也。"

译文　张载说："不知道有疑问，只是因为没有实际做事，只要实际做事，就必然有疑问，有行不通的地方，就存在疑问。"

原文 2·104 横渠曰:“心大则百物皆通,心小则百物皆病。”

译文 张载说:“心胸宽广宏远,处己待人无不通达;心胸狭小浅陋,处己待人无不龃龉。”

原文 2·105 横渠曰:“人虽有功①不及于学,心亦不宜忘。心苟不忘,则虽接人事,即是实行,莫非道也;心若忘之,则终身由之,只是俗事。”

注释 ①功:通“工”,事。

译文 张载说:“人虽然有其他事要做而无暇顾及学问,但心却不应该忘记学问之道。如果能念念不忘,那么,即令是接人待物,也是学道体道实行道;如果忘却了学问之道,逐事纷驰,毫无操守,那就只能终身沉溺于俗事之中了。”

原文 2·106 横渠曰:“合内外,平物我,此见道之大端。”

译文 张载说:“人能做到表里如一,物我一体,差不多已经接近道的本质了。”

原文 2·107 横渠曰：“既学而先有以功业为意者，于学便相害，既有意，必穿凿创意，作起事端也，德未成而先以功业为事，是代大匠斫[①]，希不伤手也。”

注释 ①斫（zhuó）：削、砍。

译文 张载说：“求学先以创立功业为目的，就有害于学；既然已经先有意图，就必然穿凿附会，自以为是，从而造成人事纷扰。德行还未有所建树就想到要建功立业，犹如不知道怎样使用斧头却要代替匠人砍伐树木，这样的人，很少不伤害自己的手。”

原文 2·108 横渠曰：“窃尝病孔孟既没，诸儒嚣然，不知反约[①]穷源，勇于苟作，持不逮之资而急知后世，明者一览，如见肺肝然，多见其不知量也，方且创艾[②]其弊，默养吾诚，顾所患日力不足，而未果他为也。”

注释 ①反约：即“返约”。约，简要。反约即返回到根本。

②创艾（yì）：也作“创刈”。因受惩戒而畏惧。

译文 张载说："我常常憎恶孔子、孟子之后所谓儒者的一副嚣张轻狂的样子。他们不知道反省自己，不探究圣人的根本精神，却肆无忌惮地随意轻率地著书立说。他们的德行、才智不过尔尔，却汲汲于博名后世。他们的所作所为，明眼人一看，就一目了然，他们多半不能估量自己，缺少自知之明。我要以此为戒，默默地护养我心中的'诚'。我所忧虑的是时间有限，能力不够，不能穷究孔孟微言大义，我自然不会像那些所谓的儒者动辄随意著书立说的。"

原文 2·109 横渠曰："学未至而好语变[①]者，必知终有患。盖变不可轻议，若骤然语变，则知操术已不正。"

注释 ①变：权变，权宜。

译文 张载说："学道未达到至精至纯而喜好论说权宜变通的人，最终必然带来后患。权变不能轻易谈论，如若急于论说权变，那么，操守已偏离了正道。"

原文 2·110 横渠曰："凡事蔽盖不见底，只是不求益。有人不肯言其道义所得所至，不得见底，又非于吾言[①]

无所不说[2]。”

注释 ①吾言：吾圣人之言。

②说（yuè）：同“悦”。

译文 张载说：“凡事遮蔽掩盖，唯恐他人知道，只能是不求进取的表现。对于道义，如果有人只字不提，既不让别人知道他学道有什么收获，又不让别人知道他行义有什么体会，这样的人，是不能与对圣人的教诲无不心悦诚服的人同日而语的。”

原文 2·111 横渠曰：“耳目役于外，揽外事者，其实是自惰，不肯自治，只言短长，不能反躬者也。”

译文 张载说：“人如果受外界支配，只注意外界纷纷攘攘的人情世故，结果必然心思懈惰涣散，不能控制自己，也就必然只会说长道短，不会反躬自问了。”

原文 2·112 横渠曰：“学者大不宜志小气轻。志小则易足，易足则无由进；气轻则以未知为已知，未学为已学。”

译文 张载说：“求学最忌讳的是狭隘与轻浮。狭隘则容易满足，容易满足就不能进步；轻浮就会不懂装懂，没有学过的东西却自以为已经学过。”

致知第三

（凡八十条）①

此卷论致知，知之至而后有以行之。自首段至二十二段，总论致知之方。然致知莫大于读书，二十三段至三十三段，总论读书之法。三十四段以后，乃分论读书之法，而以书之先后为序，始于《大学》，使知为学之规模次序，而后继之以《论》《孟》《诗》《书》，义理充足于中，则可探大本一原之妙，故继之以《中庸》，达乎本原，则可以穷神知化，故继之以《易》，理之明，义之精，而达乎造化之蕴，则可以识圣人之大用，故继之以《春秋》，明乎《春秋》之用，则可推以观史，而辨其是非得失之致矣。横渠《易说》以下，则仍语录之序，而周官之义，因以具焉。

说明 格物致知是中国古代认识论命题。《礼记·大学》：“致知在格物，物格而后知至。”所谓“格物”，表示认识主体与认识对象的关系，即人对事物的接触与认识；所谓“致知”，表示知识的来源，即在实践的基础上获得对事物的理解与把握。

格物致知即是“穷理”，终极指向对宇宙万物之“理”的融会贯通。

融会贯通既是一个结果，又是一个过程。无论作为结果还是过程，都必须落实在日常认知与实践中。格物是手段，是方法，致知是目的，是归宿。没有手段，谈不上目的；没有实践，谈不上认识。宋儒关于格物致知的理论，基本上属于经验主义的认识论，主张知识源于经验，事物之“理”的领悟源于丰富感性知识积累基础上的飞跃与抽象。程颐说：“今日格一件，明日又格一件，积习既多，然后脱然自有贯通处。”这一说法，具有典型意义，代表程朱理学知识论的基本观念。

在宋儒的价值理念中，儒家经典是亘古不变之“理”。狭义的格物致知，指在读《六经》基础上获得儒家义理的理会与体认，最终为个体安身立命奠定坚实基础。读经是明理的前提，自不待言，但方法亦十分重要。程颐说：“凡观书，不可以相类泥其义。”又说：“学者先要会疑。”望文生义、囫囵吞枣、懈于思考、先入为主都是常人易犯的毛病，都会导致对义理的误解。

在读经次序问题上，宋儒强调循序渐进、次第分明。程颐认为：“初学入德之门，无如《大学》，其他莫如《语》《孟》。”只有先理解了儒家最根本的思想观念、价值原则、人生道理，才谈得上对宇宙秩序、社会政治、历史文化的认识。虽然在儒家思想体系中，自然与社会、“天道”与“人道”是统一的，但《六经》各有所侧重，《春秋》的重心是历史观，《易经》的重心是本体论、宇宙论。《尚书》更为精微深奥，不具备基本的思想文化底蕴，自然不足以探究高深的道理。宋儒确定的自《大学》始，继而《论语》《孟子》《诗经》《尚书》《中庸》《易经》，终结为《春秋》的读经次序，大致说，既符合读书人由浅入深的学习规律，又符合儒家道德教化为立生之本的内在要求。

读书明理，至今仍不失真理性。宋儒关于读书的观念、感受、方法和睿智，以及经验主义的路向，无不具有启发性，读者自可体会。

注释 底本为七十八条，似误，据原文条目改。

原文 3·1 伊川答朱长文书曰：“心通乎道，然后能辨是非，如持权衡[①]以较轻重。孟子所谓知言[②]是也。心不通乎道，而较古人之是非，犹不持权衡而酌轻重，竭其目力，劳其心志，虽使时中，亦古人所谓亿则屡中[③]，君子不贵也。”

注释 ①权衡：权：秤锤。衡：秤杆。

②知言：《孟子·公孙丑上》：“（孟子）曰：‘我知言。’……‘何谓知言?’曰：‘诐辞知其所蔽，淫辞知其所陷，邪辞知其所离，遁辞知其所穷。’”

③亿则屡中：语出《论语·先进》：“子曰：‘赐不受命，而货殖焉，亿则屡中。’”亿，同“臆”，揣度，猜测。

译文 程颐回答朱长文的来信说：“心必须首先与道相通，然后才能辨别是非，犹如必须用秤来称东西，才能比较出轻重。孟子所说的‘知言’所表达的正是这个道理。心不能与道沟通，却要辨别古人的是非，犹如不用秤来称东西，却要衡量轻重，只能徒然竭耗自己的精力而已，虽然有时也能猜对，但这种凭空的揣度，即使常常猜对，君子也不以为然。”

原文 3·2 伊川答门人曰：“孔孟之门，岂皆贤哲，固多众人。以众人观圣贤，弗识者多矣。惟其不敢信己而信其师，是故求而后得。今诸君于颐言，才不合，则置不复思，所以终异也，不可便放下，更且思之，致知之方也。”

译文 程颐回答学生的疑问时说："孔子、孟子的门下，普通平常的人占多数，岂能都是贤哲之士？用普通人的眼光来看待圣贤的精神境界，多半都是不能认识的。因此，只有不盲目地自以为是，遵循老师的教诲，苦心探求，才能有所收获。现在诸位对于我说的话，一时与你们的看法不相吻合，就置之不理，不再思考探究，最终难以达到统一。我希望诸位千万不可把老师的话放在一边，而是应该反复思考探究，这是'致知'的准则啊。"

原文 3·3 伊川答横渠曰："所论大概①，有苦心极力之象，而无宽裕温厚之气，非明睿所照②，而考索至此，故意屡偏而言多窒，小出入时有之。更愿完养思虑，涵泳③义理，他日自当条畅。"

注释 ①大概：概略，概要。

②明睿所照：意谓纤微毫发尽在观照之中。

③涵泳：深入体会。

译文 程颐回答张载说："看了你的论著概要后，我的感觉是：你做学问刻苦用心，几乎到了殚精竭虑的地步，然而却缺少宽裕、温厚、平和的心态。你做学问，不是基于本心之明睿的总体观照，而是基于零零碎碎考证探索，因此你的看法每每偏离了古人的原意，并且窒碍之处甚多，甚或还有少数地方明显地与古人原意不符。这里，我衷心希望你能全面养育你的精神和心力，进而深入体会义理，如此，今后自然会达到融汇畅通的治学境界。”

原文 3·4 伊川曰：“欲知得与不得，于心气上验之。思虑有得，中心悦豫①，沛然有裕者，实得也，思虑有得，心气劳耗者，实未得也，强揣度耳。尝有人言，比②因学道，思虑心虚。曰：人之血气，固有虚实，疾病之来，圣贤所不免，然未闻自古圣贤，因学而致心疾者。”

注释 ①悦豫：喜悦。豫：安适、快乐。

②比：近来。

译文 程颐说：“如若要知道人求学是否有收获，只须看人的精神气象就可以得到验证。求学必须经过思考，思考然后才能有所收获。如果一个人内心安适喜悦，精力旺盛，精神优裕，那么，思考于他确实有收获；如果一个人精神萎靡，心气耗竭，那么，他就是在徒然思考，不可能有什么真正的收获，充其量无非是勉强揣度而已。曾有人说：他近来因为学道，思虑过度带来了心力虚弱之病。我说：这种说法毫无道理。人有血气，自然就虚实存于其中。人会生病，虽圣人贤人也不可避免。但是，却从来没有听说过古往今来的圣贤是因为学道而导致心力衰竭的。”

原文 3·5 伊川曰：“今日杂信鬼怪异说者，只是不先烛理①。若于事上一一理会，则有甚尽期。须只于学上理会。”

注释 ①烛理：明理。

译文 程颐说：“眼下之所以有一些人迷信各种鬼怪神异之说，其根本原因在没有明理。如果人们只是就事论事，胡乱在事上凭空臆度，奇谈怪论就会四处蔓延，以致根除它成为泡影。君子只要学道明理，这样，鬼怪神异之说就自然不足以蛊惑人心。”

原文 3·6 伊川曰："学原于思。"

译文 程颐说："学源于思考。"

原文 3·7 伊川曰："所谓日月至①焉，与久而不息者所见，规模虽略相似，其意味气象迥别②。须潜心默识③，玩索久之，庶几自得。学者不学圣人则已，欲学之，须熟玩味圣人之气象，不可只于名④上理会，如此只是讲论文字。"

注释 ①日月至：意谓在短期内求仁求道达到的水平。

②迥（jiǒng）别：差得远。

③识（zhì）：记。

④名：概念。

译文 程颐说："一个在短时期内追求仁道的人所达到的水平，与一个长期不懈追求仁道的人所达到的水平相比，虽然外在表现大致相似，但内在精神、情操和气象则相去甚远。因此，前者必须潜心苦学，默默牢记、体悟仁道精神，久而久之，庶几能够融会贯通浑然自得。求学的人不学圣人之道则罢，如若要学圣人之道，就必须长期深入地体会圣人的气象，切不可只在概念上体会理解，只停留在概念理解上，无非只是讲论文字而已。”

原文

3·8 问：“忠信进德[①]之事，固可勉强，然致知甚难。”

伊川曰：“学者固当勉强，然须是知了方行得。若不知，只是觑[②]却尧，学他行事，然无尧许多聪明睿知，怎生得如他动容周旋中礼？如子所言，是笃信而固守之，非固有之也。未致知便欲诚意，是躐等[③]也；勉强行者，安能持久？除非烛理明，自然乐循理。性本善，循理而行，是顺理事。本亦不难，但为人不知，旋[④]安排著，便道难也。知有多少般[⑤]数，煞有[⑥]深浅。学者须是真知，才知得是，便泰然行将去也。某年二十时，解释经义，与今无异，然思今日，觉得意味与少时自别。”

注释

①忠信进德：见2·16条注①。

②觑（qù）：窥伺。

③躐（liè）等：不按次序，逾越等级。

④旋：随后，不久。

⑤般：样，种类。

⑥煞有：就有。

译文 问："恪守忠信，通过实际行动增进仁德，固然还可以尽力勉强去做，可是致知却非常困难，你说对吗?"程颐说："求学固然应当尽力以实际行动增进自己的仁德，然而必须先有知识，然后才能付诸行动。如若不知，行动无非只是东施效颦。例如观察尧的行为，模仿他的样子去做事。然而尧何等聪明睿智，常人怎么能像尧一样，天生一举一动、一言一行都符合礼呢？如你所说，致知很难，那么，在没有辨别是非的情况下，你恪守的信念未必是正当的，你固守的信念也未必有充分根据，因为它不是固有的本原开出来的。在没有获得明确认识的情况下就想要使自己意念真诚，这就是超越先后次序；继而勉强行动，怎么能够持久呢？只有首先明白天理，才会自然而然地满怀喜悦地遵循天理行动。人性本来即善，遵循天理行动，即是顺乎事物本来的道理行动。天理本不难理解，但由于人们有所不知，随即任意穿凿附会，必然造成阻滞无序，自然就觉得困难了。知识有种类之别，自然就有深浅之分。求学必须求真知，一旦获得真知，就可以泰然付诸行动了。我二十岁时，解释儒家经典的义理，和今天没有什么差异，然而想想今天的感受和体会，却与年轻时相去甚远。”

原文 3·9 伊川曰：“凡一物上有一理，须是穷致其理。穷理亦多端：或读书讲明义理，或论古今人物，别其是非，或应接事物而处其当，皆穷理也。”

译文 程颐说：“任何一样东西都有它的理，务须穷究其理。探究事物之理是多方面多角度的：或通过读书，讲明义理；或通过评论古今人物，辨别谁是谁非；或在待人处事上，做得适当合宜；如此等等，都是探究事理。”

原文 3·10 或问：“格物[①]，须物物格之？还只格一物而万理皆知？”

曰：“怎得便会贯通？若只格一物便通众理，虽颜子亦不敢如此道。须是今日格一件，明日又格一件，积习既多，然后脱然自有贯通处。”

又曰：“所务于穷理者，非道尽穷了天下万物之理，又不道是穷得一理便到，只要积累多，后自然见去。”

注释 ①格物：中国哲学认识论术语。《礼记·大学》："致知在格物，物格而后知至。"汉郑玄注："格，来也；物，犹事也。"程朱学派认为"格物"乃是"即物而穷其理"。清颜元则解释"格物"为"犯手（动手）实做其事"总之，宋以后儒者对"格物"的解释颇多分歧。

译文 有人问："认识事物，是必须一件一件地认识呢？还是只要认识一件事物就可以明白世间万物之理呢？"

程颐回答说："只认识一件事物怎么可能融会贯通呢？如若只认识一事物就可以遍通事物之理，颜回也不敢这样说。必须今天认识一事物，明天又认识一事物，只有在对事物不断认识长期积累的基础上，才可能达到融会贯通。"

程颐又回答说："所谓探究事物之理，并非是说要究尽天下万事万物之理，也不是说只要认识了一事物之理就可以明白万物之理，而是说，只要锲而不舍，不断认识不断积累，就自然会达到豁然贯通的澄明状态。"

原文 3·11 伊川曰："思曰睿[①]。思虑久后，睿自然生。若于一事上思未得，且别换一事思之，不可专守著这一事，盖人之知识于这里蔽著，虽强思亦不通也。”

注释 ①思曰睿：语出《尚书·洪范》。睿：通达。

译文 程颐说：“思考贵在通达。人只要长久地思考，就自然会达到通达状态。如果一件事思考不出结果，就把这件事放下，转而思考另外的事，不可总想着这件事。因为知识有限，不足以认识这件事，虽然尽力思考，也不会有结果。”

原文 3·12 问：“人有志于学，然知识蔽固，力量不至，则如之何？”伊川曰：“只是致知，若知识明，则力量自进。”

译文 问：“有人立志于学道，然而知识锢蔽浅陋，能力不够，应该怎么办呢？”程颐回答说：“必须致知，通过致知获得真知，自然就会增进自己的力量。”

原文 3·13 问：“观物察己，还因见物反求诸身否？”伊川曰：“不必如此说。物我一理，才明彼即晓此，此合内外之道也。”又问：“致知先求之四端①，如何？”曰：

"求之情性，固是切于身，然一草一木皆有理，须是察。"又曰："自一身之中以至万物之理，但理会得多，胸次[2]自然豁然有觉处。"

注释 ①四端：见1·41条注①。

②胸次：胸襟。

译文 问："观察事物，省察自己，是否还应该通过观察事物来反省自己呢？"程颐说："不必这样说。物我体现的只是唯一的理，明白事物之理即明白自身之理，这即是内外合一，物我合一，浑然一体的天道本质。"又问："致知先探究自己固有的仁、义、礼、智本性，行吗？"程颐回答说："探究自身固有的情性，固然十分切当，可是一草一木都有理，因此也必须观察。"程颐又说："从人自身一直到天下万事万物，都存在理，只要不断认识，不断积累，胸襟自然会开阔起来，自然会达到豁然贯通的境界。"

原文 3·14 伊川曰："思曰睿。睿作圣[1]。致思如掘井，初有浑水，久后稍引动得清者出来，思虑始皆溷浊[2]，久自明快。"

注释 ①睿作圣：语出《尚书·洪范》。意谓思考通达就能圣明。

②溷（hùn）浊：混乱。

译文 程颐说："思考贵在通达，思考通达就能圣明。思考犹如掘井，开始冒出来的是浑水，随后渐渐冒出来的是清水；思考也一样，开始时混乱无序，久而久之，渐渐自然就会明快起来。"

原文 3·15 问："如何是近思[①]？"伊川曰："以类而推。"

注释 ①近思：省便有效的思考。《论语·子张》："子夏曰：'博学而笃志，切问而近思，仁在其中矣。'"

译文 问："如何才能达到省便有效的思考？"程颐回答说："从事物从属的种类进行推究。"

原文 3·16 伊川曰："学者先要会疑。"

译文 程颐说："求学首先要发现问题，提出疑问。"

原文 3·17 横渠答范巽之曰："所访[①]物怪神奸，此非难语，顾[②]语未必信耳。孟子所论知性知天[③]，学至于知天，则物所从出，当源源自见；知所从出，则物之当有当无，莫不心谕[④]，亦不待语而后知。诸公所论，但守之不失，不为异端所劫，进进不已，则物怪不须辨，异端不必攻，不逾期年[⑤]，吾道胜矣。若欲委之无穷，付之以不可知，则学为疑挠，智为物昏，交来无间，卒无以自存，而溺于怪妄必矣。"

注释

①访：问。

②顾：但是。

③知性知天：《孟子·尽心上》："尽其心者，知其性也。知其性，则知天矣。"

④谕：同"喻"，明白。

⑤期（jī）年：一周年。

译文

张载回答范巽之说："就你所问的奇异怪诞现象而言，这本不难解释，但即使做出解释，人们不一定就会相信。孟子认为认识了人的本性，就能认识天理。通过求学达到认识天理，那么，就能知道天下万物都是本原天理派生出来的；知道万物皆源于天理，那么，就会明白事物之所以存在还是不存在的道理，也就不必待到解释清楚后才会明白。诸位关于怪异的论述，很有必要，但必须守持道，不离道，不受异端邪说的干扰，遵循道的指引不断上进。这样，奇异现象无须辨别，异端邪说不必攻击，不出一年，就自然会识破它们，就会看到天道无往不胜的巨大威力。如果认为天下事物无穷无尽，无奇不有，就以为奇异怪诞的现象变幻莫测，不可认识。那么，求学的道路将充满不应有的疑惑与阻力，人的智慧将受到外在现象的困扰，奇异怪诞的现象纷至沓来，而人们却无可奈何，以致丧失自己的立场，最终不可避免地陷入奇异怪诞现象的重重包围之中。”

原文

3·18 横渠曰:“子贡谓夫子之言性与天道，不可得而闻[①]。既言夫子之言，则是居常语之矣。圣门学者，以仁为己任[②]，不以苟知为得，必以了悟为闻，因有是说。”

注释

①子贡谓夫子之言性与天道，不可得而闻：语出《论语·公冶长》:“子贡曰:‘夫子之文章，可得而闻也；夫子之言性与天道，不可得而闻也。’”子贡（前520—？）：春秋时卫国人，端木氏，名赐，孔子学生。善经商，富至千金，并参与政治

活动，曾游说齐、吴等国，促使吴伐齐救鲁。

②以仁为己任：语出《论语·泰伯》：“曾子曰：‘士不可以不弘毅，任重而道远。仁以为己任，不亦重乎？死而后已，不亦远乎？’”

译文 张载说：“子贡说：‘老师（孔子）关于人性与天道的言论，我们听不到。’然而，子贡既然明说这是孔子的言论，那么，它们就是孔子平时常常说过的话。圣人门下的学生，以实行仁德为己任，不以肤浅的认识自诩，必须彻底领悟圣人之教后，才敢说有所收获。子贡之所以有上述之说，是有感而发的。”

原文 3·19 横渠曰：“义理之学，亦须深沈[①]方有造，非浅易轻浮之可得也。”

注释 ①沈：同“沉”。

译文 张载说：“义理之学，必须深入潜心研究，才能有所收获，决非浅尝辄止、轻率浮泛就可以有收获的。”

原文 3·20 横渠曰：“学不能推究事理，只是心粗。至如颜子未至于圣人处，犹是心粗。”

译文 张载说：“求学不能够达到推究事理，无非是不细心。贤明如颜回者，依然没有达到圣人境界，还是因为不细心。”

原文 3·21 横渠曰：“博学于文者[①]，只要得习坎心亨[②]，盖人经历险阻艰难，然后其心亨通。”

注释 ①博学于文：语出《论语·雍也》：“君子博学于文，约之以礼。”文：文献。

②习坎心亨：语出《易经·坎·彖》：“习坎，重险也。水流而不盈。行险而不失其信，维心亨，乃以刚中也。”习：《周易集解》引陆绩曰：“习，重也。”坎：险。坎卦为同卦（☵）相叠，坎为险，其卦象（䷜）为重重险阻。亨：通。

译文 张载说：“要广泛地学习古代的文献，必须明白的是：学习过程中充满重重困难，但只要持之以恒，最终就会融会贯通。同样，人只有首先经受艰难险阻的考验，心胸才能通达。”

原文 3·22 横渠曰："义理有疑，则濯[①]去旧见，以来新意。心中有所开，即便札记，不思[②]，则还塞之矣。更须得朋友之助，一日间朋友论著，则一日间意思差别，须日日如此，讲论久则自觉进也。"

注释 ①濯（zhuó）：洗。

②不思：想不起，忘记。

译文 张载说："如果在义理的理解上出现疑问，就应该排除陈见，陈见一旦排除，就自然会获得新的认识，疑问也就随之消解。理解义理如果有启发，就应该随手记录下来，时时体会，如果不记录下来，随后就会忘记，就会依然处于蔽塞状态。同时，理解义理还必须得到朋友的帮助，朋友们坐在一起讲习义理，一天自有一天之功，自有一天的收获，只要天天坚持讲习，久而久之，就自然会获得飞跃的进步。"

原文 3·23 横渠曰："凡致思到说不得处，始复审思明辨，乃为善学也。若告子则到说不得处[①]，遂已，更不复求。"

注释 ①告子：战国时思想家。名不详，一说名不害。提出性无善恶论，与孟子提出的性善论对立。《孟子·告子上》有告子与孟子关于人性善恶的论辩记载。

译文 张载说："但凡人思考问题到说不出一个所以然的时候，就应该重新再三地审慎地思考，清晰地辨别，这是善于学习的表现。如果像告子那样，说得不对就任其不对，也不再思考为什么不对，那就根本谈不上问学了。"

原文 3·24 伊川曰："凡看文字，先须晓其文义，然后可求其意；未有文义不晓而见意者也。"

译文 程颐说："但凡读书，首先必须了解其文字的含义，然后才可能探究文章的思想；不了解文字的含义却想了解文章的思想，是不可能的。"

原文 3·25 伊川曰："学者要自得。《六经》浩渺，乍来难尽晓，且见得路径后，各自立得一个门庭，归而求之可矣。"

译文 程颐说:“求学贵在有所心得。然而儒家《六经》博大精深，初阅读时难以全面了解，但只要找到切入的门径，就可以确定自己的目标，遵从自己的目标进行探求，自然就可以渐渐融会贯通，达到对《六经》的全面把握。”

原文 3·26 伊川曰:“凡解文字，但易[①]其心，自见理。理只是人理，甚分明，如一条平坦底道路。《诗》曰：‘周道如砥，其直知矢[②],’此之谓也。”

注释 ①易：动词。保持平易之心。

②周道如砥，其直如矢：语出《诗经·小雅·大东》。砥（dǐ）：磨刀石。

译文 程颐说:“凡是解析文字的含义，只要保持平常心，就自然能发现理。所谓理只是人心中之理，无比清晰分明，如同一条平坦的道路。《诗经》云:‘大路如同磨石一样平，又像弓箭一样直’，说的正是这个意思。”

原文 3·27 或曰:“圣人之言，恐不可以浅近看他。”曰：

“圣人之言，自有近处，自有深远处。如近处，怎生强要凿教深远得？扬子[①]曰：‘圣人之言远如天，贤人之言近如地’，颐与改之曰：圣人之言，其远如天，其近如地。”

注释 ①扬子（前53—18）：即扬雄，一作杨雄，字子云。西汉哲学家、文学家、语言学家。蜀郡成都人。汉成帝时为给事黄门郎。王莽时，校书天禄阁，官为大夫。著作有《法言》《太玄》《方言》等。

译文 有人说：“圣人的言论，恐怕不可以从浅近的角度来看待。”程颐说：“圣人的言论，自然有它浅近的方面，也有它深远的方面。如果圣人的话说得浅近贴切，怎么可以随意穿凿附会，硬要说成是寓意深远呢？扬雄在《法言》中说，‘圣人的言论远如天，贤人的言论近如地’。我把这句话改一下：圣人的言论，像天一样辽远，像地一样切近。”

原文 3·28 伊川曰：“学者不泥[①]文义者，又全背却远去，理会文义者，又滞泥不通。如子濯孺子为将之事[②]，孟子只取其不背师之意，人须就上面理会事君之道如何也；又如万章问舜完廪浚井事③，孟子只答他大意，人须要理会浚井如何出得来，完廪又怎生下得来，若此之学，徒费心力。”

注释

①泥：拘泥。

②子濯孺子为将之事：事见《孟子·离娄下》：郑国命子濯孺子为将军，去侵犯卫国，卫国派庾公之斯追击他。子濯孺子说：“我今天病情发作，拉不了弓，我不能逃生了。”随即问他的车夫说：“是谁在追我?”车夫说：“是庾公之斯。”子濯孺子说：“我有活路了。”车夫说：“庾公之斯是卫国的神箭手，你倒认为有活路，这是为什么?”子濯孺子说：“庾公之斯是跟尹公之他学的射法，而尹公之他却是跟我学的。尹公之他为人正派，他所选择交往的人也一定正派。”庾公之斯追到跟前，问：“你为什么不拉弓?”子濯孺子说：“我今天病情发作，拉不了弓。”庾公之斯说：“我是向尹公之他学的射法，而我的师傅是向你学的，我不忍心用你传授的箭法反过来伤害你。然而我今天是奉君王之命行事，不敢废弃不顾。”说完，庾公之斯便抽出箭，在车轮上猛砸，砸掉箭头后，发射了四箭，就转脸返回。

③万章问舜完廪浚井事：事见《孟子·万章上》：“万章曰：‘父母使舜完廪，捐阶，瞽瞍焚廪。使浚井，出，从而掩之。”万

章：孟子学生。完廪（lǐn）：完，修缮。廪，粮仓。浚（jùn）：挖；淘。

译文 程颐说："求学读书自以为不拘泥于文字的含义，就完全可能误解书中的思想；而自以为理解了文字的含义，却又处处显得阻滞不通。例如子濯孺子率领郑国军队入侵卫国，最后死里逃生这件事，孟子肯定的无非只是庾公之斯没有违背老师的教诲，由此就自然引发出人应该怎样理解、对待君王的命令。又如万章问孟子怎样评价舜修缮粮仓和淘井这两件事，孟子只用舜的根本境界来回答万章。如果人只想知道舜在井底淘井，是怎样从井里爬出来的？舜修粮仓，又是怎样从仓顶下来的？这样做学问，只能是白白浪费心力。"

原文 3·29 伊川曰："凡观书，不可以相类泥其义，不尔，则字字相梗。当观其文势上下之意，如充实之谓美①，与诗之美不同。"

注释 ①充实之谓美：《孟子·尽心下》："（孟子）曰：'充实之谓美，充实而有光辉之谓大，大而化之之谓圣，圣而不可知之之谓神。"

译文 程颐说："大凡读书，不能因为是相同的字，就固执地认为是相同的含义，否则，就会字字相梗。应当通过理解文章结构层次立意的变化来理解相同字的含义，同是一个'美'字，充实之美就与诗之美含义不同。"

原文 3·30 问："莹中①尝爱文中子。或问学《易》，子曰：'终日乾乾②可也。此语最尽，文王③所以圣，亦只是个不已。"

伊川曰："凡说经义，如只管节节推上去，可知是尽，夫终日乾乾，未尽得意，据此一句，只做得九三使，若谓乾乾是不已，不已又是道，渐渐推去，自然是尽，只是理不如此。"

注释 ①莹中：即陈瓘（guàn）。字莹中，号了翁。登进士甲科，宋绍圣初年为太学博士。谥忠肃。著作有《了翁易说》《尊尧集》。文中子，即王通（584—617），隋哲学家。字仲淹，门人私谥曰"文中子"。绛州龙门（今山西河津）人。隐居河、汾之间，授徒自给，有弟子多人。著作有《中说》，亦称《文中子》。

②终日乾乾：《易经·乾》九三爻辞："君子终日乾乾，夕惕若，

厉无咎。”乾乾，勤勉努力。

③文王：周文王，商末周族领袖。姬姓，名昌。商纣时为西伯。统治期间，国势强盛。

译文 有人问：“莹中敬仰文中子。有人问文中子，怎样才能学好《易》？文中子说：‘把握了终日乾乾即可。’莹中认为，文中子的概括最为精辟全面。周文王之所以是圣人，只因为他不断追求，勤勉不息。”

程颐说：“大凡讲说儒家经书的含义，如果一定要一节一节不断地进行推演，就可以推到极致。《易经·乾》里所谓的‘终日乾乾’，并未穷尽《易经》的全部思想。这句话，只能在《易经·乾》九三爻辞范围内进行解释。如果超越这一限制，把乾乾解释为勤勉努力，永不停息，又把勤勉努力，永不停息解释为‘道’，一步一步循序渐进进行推演，自然会推到极致。这样做，似乎可以成立，但是却没有理论上的根据。”

原文 3·31 伊川曰：“子在川上曰：‘逝者如斯夫①。’言道之体如此，这里须是自见得。”张绎曰：“此便是无穷。”先生曰：“固是道无穷，然怎生一个无穷，便道了得他?”

注释 ①子在川上曰二句：语出《论语·子罕》。

译文 程颐说：“孔子在河边说道：‘消逝的东西像河水一样，日夜不停地流去。’孔子这句话通过流水表达了对道的本体的把握。这里，我们求学的人必须时时省察，才能有所体悟。”张绎说：“道即是无穷。”程颐说：“道固然可以说是无穷，但怎么可以随便用‘无穷’二字，就能概括本体的道呢?”

原文 3·32 伊川曰：“今人不会读书。如‘诵《诗》三百，授之以政，不达；使于四方，不能专对；虽多，亦奚以为[①]?’须是未读《诗》时，不达于政，不能专对；既读《诗》后，便达于政，能专对四方；始是读书。‘人而不为《周南》《召南》，其犹正墙面[②]。’须是未读《诗》时如面墙；到读了后，便不面墙；方是有验。大抵读书只此便是法。如读《论语》，旧时未读，是这个人，及读了，后来又只是这个人，便是不曾读也。”

注释 ①诵《诗》三百，授之以政，不达；使于四方，不能专对；虽多，亦奚以为：语出《论语·子路》，为孔子说的话。使：出使。专对：据杨伯峻《论语译注》："古代的使节，只接受使命，至于如何去交涉应对，只能随机应变，独立行事，更不能事事请示或者早就在国内一切安排好，这便叫做'受命不受辞'，也就是这里的'专对'。同时春秋时代的外交酬酢和谈判，多半背诵诗篇来代替语言（《左传》里充满了这种记载），所以《诗》是外交人才的必读书。"

②人而不为《周南》《召南》，其犹正墙面：语出《论语·阳货》："子谓伯鱼曰：'女为《周南》《召南》矣乎？人而不为《周南》《召南》，其犹正墙面而立也与？'"《周南》：《诗经·国风》之一，包括《关雎》等十一篇。《召（shào）南》：《诗经·国风》之一，包括《鹊巢》等十四篇。墙面：谓不学的人如面对着墙，一无所见。

译文 程颐说："现在的人不懂怎样读书。如孔子所说：'熟读《诗经》三百篇，把处理政事的任务交给他，却干不了；叫他出使外国，又不能独立地谈判酬酢；读得再多，有什么用处呢？'会读书的人则不然，未读《诗经》时，不能处理政治事务，也不能独立地谈判应对；读了《诗经》以后，就能有效地处理政治事务，也能独立地谈判应对。能达到这样的效果，才是真正的读书受用。孔子说：‘人如果不研究《周南》《召南》，那就好像面对墙壁呆呆站着。’我的看法是：未读《诗经》时，好像面对墙壁站着；读了《诗经》后，就不再面对墙壁站着；这才是读书的效应。关于读书，大抵读与不读不一样，这就是读书的准绳。例如读《论语》，过去没有读过，是一个人；等到读了之后，还是从前的老样子。这个人，读与不读都一样，也就可以说：他从来没有读过《论语》。”

原文 3·33 伊川曰：“凡看文字，如七年一世百年之事[①]，皆当思其如何作为，乃有益。”

注释 ①七年一世百年之事：指孔子所说的三句话，出于《论语·子路》。分别为：1.“子曰：‘善人教民七年，亦可以即戎矣。’”2.“子曰：‘如有王者，必世而后仁。’”3.“子曰：‘善人为邦百年，亦可以胜残去杀矣。诚哉是言也！’”

译文 程颐说：“凡是读经典文字，如孔子所说的‘善人教养人民七年，就可以叫他们入伍当兵’；‘如果有王者兴起，也必须经过三十年才能实现仁政’；‘善人治理国家，一百年之后，也可以克服残暴免除刑杀了’等这样的话，都应当仔细思考，应该怎样做才算体悟、实践了圣人的教诲。这样读书，才能有收获。”

原文 3·34 伊川曰：“凡解经不同无害；但紧要处，不可不同尔[①]。”

注释 ①尔：助词，表示肯定。

译文 程颐说：“大凡诠解经书，见解各异，并无害处；但如果是根本性的心性义理问题，则不允许各张其说。”

原文 3·35 焞[①]初到，问为学之方。伊川曰：“公要知为学，须是读书，书不必多看，要知其约，多看而不知其约，书肆耳。颐缘[②]少时读书贪多，如今多忘了，须是将圣人言语玩味，入心记著，然后力去行之，自有所得。”

注释 ①焞（tūn）：尹焞，字和靖，程颐学生。

②缘：因为。

译文 尹焞初到程颐门下时，就向程颐请教做学问的方法。程颐说："你要知道怎样做学问，首先必须读书，书不必多看，重要的在于把握根本，书看得多而不能把握根本，就如同藏书肆一样，与你无关。我由于小时候读书贪多，如今读过的书大多忘记了。应该深入地体会圣人的言论，牢记在心中，然后遵照圣人的教导去行动，自然就会有收获，有进步。"

原文 3·36 伊川曰："初学入德之门，无如《大学》，其他[①]莫如《语》《孟》。"

注释 ①其他：其次。

译文 程颐说："对于初学者来说，首先必须读《大学》，因为《大学》是进入道德修养的门径，其次读《论语》与《孟子》。"

原文 3·37 伊川曰："学者先须读《语》《孟》，穷得《语》《孟》，自有要约处，以此观他经，甚省力。《语》《孟》如丈尺权衡相似，以此去量度事物，自然见得长短轻重。"

译文 程颐说："求学必须先读《论语》《孟子》，穷究了《论语》《孟子》，自然会把握根本主旨；在此基础上读其他经典，就省力多了。《论语》《孟子》就像尺子与秤一样，用它们去量度事物，自然就知道长短轻重。"

原文 3·38 伊川曰："读《论语》者，但将诸弟子问处，便作己问；将圣人答处，便作今日耳闻；自然有得。若能于《论》《孟》中深求玩味，将来涵养成甚生①气质。"

注释 ①甚生：犹言绝好。

译文 程颐说："读《论语》，只要设身处地把孔子众多弟子问孔子的话，当作自己的提问；把孔子对弟子的回答，如同自己亲自在聆听；自然就会有启发。如果能深入探究、仔细体悟《论语》《孟子》，将来一定可以在不断修养的基础上，成为一个气质绝好的人。"

原文 3·39 伊川曰："凡看《语》《孟》，且须熟玩味，将圣人之言语切己，不可只作一场话说。人只看得此二书切己，终身尽多也。"

译文 程颐说："大凡读《论语》《孟子》，必须读熟，仔细体会，把圣人的教导切贴自己的言行，千万不可泛泛看作是几句空话。人只要把这两部经典切近自己的整个身心性命，必将终身受用不尽。"

原文 3·40 伊川曰："《论语》有读了后全无事者，有读了后其中得一两句喜者，有读了后知好之者，有读了后不知手之舞之足之蹈之者。"

译文 程颐说："读《论语》，有的人读了却毫无任何收获，有的人读后得一两句心得而感到欣喜，有的人读后知道其中的价值从而爱好它，有的人读后快乐得不禁手舞足蹈起来。"

原文 3·41 伊川曰："学者当以《论语》《孟子》为本，《论语》《孟子》既治，则《六经》可不治而明矣。读书者当观圣人所以作经之意，与圣人所以用心，与圣人所以至圣人，而吾之所以未至者，所以未得者。句句而求之，昼诵而味之，中夜而思之，平其心，易其气，阙其疑[①]，则圣人之意[②]见矣。"

注释 ①阙其疑：阙，保留。有疑问的地方要保留。

②意：道；真理。

译文 程颐说："求学应当以《论语》《孟子》为本，研究弄通了《论语》《孟子》,《六经》就自然容易明白。读书人应当反复思考下列问题：圣人为什么作经？为什么用心？为什么可以成为圣人？自己为什么就做不到？为什么没有进步？在这样反思的基础上，认真探究《论语》《孟子》的每一句话，白天熟读体会，晚上反复思考，保持平常的心态，保持平和的情绪，有疑问的地方保留下来，一旦读经到融会贯通时，就可以明白圣人的精神，即圣人之道了。"

原文 3·42 伊川曰："读《论语》《孟子》而不知道，所谓虽多亦奚以为？"

译文 程颐说："读《论语》，读《孟子》，却不明白'道'是什么，读得再多，又有什么用呢？"

原文 3·43 伊川曰："《论语》《孟子》只剩[①]读着，便自意足。学者须是玩味，若以言语解着，意便不足。某始作此二书文字，既而思之又似剩，只有些先儒错会处，却待与整理过。”

注释 ①剩：余，犹言多。

译文 程颐说：“《论语》《孟子》只要多读，便会明白其中的义理完满无缺。读这两本书，应该仔细体会，设若只照字面进行诠释，忽略了言中言外之意，反而失之疏漏。我过去曾对这两本书进行过诠释，后来反复思量，发现我的解释有局限，不足以概括原著的精神本旨，因此只得辍笔，只把先儒们弄错的地方，重新整理改正，以免再错。”

原文 3·44 问：“且将《语》《孟》紧要处看，如何?”伊川曰：“固是好。然若有得①，终不浃洽②。盖吾道非如释氏，一见了便从空寂去。”

注释 ①有得：意为先入为主。

②浃洽：融洽；贯通。

译文 问：“读《论语》《孟子》，选择关键的地方读，你认为怎样?”程颐回答说:“这固然很好。但如果带上主观见解,难免顾此失彼,最后必不能融会贯通。儒学不是佛教,佛教主张空,一切都归结于空,就没有什么可探求的了。”

原文

3·45 伊川曰:“兴于《诗》[①]者,吟咏性情,涵畅道德之中而歆动之,有‘吾与点也[②]’之气象。”又云:“兴于《诗》,是兴起人善意,汪洋浩大,皆是此意。”

注释

①兴于《诗》:《论语·泰伯》:“子曰:‘兴于《诗》,立于礼,成于乐。’”

②吾与点也:语出《论语·先进》:“(曾点)曰:‘莫春者,春服既成,冠者五六人,童子六七人,浴乎沂,风乎舞雩,咏而归。’夫子喟然叹曰:‘吾与点也!’”意谓孔子赞同曾点所追求的忘乎功名、超然随意的欢快境界。

译文

程颐说:“所谓《诗经》使人振奋,是说通过吟哦讽咏,使人的性情自然蕴涵于道德之中,歆慕不已,激动不已,最能表现孔子所赞同的超越世俗羁绊、忘却功名利禄的乐天欢快境界。”又说:“《诗经》使人振奋,《诗经》感发人的善心,吟咏之间,自然会感到天地无比广大，如此等等，都是读《诗经》的效用。”

原文 3·46 谢显道云：“明道先生善言《诗》。他又浑不曾章解句释，但优游玩味，吟哦上下，便使人有得处。‘瞻彼日月，悠悠我思；道之云远，曷云能来[①]。’思之切矣。终曰：‘百尔君子，不知德行；不忮不求，何用不臧[②]’。归于正也。”又云：“伯淳常谈《诗》，并不下一字训诂，有时只转却[③]一两字，点掇[④]地念过，便教人省悟。”又曰：“古人所以贵亲炙[⑤]之也。”

注释 ①瞻彼日月，悠悠我思，道之云远，曷云能来：语出《诗经·雄雉》。云：作语助。曷（hé）：何时。

②百尔君子，不知德行，不忮不求，何用不臧：语出《诗经·雄雉》。忮（zhì）：害，忌妒。求：贪心。臧：善。

③转却：转换。

④点掇（duō）：掇，拾。引申为摘取，选取。点掇即选取出来，指出来。

⑤亲炙（zhì）：直接受到教诲或传授。

译文 谢良佐说：“程颢先生善于阐释《诗经》。但他并不逐处进行解释，只是从容地体悟玩味，吟哦之间，人们便受到启发。比如他把《诗经·雄雉》中的‘瞻彼日月，悠悠我思；道之云远，曷云能来’四句吟诵一番，然后阐释说，这四句表达的是急切的思念之情。接着，他又把‘百尔君子，不知德行；不忮不求，何用不臧’四句吟诵一番，然后说，《雄雉》这首诗，到这里便结束了，这四句意思是劝人们实行德行，戒除嫉恨与贪婪，回归于正道。”谢良佐又说：“程颢常常谈论《诗经》，但他却不对任何一个字进行训诂，只是有时转换一两个字，并且指示给大家，就让人们省悟。”谢良佐又说：“古人之所以重视亲自受到教诲，其原因自不待言。”

原文 3·47 明道曰：“学者不可以不看《诗》，看《诗》便使人长一格价。”

译文 程颢说：“求学的人不可以不读《诗经》，只要读《诗经》，就可以使人格高一个档次。”

原文 3·48 明道曰：“不以文害辞。文，文字之文，举一字则是文。成句是辞。《诗》为解一字不行，却迁就他说。如‘有周不显①’，自是作文当如此。”

注释 ①有周不显：语出《诗经·大雅·文王》。有周，周王朝。有，语助。

译文 程颢说："不以文害辞。所谓文，即文字之文，举一个字就是文。完整的句子即是辞。解释《诗经》，某个字解释不通，就要照应句子的原本含义，才解释得通。如'有周不显'，不能照字面解释为周王朝没有光明的前景，而应解释为周王朝难道没有光明的前景吗？解析文字就应该采取这种变通方法。"

原文 3·49 明道曰："看《书》须要见二帝三王[①]之道，如《二典》[②]，即求尧所以治民，舜所以事君。"

注释 ①二帝三王：二帝指尧与舜；三王指夏、商、周三朝的禹、汤、文王和武王。

②《二典》：指《尚书》中的《尧典》和《舜典》。

译文 程颢说："读《尚书》应该体悟、把握二帝三王之道，例如读《尧典》和《舜典》，就应该理会尧治民之道和舜事君之道。"

原文 3·50 明道曰：“《中庸》之书，是孔门传授，成于子思[1]孟子。其书虽是杂记，更不分精粗，一滚说了，今人语道，多说高便遗却卑，说本便遗却末。”

注释 ①子思（前483—前402）：战国初哲学家。姓孔，名伋，孔子之孙。相传曾受业于曾子。其学主“中庸”，认为“诚”是世界的本原。孟子曾受业于他的门人，将其学说发挥，形成思孟学派。《汉书·艺文志》著录《子思》二十三篇，已佚。现存《礼记》中的《中庸》《表记》《坊记》等，相传是他的作品。

译文 程颢说：“《中庸》是孔门传授心法的书，它由子思写成，并传给孟子。《中庸》虽然属于杂记，不分精粗，杂糅于一炉，但却浑然构成一博大精深的思想体系。现在的人解说《中庸》，说了高深的方面却遗漏了浅显的方面，说了本体却遗漏了现象。”

原文 3·51 伊川《易传·序》曰：“《易》，变易也，随时变易以从道也。其为书也，广大悉备，将以顺性命之理，通幽明之故，尽事物之情，而示开物成务之道也。圣人之忧患后世，可谓至矣。去古虽远，遗经尚存。然而前儒失意以传言，后学诵言而忘味。自秦而下，盖无传矣。予生千载之后，悼斯文之湮没，将俾[①]后人沿流而求源，此传所以作也。《易》有圣人之道四焉：以言者尚其辞，以动者尚其变，以制器者尚其象，以卜筮者尚其占[②]。吉凶消长之理，进退存亡之道，备于辞，推辞考卦，可以知变，象与占在其中矣。君子居则观其象而玩其辞，动则观其变而玩其占[③]。得于辞不达其意者有矣，未有不得于辞而能通其意者也。至微者理也，至著者象也。体用一源，显微无间。观会通以行其典礼[④]，则辞无所不备。故善学者，求言必自近。易于近者，非知言者也。予所传者辞也，由辞以得意，则在乎人焉。"

注释

①俾（bǐ）：使。

②《易》有圣人之道四焉：以言者尚其辞，以动者尚其变，以制器者尚其象，以卜筮者尚其占：语出《易经·系辞上》。尚：取；效法。卜筮（shì）：古代占卜，用龟甲称卜，用蓍草称筮，合称卜筮。占（zhān）：卜问；预测。

③君子居则观其象玩其辞，动则观其变而玩其占：语出《易经·系辞上》。

④观会通以行其典礼：《易经·系辞上》："圣人有以见天下之

动，而观其会通，以行其典礼，系辞焉以断其吉凶，是故谓之爻。”典礼：制度和礼仪。

译文 程颐《易传·序》说：“《易经》的本质即是变易，随时不断变易以顺应天道。《易经》这本书，无比高深广大，天下万事万物尽在其中。它顺遂性命之原理，通晓幽暗与光明的原因，穷尽万事万物的情状，揭示事物的真相，确定行事的方法。圣人作《易经》，是为了昭示真理于后世，其忧患意识之强烈，可谓到了极限状态。今天虽然离古代已经十分遥远了，但《易经》仍然存在于人世间。然而，过去的儒者没有体会《易经》的精神，却妄加诠释，致使后来的儒者只会照本宣科，却忘却了它的真义。

从秦朝之后，此真意已失传了。我生于千年之后，悲悼《易经》的精神遭到埋没；我之所以作《易传》，就是为了让后来的人们循流而探其源，找到《易经》的根本精神。《易经》具备了圣人之道的四个方面：用《易经》来议论事物，则取其卦爻辞；用《易经》来指导行动，则取其卦爻的变化；用《易经》来创制器物，则取其卦象；用《易经》来卜筮，则取其占断的结果。吉凶、消长、进退、存亡的根据，全部存在于卦爻辞中，推究卦爻辞，就可以知道变化，而卦象与占断也尽在卦爻辞之中。君子无事之时则观察卦象，揣摩爻辞；有所行动之时就观察卦象的变化，揣摩占断的吉凶。了解了卦爻辞而不能体会《易经》的精髓者或许有之，但不了解卦爻辞却要体会《易经》的精髓，却是绝对不可能的。微妙无比、无形无象的是理；可感可知、有形有象的是象。本体与作用同源于一个本原，没有明显与微眇的区别。圣人通过观察事理的普遍联系，从而推行社会的制度和礼仪，并且把体现这种联系的卦爻辞完整无缺地蕴含于其中。因此，善于学《易经》的人，则必须从切近的卦爻辞入手。但如若认为卦辞切近，就轻视它，就不能体会、了解圣人言辞的含义。我所阐释的是《易经》的卦爻辞，而能否通过卦爻辞以体悟《易经》的真谛，那就全在读者自己了。”

原文 3·52 伊川答张闳中①书曰："《易传》未传，自量精力未衰，尚觊有少进尔。来书云：'《易》之义本起于数'，则非也。有理而后有象，有象而后有数。《易》因象以明理，由象以知数，得其义则象数在其中矣。必欲穷象之隐微，尽数之毫忽，乃寻流逐末，术家之所尚，非儒者之所务也。”

注释 ①张闳中：程颐学生。

译文 程颐回答张闳中的来信说：“我的《易传》还未改订，自己觉得精力还算旺盛，还希望今后能够有进步。你来信说‘《易经》的涵义最初源于数。’这种说法错了。有理然后才有象，有象然后才有数。《易经》根据象来说明理，通过象来了解数。了解《易经》根本内在的理，就完全可以把握象与数。如若认为《易经》源于数，一定要穷究象数隐晦细微之处，自然就舍去本与源，追逐流与末，这是术数家所崇尚的，与儒者的看法与追求相去甚远。”

原文 3·53 伊川曰：“知时识势，学《易》之大方也。”

译文 程颐说：“了解社会时代的盛衰起伏，认识各种势力的强弱变化，是学《易经》的根本原则。”

原文 3·54伊川曰：“《大畜》初二[①]，乾体刚健而不足以进，四五[②]阴柔而能止。时之盛衰，势之强弱，学

《易经》者所宜深识也。”

注释 ①《大畜》初二:《大畜》,《易》卦名。本卦☶为乾下艮上。初二：指《大畜》初九、九二两爻。

②四五：指《大畜》六四、六五两爻。

译文 程颐说：“《大畜》初九、九二两爻，虽然代表刚健的乾道，却不足以奋进，乃是因为代表阴柔的六四、六五两爻阻止的结果。时势的盛衰强弱，学《易经》的人应该深入体会。”

原文 3·55 伊川曰：“诸卦二五虽不当位[①]，多以中[②]为美；三四虽当位，或以不中为过[③]。中常重[④]于正也。盖中则不违于正，正不必中也。天下之理，莫善于中，于九二六五[⑤]可见。”

注释 ①二五虽不当位：二五指每一卦的第二爻和第五爻。不当位：每卦六爻位中，初（即一）、三、五为阳位，二、四、六为阴位。阳爻居阳位，阴爻居阴位，就叫当位，反之则叫不当位。例如泰卦☷，初九和九三为阳爻，且居阳位，故谓当位；六五为阴爻，但居阳位，亦谓不当位。

②以中：居中。六十四卦以八卦相叠而成，每一卦分为内卦（亦称下卦）和外卦（亦称上卦），如泰卦由乾卦和坤卦组成，乾卦为内卦，坤卦为外卦，第二爻为内卦之中，第五爻为外卦之中，故称居中。

③三四虽当位，或以不中为过：如第三爻为阳爻，居阳位，第四爻为阴爻，居阴位，都谓当位。但第三爻在内卦之上，第四爻在外卦之下，皆不居于中位。

④重：重要。

⑤九二六五：指第二爻和第五爻。

译文 程颐说："六十四卦中的第二爻和第五爻，虽然不一定当位，但都分别处于内卦和外卦的中位，因此具有完美性。第三爻第四爻虽然当位（但也可能不当位，是否当位，只能具体而论），但不位于内卦或外卦的中位，因此是'过'。中比正更重要。中不会违背正，但正不一定就是中。天下之理，没有比中更好的，这一点，可以通过第二爻和第五爻体会到。"

原文 3·56 问："胡先生[①]解九四作太子，恐不是卦义？"先生云："亦不妨。只看如何用。当储贰则做储贰[②]使。九四近君[③]，便作储贰亦不害。但不要拘一，若执一事，则三百八十四爻[④]，只作得三百八十四件事便休了。”

注释

①胡先生：即胡瑗（993—1059），北宋初期学者，教育家。字翼之，泰州海陵（今江苏姜堰市）人。官至太常博士，和孙复、石介提倡“以仁义礼乐为学”，并称“宋初三先生。”著作有《论语说》《春秋口义》（已佚）。

②储贰：太子。

③九四近君：《易经·乾》九五：“飞龙在天，利见大人。”孔颖达疏：“言九五阳气盛至于天，故飞龙在天……犹若圣人有龙德，飞腾而居天位。”后因以“九五”指帝位。“九四”接近“九五”，故谓“近君”。

④三百八十四爻：《易》六十四卦，每卦六爻，共三百八十四爻。

译文

有人问：“胡瑗先生把‘九四’爻解释为太子，恐怕与卦义不符？”程颐回答说：“这样说也无妨，只看人如何用。若是太子，占得此爻，就可以把此爻解释为太子，‘九四’接近帝位，解释为太子也未尝不可。但不能把一爻限制在一种解释上，如若把一爻固定在一件事情上，那么三百八十四爻就只是三百八十四件事，其余的事还能推断吗？”

原文 3·57 伊川曰："看《易》且要知时。凡六爻人人有用：圣人自有圣人用，贤人自有贤人用，众人自有众人用，学者自有学者用。君有君用，臣有臣用，无所不通。"因问："坤卦是臣之事，人君有用处否？"先生曰："是何无用！如坤厚载物[①]，人君安可不用！"

注释 ①坤厚载物，语出《易经·坤·彖》："坤厚载物，德合无疆。"

译文 程颐说："读《易经》要了解阴阳变化，随时而异。每一卦的六爻，对任何人都有用：圣人自有圣人之用，贤人自有贤人之用，众人自有众人之用，学者自有学者之用；君有君用，臣有臣用，无所不通。"有人问："《坤》卦讲的是臣的事情，对于君主是否有用？"程颐回答说："怎么能无用！如《易经·坤·彖》说'大地厚实，承载万物'，怎能说对君主无用！"

原文 3·58 伊川曰："《易》中只是言反覆、往来、上下。"

译文 程颐说："《易经》的基本思想是变易，具体说，就是反复、往来、上下的不断变易。"

原文 3·59 伊川曰："作《易》自天地幽明，至于昆虫草木微物，无不合。"

译文 程颐说："圣人作《易经》，大到幽远分明的天地，小到比比皆是的昆虫草木，无不与太极本原之理相吻合。"

原文 3·60 伊川曰："今时人看《易》，皆不识得《易》是何物，只就上穿凿，若念得不熟，与就上添一德亦不觉多，就上减一德亦不觉少。譬如不识此兀子①，若减一只脚，亦不知是少，若添一只，亦不知是多，若识，则自添减不得也。"

注释 ①兀（wù）子：同"杌子"，小凳子。

译文 程颐说："现在的人读《易经》，都不知道《易经》是什么，只会随意附会穿凿。如若读得不熟，那么，添上一件东西也不会觉得多，减去一件东西也不会觉得少。例如，如果不认识小凳子，减去一只脚，也不会觉得少，添上一只脚，也不会觉得多。如果能够认识，就会知道是不可随意添减的。"

原文 3·61 游定夫[①]问伊川“阴阳不测之谓神”。伊川曰：“贤是疑了问？是拣难底问？”

注释 ①游定夫：程颐学生。名酢，字定夫。元丰进士，著作有《易说》《中庸义》等。阴阳不测之谓神：语出《易经·系辞上》。神：神秘，神妙。

译文 游定夫问程颐：“怎样理解‘阴阳不测之谓神’这句话？”程颐回答说：“你是有了疑问才问？还是专拣难的问题问？”

原文 3·62 伊川以《易传》示门人曰：“只说得七分，后人更须自体究。”

译文 程颐拿着《易传》对学生说：“我这本书只讲了《易经》的七分道理,《易经》的真谛，往后的人应该自己体会探究。”

原文 3·63 伊川《春秋传序》曰：“天之生民，必有出类之才，起而君长之，治之而争夺息，导之而生养遂，教之而伦理明，然后人道立，天道成，地道平。

二帝而上，圣贤世出，随时有作，顺乎风气之宜，不先天[1]以开人，各因时而立政。

暨乎三王迭兴，三重[2]既备，子丑寅之建正[3]，忠质文[4]之更尚，人道备矣，天运周矣。

圣王既不复作，有天下者，虽欲仿古之迹，亦私意妄为而已。事之缪[5]，秦至以建亥为正[6]；道之悖，汉专以智力持世；岂复知先王之道也？

夫子当周之末，以圣人不复作也，顺天应时之治，不复有也，于是作《春秋》[7]，为百王不易之大法，所谓‘考诸三王而不谬，建诸天地而不悖，质诸鬼神而无疑，百世以俟圣人而不惑者也[8]。’

先儒之传[9]曰：‘游、夏不能赞一辞[10]’。辞不待赞也，言不能与于斯耳。斯道也，惟颜子尝闻之矣。‘行夏之时，乘殷之辂，服周之冕，乐则《韶》《舞》[11]。’此其准的[12]也。

后世以史视《春秋》，谓褒善贬恶而已，至于经世[13]之大法，则不知也。《春秋》大义数十，其义虽大，炳如日星，乃易见也；惟其微辞隐义，时措[14]从宜者，为难知也，或抑或纵，或与或夺，或进或退，或微或显，而得乎义理之安，文质之中，宽猛之宜，是非之公，乃制事之权衡，揆[15]道之模范也。

夫观百物，然后识化工[16]之神；聚众材，然后知作室之用。于一事一义，而欲窥圣人之用心，非上智不能也。故学《春秋》者，必优游涵泳，默识心通，然后能造其微也。

后王知《春秋》之义，则虽德非禹汤，尚可以法三代之治。自秦而下，其学不传。予悼夫圣人之志不明于后世也，故作《传》[17]以明之，俾[18]后之人，通其文而求其义，得其意而法其用，则三代可复也。是《传》也，虽未能极圣人之蕴奥，庶几学者得其门而入矣。”

注释

①先天：先于天时。

②三重：指议礼、制度、考文。

③子丑寅之建正：子丑寅分别指子月、丑月、寅月，即农历十一月、十二月、正月。正，一年之始为正。

④质文：质，诚信，质朴。文：文华，辞采。

⑤缪：通“谬”。

⑥秦至以建亥为正：据战国阴阳家邹衍“五德终始说”：王朝兴替源于水、火、木、金、土五种物质德性相生相克和终而复始的循环变化。如夏、商、周三个朝代的递嬗，就是火（周）克金（商）、金克木（夏）的结果。由于周是火德，从

五行相胜来推衍，即是水克火。于是秦始皇就以水德自居，“更命河曰德水，以冬十月为年首，色上黑”(《史记・封禅书》)，以证明秦统一天下符合“五德之运”。亥，亥月，农历十月。

⑦作《春秋》:《春秋》为儒家经典之一。起于鲁隐公元年（前722），终于鲁哀公十四年（前481），计二百四十二年，是后代编年史的滥觞。传统认为,《春秋》为孔子作。如孟子说：“孔子成《春秋》，乱臣贼子惧。”司马迁说：“仲尼厄而作《春秋》。”宋儒（包括程颐）皆持孔子作《春秋》之说。据现代学者考证:《春秋》为鲁国史官所编，孔子在此基础上加以整理修订。

⑧考诸三王而不谬，建诸天地而不悖，质诸鬼神而无疑，百世以俟圣人而不惑者也：语出《礼记・中庸》。诸，意同“之于”。惑，疑惑，反对。

⑨先儒之传：指司马迁《史记・孔子世家》。

⑩游、夏不能赞一辞:《史记・孔子世家》:“……，至于为《春秋》，笔则笔，削则削，子夏之徒不能赞一辞。”赞，佐助。

⑪行夏之时，乘殷之辂（lù），服周之冕，乐则《韶》《舞》：语出《论语・卫灵公》。时，历法。辂，车子。冕，帽子。《韶》，舜时乐曲名。《舞》，周武王时乐曲名。

⑫准的：标准。

⑬经世：治理世事。

⑭时措：《礼记·中庸》："故时措之宜也。"朱熹《四书集注》："与时措之，而皆得其宜也。"意谓得其时而用。

⑮揆（kuí）道：准则。

⑯化工：自然的创造力。

⑰《传》：指《春秋传》，程颐著作。

⑱俾（bǐ）：使。

译文 程颐的《春秋传序》说："昊天创生人民，其中必然有一个出类拔萃的人才，他就是君主。他有效地统治人民，从而平息了人间的争夺，他有效地引导人民，从而使人民能够生存繁衍，他有效地教化人民，从而使人伦道德昌明流布。于是，人道、天道、地道就确立了。

上自尧舜时代起，圣贤辈出。他们伴随时势而兴起，顺应社会的风气，以天道为准绳启发人民，依据具体的历史条件建立政治制度。

随着夏禹、商汤、文王的依次兴起，议礼、制度、考文已经完备；周以子月为岁首，商以丑月为岁首，夏以寅月为岁首；夏崇尚'忠'，商崇尚'质'，周崇尚‘文’。这样，人道完备了，天运周遍了。

夏商周三代以后，圣王已不再兴起。统治天下的君主，企望效仿古代圣王事迹者虽然不乏其人，但是他们也只是随意妄为而已。最为荒谬的事情是：秦朝以亥月为岁首，以所谓水克火来证明秦取代周的合法性；完全与道相悖的是：汉朝以机巧、武力把持天下，根本背离了仁义原则。在这样的情况下，难道还有了解古代圣王之道的可能吗？

孔子生活在东周末期，他看到圣王不再兴起；顺应天道、顺应时势的统治，也不再存在。于是他撰写了《春秋》一书——作为帝王千秋万代治理国家必须遵守不可更改的根本大法——以警诫后世。正如《礼记·中庸》所说：孔子确定的原则‘放到三代先王理念中进行考查，没有一点误差；树立在天地间，与天道没有一点违背；卜问鬼神，没有一点可疑之处；百世以后待到圣人出现，不会有一点反对。’

司马迁《史记·孔子世家》说：‘孔子撰《春秋》，子游、子夏提不出一条建议。’提不出建议并不重要，要紧的是他们不能与孔子思想沟通。孔子之道，只有颜回能够领会。孔子说：‘用夏朝的历法，坐殷朝的车子，戴周朝的礼帽，奏《韶》乐、《舞》乐。’这就是《春秋》大法的准则。

后世仅仅把《春秋》看成是史书，认为其内容无非是褒善贬恶而已；于是《春秋》作为治国的根本大法，自然就无从知晓了。《春秋》大义，不过数十条。《春秋》阐述的义理，虽然博大，但它却像太阳、星星一样明亮，人们容易看见。唯有其微妙的言辞、隐晦的含义——在适当的时候就能展现应有的作用——难以理解。《春秋》笔法，无论或抑或纵，或与或夺，或进或退，或微或显，其思想都符合义理原则，都体现了在‘文’与‘质’之间取其‘中’的定则，都彰显了宽猛适宜、无过不及的准则，都代表了公正判断是非的法则。《春秋》是裁判世事的标准，是一切准绳的最高典范。

只有先观察万物的变化，然后才能了解自然的创造力的神妙力量；只有先汇集种种材料，然后才能让它们在建筑房屋时发挥具体作用。试图通过一件事、一个道理来了解圣人的用心，很难，不是智慧超绝的人做不到这一点。因此，学《春秋》，必须在从容平静的心态下，深入体会，把心得记在心中，以致达到豁然开朗。这样，就能认识、把握《春秋》的微言大义了。后世君王如果能了解《春秋》一书中的大义所在，即使没有夏禹、商汤那样崇高的德性，也可以效法三代之治。自秦朝以降，《春秋》之学一直没有传下来。我感到十分悲痛的是：圣人的理想没有在后世得到彰显，因此撰《春秋传》，以阐明圣人之志，使后人能够弄懂《春秋》的文字含义，在此基础上探究《春秋》的大义所在；使后人能够理解《春秋》的本意，在此基础上遵循《春秋》大法，让它指导实践，落实在实践中。这样，夏、商、周三代的美好理想就可以得到恢复。

我写的《春秋传》，虽然不能穷尽圣人博大精深的思想与精神，但是我相信，对于初学者来说，本书差不多可以算得上一本研究《春秋》的入门读物。”

原文

3·64 伊川曰：“《诗》《书》载道之文，《春秋》圣人之用。《诗》《书》如药方，《春秋》如用药治病，圣人之用，全在此书。所谓‘不如载之行事，深切著明’者也①。有重叠言者，如征伐盟会②之类，盖欲成书，势须如此，不可事事各求异义。但一字有异，或上下文义，则义须别。”

注释

①不如载之行事二句：语出《史记·太史公自序》“子曰：我

欲载之空言，不如见之于行事之深切著明也。"《索隐》："案孔子之言，见《春秋纬》，太史公引之以成说也。"

②盟会：古代诸侯间的集会、订盟。

译文 程颐说："《诗经》和《尚书》是阐释'道'的文字，《春秋》是圣人之道的具体运用。《诗经》和《尚书》如同药方，《春秋》即是依照药方治病。圣人之道的具体运用，全部体现在《春秋》这本书中。这就是孔子所说的与其空谈义理，'不如把它体现在史事的记载中，那样深挚而切实、显著而明确'。《春秋》有不少重复的文字，如记载征伐盟会这样的事；之所以不嫌重复地把它们记录下来，乃是因为忠实于历史，必须如此，不可事事都要寻求各自不同的解释。至于文字的差异，上下文含义的不同，那是因为按照《春秋》著书的义例必须有所区别。"

原文 3·65 伊川曰："五经之有《春秋》，犹法律之有断例也。律令惟言其法，至于断例，则始见其法之用也。"

译文 程颐说："儒家五经中有《春秋》一经，如法律中必须有案例一样。法律条文只是对法的阐释，有了案例，就可以看见法律适用的情况。”

原文 3·66 伊川曰：“学《春秋》亦善，一句是一事，是非便见于此，此亦穷理之要。然他经岂不可以穷理？但他经论其义，《春秋》因其行事，是非轻著[①]，故穷理为要。尝语学者，且先读《论语》《孟子》，更读一经[②]，然后看《春秋》。先识得个义理，方可看《春秋》。《春秋》以何为准？无如《中庸》，欲知《中庸》无如权，须是时而为中。若以手足胼胝[③]，闭户不出，二者之间取中，便不是中。若当手足胼胝，则于此为中；当闭户不出，则于此为中。权之为言，秤锤之义也。何物为权？义也；时也。只是说得到义，义以上更难说，在人自看如何。”

注释 ①轻著：明显。

②一经：指《中庸》。

③胼胝（pián zhī）：手掌或脚掌上因摩擦而长成的硬皮。茧子。

译文 程颐说：“学《春秋》也很好，《春秋》一句话就是一件事，是非就在这句话之中，这句话也就是穷究事理的关键所在。然而其他经典难道不可以探究事理吗？但其他经典阐述的是义理，而《春秋》却是根据义理行事，是非界线分明，因此《春秋》是探究事理的关键。我曾说过，求学应先读《论语》《孟子》，接着读《中庸》，然后再读《春秋》，只有先懂得义理，然后才可以读《春秋》。《春秋》以什么为准绳？能作为准绳的莫过《中庸》，而要了解《中庸》，最好的途径不过体悟权变。所谓权变，应该是权时而中。如果在手脚生老茧和闭户不出二者之间取其中，就不是中。如果应当手脚生茧，手脚生茧就是中；如果应当闭户不出，闭户不出就是中。所谓权，就是秤锤。什么东西可以说是权？只能以义理来衡量，只能根据时机和具体情况来行事。权在最终意义上只能讲到义理，义理之上就难以言说，只能靠自己体会。”

原文 3·67 伊川曰：“《春秋》传[①]为案，经为断[②]。”

注释 ①传（zhuàn）：泛指解释《春秋》的《左传》《公羊传》和《穀梁传》。这里特指《左传》。

②断：判断。

译文 程颐说："阐释《春秋》经文的《左传》是案语，而《春秋》经文本身却断定是非。"

原文 3·68 伊川曰："凡读史不徒要记事迹，须要识其治乱安危兴废存亡之理。且如读《高帝纪》[①]，便须识得汉家四百年始终治乱当如何，是亦学也。"

注释 ①《高帝纪》：即《汉书·高祖纪》。东汉班固撰。

译文 程颐说："读史书不仅仅要了解史实，更应该认识历史上治乱、安危、兴废、存亡的道理。例如读《高帝纪》，就应该从中把握汉朝四百年兴衰治乱的整个过程的原因和结果，这也是一种学习方法。"

原文 3·69 伊川曰："先生[①]每读史到一半，便掩卷思量，料其成败，然后却[②]看，有不合处，又更精思，其间多有幸而成，不幸而败。今人只见成者便以为是，败者便以为非，不知成者煞有不是，败者煞有是底。"

注释 ①先生：指程颢。

②却：再。

译文 程颐说："程颢读史书，每读到一半的时候，就把书合上进行思考，猜测事情的成败结局，然后再继续看，若有与猜测不合的地方，再进行仔细思考，就会知道许多事情往往因侥幸而成功，不幸而失败。现在的人读史书，看到成功便认为正确，看到失败便认为错误，却不知道成功者很可能是错的，而失败者却是对的。"

原文 3·70 伊川曰："读史须见圣贤所存治乱之机①，贤人君子出处进退②，便是格物。"

注释 ①机：事物的枢要，关键。

②出处进退：出仕与退隐。

译文 程颐说："读史书应该注意古代圣贤关于治乱的关键的论述，体悟贤人君子之所以出仕或退隐的原因，这就是格物。"

原文 3·71 元祐①中，客有见伊川者，几案间无他书，惟印行《唐鉴》②一部。先生曰："近方见此书，三代以后，无此议论。"

注释 ①元祐：宋哲宗赵煦年号（1086—1093）。

②《唐鉴》：书名。宋范祖禹撰，十二卷，经吕祖谦注后，析为二十四卷。此书论述唐代三百年间封建统治的得失，共306篇，献给哲宗，作为施政的鉴戒。

译文 北宋元祐年间，一位客人拜访程颐，发现程颐的长桌上除了一部《唐鉴》外，别无其他书。程颐说："最近才看到这部书，夏商周三代以后，还没有哪部书像《唐鉴》这样有如此深刻的见解。"

原文 3·72 横渠曰："《序卦》①不可谓非圣人之蕴。今欲安置一物，犹求审处，况圣人之于《易》？其间虽无极至精义，大概皆有意思。观圣人之书，须遍布细密，如是大匠岂以一斧可知哉？"

注释 ①《序卦》:《易传》中说明六十四卦排列次序的篇名。《十翼》之一。

译文 张载说："《序卦》不能说没有体现圣人的深奥精蕴。现在如果要安排一样东西，还要考虑如何安排才妥当，何况圣人对《易经》六十四卦的次序结构的排列与阐释?《序卦》虽无高明极致的精微义理，但却有不可或缺的含义则是不容怀疑的。读圣人的书，必须做到全面、透彻、仔细、详尽，才能有所把握；正如一个高明的木匠，难道仅仅看他挥一次斧就能认识他吗?"

原文 3·73 横渠曰:"天官①之职，须襟怀洪大，方看②得。盖其规模至大，若不得此心，欲事事上致曲穷究，凑合此心如是之大，必不能得也。释氏锱铢③天地，可谓至大，然不尝为大，则为事不得，若畀④之一钱，则必乱矣。又曰：太宰⑤之职难看，盖无许大心胸包罗，记得此，复忘彼，其混混天下之事，当如捕龙蛇，搏虎豹，用心力看方可。其他五官⑥便易看，止一职也。"

注释 ①天官：官名。《周礼》六官，称冢宰为天官，为百官之长。

②看（kān）：守护。

③锱铢：原指很少的钱或微小的事，此处作动词用，指小看。

④畀（bì）：给，给予。

⑤太宰：官名。殷代始置，掌管家务和家奴。西周时沿置，掌王家内外事务。

⑥五官：指《周礼》六官中除天官外的地官、春官、夏官、秋官、冬官。隋唐以后吏、户、礼、兵、刑、工六部尚书，大致和《周礼》的六官相当，也统称六官。

译文 张载说："天官这一职务，必须胸襟广大的人才能承担。天官统管邦国内外大小政事，规模范围极大，如果没有宏大的心胸，只在具体事务上委曲穷究，勉强做出开阔的样子，必然不能称职。佛教徒小看天地，似乎有宏大的胸怀，然而却没有真正体现宏大，他们在实践上行不通，如若给他们一点钱，必然让他们慌乱失措无已。又说：太宰这一职务难以承担，若无宏大的心胸包罗万象，必然顾此失彼。太宰面对混乱无序的各种人间事务，正如同捕龙蛇、搏虎豹一样。必须尽心尽力，才能履行职责。其他五官容易承担，因为各自只有一种职责。"

原文 3·74 横渠曰："古人能知《诗》者惟孟子，为其以意逆①志也。夫诗人之志至平易，不必为艰险求之。今以艰险求《诗》，则已丧其本心，何由见诗人之志？诗人之情性，温厚和平老成，本平地上道著言语，今须以崎岖求之，先其心已狭隘了，则无由见得。诗人之情本乐易[②]，只为时事，拂著他乐易之性，故以《诗》道其志。”

注释 ①逆：逆知；猜度。

②乐易：和乐平易。

译文 张载说：“古代懂《诗经》的人只有孟子一人，因为孟子能够以自己的体会推测《诗经》的志趣。《诗经》作者的志趣，本来极为平易，不必探求其中的晦涩含义。今天读《诗经》的人要探究其隐晦之义，那就已经丧失了自己的本心，又怎么能够体悟《诗经》作者的志趣呢？《诗经》作者的情性，温厚和平成熟，本来就是随感而发，自然平常。今天读《诗经》的人却要寻求它的离奇深奥，先使自己变得狭隘了，当然就一无所获。《诗经》作者的情感本来就和乐平易，只因为他们遭遇的时事，与他们和乐平易的情感相冲突，因此他们才以《诗经》来咏吟自己的志向。”

原文 3·75 横渠曰：“《尚书》难看，盖难得胸臆如此之大，只欲解义，则无难也。”

译文 张载说："《尚书》之所以难以看懂，是因读者难有宽广的胸襟，如若只是为了理解经文的含义，那并不难。"

原文 3·76 横渠曰："读书少，则无由考校得义精。盖书以维持此心，一时放下，则一时德性有懈。读书则此心常在，不读书则终看义理不见。"

译文 张载说："书读得少，就不能精详地考校义理。书是用来持守人的本心的，一时间不读书，一时间德性就会有所松懈。读书能使本心常驻不懈，不读书，纵然义理即在眼前，也看不见。"

原文 3·77 横渠曰："书须成诵精思，多在夜中或静坐得之，不记则思不起。但通贯得大原①后，书亦易记。所以观书者，释己之疑，明己之未达，每见每知新益，则学进矣，于不疑处有疑，方是进。"

注释 ①原：本原；根本。

译文 张载说："对于书，应该做到能背诵，并在此基础上随时随地进行精密的思考，这样，往往就可以在夜间或静坐时得到解悟。如果不能记诵在心，就无法进行思考。只要能对书中的基本思想有个融会贯通的把握，那么，随后记诵也就容易。因此，所谓读书，旨在消释自己的疑问，辨明自己的困惑，每次读每次得到新的收获，这样，学问就会有所进步。能够在常人不怀疑的地方产生疑问，就是进步。”

原文 3·78 横渠曰：“《六经》须循环理会，义理尽无穷，待自家长得一格，则又见得别。”

译文 张载说：“对于儒家《六经》，读者必须反复精读，周而复始，深入理会。《六经》义理不可穷尽，只要自己知识有所增进，自己的见解就会日趋高明。”

原文 3·79 横渠曰：“如《中庸》文字辈，直须句句理会过，使其言互相发明。”

译文 张载说：“对于《中庸》里的文字，必须一句一句仔细体会，从而达到对全书前后相发明的把握。”

原文 3·80 横渠曰:“《春秋》之书，在古无有，乃仲尼所自作，惟孟子能知之，非理明义精，殆[1]未可学。先儒未及此而治之，故其说多凿。”

注释 ①殆：大概；恐怕。

译文 张载说:“古代夏商之世并无《春秋》这部书。此书系孔子所作，惟有孟子了解其中的微言大义。因此，对义理没有透彻精辟体悟的人，恐怕不能学《春秋》。过去的儒生没有达到对义理全面深入的理解，却要治《春秋》，因此他们的解释大多流于穿凿附会。”

存养第四

（凡七十条）

此卷论存养。盖穷格之虽至，而涵养之不足，则其知将日昏，而亦何以为力行之地哉？故存养之功，实贯乎知行，而此卷之编，列乎二者之间也。

说明

一个人的精神面貌，反映其精神气象。有什么样的内在气质，就有什么样的外在显现。人存在着，通过一言一行、一举一动而存在，崇高与渺小、开阔与偏狭、刚毅与胆怯、自如与浮躁、恭敬与亵慢自然流露在人的存在遭遇之中。

所谓存养，就是陶铸锻炼自己的精神气质，定位于庄严的内在心灵。

存养普遍蕴含在生活世界的方方面面。“慎言语以养其德，节饮食以养其体。事之至近而所系至大者，莫过于言语饮食也。”程颐如是说。“居处恭，执事敬，与人忠，此是彻上彻下语，圣人元无二语。”程颢如是说。

存养是工夫。博大的胸怀需要世上磨炼。但是，指导存养功夫的准则是“一”。周敦颐说：“一为要。一者，无欲也。无欲则静虚动直。静虚则明，明则通；动直则公，公则溥。明通公溥，庶矣乎。”欲是多，表现欲权力欲名利欲物欲贪欲都是私欲。私欲膨胀，人必然无操守无节制，必然假公济私，必然贪婪无度。必无品德无真诚无道义无廉耻可言，与禽兽无异。“主一”即是排除一切非分欲望，其逻辑结果指向心底的澄明磊落，这一结果离不开存养功夫的力度与强度。

程颢说：“敬胜百邪。”

程颐说：“敬只是主一也。”

宋儒都强调“主一”。“一”可指本原，可指原则，可指精神状态，可指实际功能。守持“一”，可以化解一切纷扰、混沌、杂念、冲突，达到本真自我的自由与身心和谐。

如果说，“致知”是认识论，那么，“存养”就是修养论。如果说，“致知”是对“天理”的体悟与理解，那么，“存养”即是把“天理”深化在血肉之躯中，成为内在的道德精神。正因为“存养”以自我身心养育为务，因此，宋儒对“慎独”“无邪”“中”“正”“直”的重视，自然就不难理解。

“存养之功，实贯乎知行，而此卷之编列乎二者之间也。”朱熹把“存养”看成是“致知”与“力行”的中介，符合朱熹“知先行后”的逻辑。在朱熹看来，“行”不具备自主性，“行”决定于“知”，受“知”支配，堂堂正正的“行”，源于存养之功铸就的堂堂正正的精神气象，而这一气象，本于对儒家“道”“理”的认识、体悟、把握与内在化。它们是一个相互贯通的有机统一体，而“存养”作为桥梁，具有沟通的作用。精神修养是中国的传统。儒道释三家都讲，但儒家的影响最大。中国传统知识分子的精神炼狱，主要是受儒家存养论引导的。这一点，显然与儒学的官方正统地位有关。

原文 4·1 或问：“圣可学乎？”濂溪曰：“可。”“有要乎？”曰：“有。”“请问焉。”曰：“一为要。一者，无欲也。无欲则静虚动直。静虚则明，明则通；动直则公，公则溥[①]。明通公溥，庶矣乎！”

注释 ①溥（pǔ）：广大；普遍。

译文 有人问：“圣人可以学习吗？”周敦颐回答说：“可以。”“有总要吗？”“有。”“请问何为总要？”回答说：“一是总要。所谓一，即是无欲。无欲使本心纯一不杂，表现为静虚动直。静虚即心无障蔽，心无障蔽自然就明，明于事物之理而又无不融彻自然就圆通；动直即是心无偏颇，心无偏颇自然就公，立于公，自然就周遍。能够做到澄明天理，通融无碍，本于公心，周遍天下，大概就差不多了。”

原文 4·2 伊川曰："阳始生甚微[①]，安静而后能长。故《复》之象曰：'先王以至日[②]闭关。'"

注释 ①阳始生甚微：《易经·复》卦象为䷗，五阴一阳，一阳生于下，力量微小。

②至日：冬至之日。

译文 程颐说："从《易经·复》卦象可以看出，一阳才刚刚开始生成，力量很弱小，只能在安宁的环境下才能逐渐生长。因此《易经·复》之《象》说：'先王在冬至之日，关闭城门。'"

原文 4·3 伊川曰："动息节宣[①]，以养生也；饮食衣服，以养形也；威仪行义，以养德也；推己及物，以养人也。"

注释 ①节宣：节，节制。宣，显露。

译文 程颐说："人一动一静之际，血脉周流，无郁滞之痛，即是养生；人饮食穿衣，口体安适，无饥寒困扰，即是养形；人形容庄严，以义行事，无过无不及，即是养德；人推己及物，己立俱立，己达俱达，无不周遍，即是养人。”

原文 4·4伊川曰：“慎言语以养其德，节饮食以养其体。事之至近而所系至大者，莫过于言语饮食也。”①

注释 ①本节是程颐对《易经·颐》卦《象辞》“君子以慎言语，节饮食”的解释。

译文 程颐说：“说话谨慎是为了育养自己的德行，节制饮食是为了护养自己的身体。日常生活中最平凡最贴近而又与死生之道相联系的事情，莫过于言语饮食了。”

原文 4·5 伊川曰：“震惊百里，不丧匕鬯①。临大震惧，能安而不自失者，惟诚敬而已，此处震之道也。”

注释 ①震惊百里，不丧匕鬯（chàng）：语出《易经·震》卦辞。匕，勺子。鬯，用黑黍与香草酿成的酒名鬯，盛鬯酒的器皿亦名鬯。此用后义。

译文 程颐说：“《易经·震》卦辞说‘巨雷猝响，震惊百里，独有主祭者神态自若，手执匕鬯之器而不失。’面临大灾难大恐惧，能处之泰然，面不改色，唯一的原因是内心诚敬。内心诚敬，就可以在任何患难惊惧中镇定自如。”

原文 4·6 伊川曰：“人之所以不能安其止者，动于欲也，欲牵于前而求其止，不可得也。故‘艮’[①]之道，当艮其背[②]，所见者在前，而背乃背之，是所不见也，止于所不见，则无欲以乱其心，而止乃安。不获其身，不见其身[③]也，谓忘我也，无我则止矣，不能无我，无可止之道。行其庭，不见其人[④]，庭除之间至近也，在背则虽至近不见，谓不交于物也，外物不接，内欲不萌，如是而止，乃得止之道，于止为无咎也。”

注释 ①艮（gèn）：六十四卦卦名之一。《易经·序卦》：“艮者，止也。”

②艮其背：语出《易经·艮》卦辞。意谓以背背对，犹言歇脚，歇手，表示停止。

③不获其身，不见其身：语出《易经·艮》卦辞。人的情感欲望源于肉身，人的行为止于当止即是无欲，无欲即理控制

欲，结果是人只见天理不见肉身之所欲，故曰“不获其身，不见其身。”

④行其庭，不见其人：语出《易经·艮》卦辞。意谓在庭除行走，外不见人，不与物欲交近。

译文 程颐说：“人之所以不能安然于止于所当止，乃是由于欲望的冲动。欲望受到面前外物的牵引，而又要停止欲求，是不可能的。因此，《艮卦》所讲的方法是：背对外物的诱惑。人看见的东西在前面，但以背背对它，就看不见。人止于看不见的东西，那么，就没有所谓欲望纷扰心灵的问题，人就自然宁静而安详。所谓‘不获其身，不见其身’就是一种忘我境界。人能做到无我，就必然止于所当止；不能做到无我，就必然受欲望支配，任人欲横流，就根本谈不上抑制欲望了。‘行其庭，不见其人’这句话是什么意思呢？庭与台阶之间距离如此之近，人欲毕现，但如果以背背对这一切，虽然近在眼前，也看不见。因此，‘行其庭，不见其人’这句话的意思即是：不与外物交往。不与外物交接，内心的欲望就不会萌发，这样所达到的止定，才是真正的止定之道，因为它止于无咎之所。”

原文 4·7 明道曰："若不能存养，只是说话。"

译文 程颢说："人如若不能实实在在地保存本心，育养德性，那就只能是空谈家。"

原文 4·8 明道曰："圣贤千言万语，只是欲人将已放之心①，约②之使反复入身来，自能寻向上去，下学而上达也③。"

注释 ①已放之心：《孟子·告子上》："学问之道无他，求其放心而已矣。"放，放任。

②约：检束收敛。

③下学而上达：语出《论语·宪问》："子曰：'不怨天，不尤人，下学而上达。'"

译文 程颢说："圣贤告诫学人，不啻千言万语，但指归无非是要人们把已经放散的心加以约束，使它返回到身中。这样，自然就能不断进步向上，即孔子所说的下学人事，上达天理。"

原文 4·9 李吁①问："每常遇事，即能知操存之意，无事时，如何存养得熟？"明道曰："古之人，耳之于乐，目之于礼，左右起居，盘盂几杖，有铭有戒，动息皆有所养，今皆废此，独有理义之养心耳。但存此涵养，意久则自熟矣。敬以直内，是涵养意。"

注释 ①李吁（yù）：字端伯，程颢学生。

译文 李吁问："我只要遭遇时事，就知道怎样去做，怎样存护自己的本心，但无事时，该如何存养本心，育养德行，使之日趋成熟呢？"程颢回答说："古时候的人，听音乐，观礼仪，饮食起居，乃至日常生活中最细微平凡的小事，都有铭文规定，都有戒律限制，一动一息都可以培养自己的德行。如今这些规矩都废弃了，只有依靠理义育养本心了。但只要保持道德修养，坚持不懈，久而久之自然就会使自己完满起来。《易 · 坤 · 文言》说：'君子通过恭敬来矫正自己思想上的偏差'，说的即是自觉地进行道德修养。"

原文 4 · 10 吕与叔[①]尝言："患思虑多不能驱除。"明道曰："此正如破屋中御寇，东面一人来未逐得，西面又一人至矣。左右前后，驱逐不暇，盖其四面空疏，盗固易入无缘作得主定。又如虚器入水，水自然入。若以一器实之以水，置之水中，水何能入来？盖中有主则实，实则外患不能入，自然无事。”

注释 ①吕与叔：即吕大临，字与叔。初学于张载，后学于二程。元祐中为秘书省正字。与谢良佐、游酢、杨时为程门四大弟子。

译文 吕与叔说：“我担心的是自己的私心杂念往往难以排除。”程颢说：“这种情况，正如破屋防御盗贼一样，从东面来的盗贼还未驱逐，西面又来了一个盗贼，前后左右都有盗贼，令你驱逐不暇。之所以如此，是因为房屋四面皆空，盗贼自然容易进来，让你顾此失彼，无法对付。又如空的容器放入水中，水自然就注入容器之中，如果把一个注满水的容器放置水中，水如何能进入容器中呢？因此，人心中有主就自然坚实，心中坚实外在的忧虑就不能产生，自然就平静自如。”

原文 4·11 邢和叔①言：“吾曹尝须爱养精力。精力稍不足则倦，所临事皆勉强而无诚意，接宾客语言尚可见，况临大事乎？”

注释 ①邢和叔：名恕，字和叔。程颐学生。

译文 邢和叔说：“我们应该爱惜、保养自己的精力。如若精力稍有不足，就会感到困倦，遇到事情只能勉强支撑，难以一贯到底，接人待物言谈应对尚且如此，更何况遭遇重大事情呢？”

原文 4·12 明道曰：“学者全体此心，学虽未尽，若事物之来，不可不应，但随分限[①]应之，虽不中不远矣。”

注释 ①分限：理之当然。

译文 程颢说：“学的终极指向，是总体地全面地体悟至善的本心。学是一个不可间断的过程，虽然学有所未尽，没有全部展现本心的完满，但如若事情出现而又不得不应付之时，只能依据理之当然处理它。这样做，虽然不一定都完全符合自然之理，但也相去不远了。”

原文 4·13 明道曰："居处恭，执事敬，与人忠①，此是彻上彻下语，圣人元无二语。"

注释 ①居处恭，执事敬，与人忠：语出《论语·子路》。

译文 程颢说："孔子说：'平日容貌态度端正庄严，工作严肃认真，为别人做事忠心诚意。'这就是唯一的贯穿时空的为人处世准则，圣人原本就没有另外的为人处世准则。"

原文 4·14 伊川曰："学者须敬守此心，不可急迫，当栽培深厚，涵泳于其间，然后可以自得。但急迫求之，只是私己，终不足以达道。"

译文 程颐说："学者必须以恭敬的态度守护本心，不可急于求成，应当以平常心修养自己，使自己日益深厚起来，同时不断地深入体会自己的修炼过程，这样，就可以自然而然地接近天道，达到怡然自得的境界。但如果急于求成，那就只是私欲作怪，最终不能够明白天道。"

原文 4·15 明道曰："思无邪[①]。毋不敬[②]。只此二句，循而行之，安得有差？有差者，皆由不敬不正也。"

注释 ①思无邪：语出《诗经·鲁颂·駉》。

②毋不敬：语出《礼记·曲礼上》。

译文 程颢说："心中没有邪念，行为无不恭敬。遵循《诗经》和《礼记》的这两句话行动，怎么会有偏差？如果行为出现偏差，可以肯定，都是由不敬不正引起的。"

原文 4·16 明道曰："今学者敬而不自得，又不安者，只是心生；亦是太以敬来做事得重，此恭而无礼则劳[①]也。恭者，私为恭之恭也。礼者，非体之礼，是自然底道理也。只恭而不为自然底道理，故不自在也，须是恭而安。今容貌必端，言语必正者，非是道独善其身[②]，要人道如何，只是天理合如此，本无私意，只是个循理而已。"

注释 ①恭而无礼则劳：语出《论语·泰伯》。

②独善其身：《孟子·尽心上》："穷则独善其身，达则兼善

天下。”

译文 程颢说：“现在的人求学之所以有所恭敬而又不能达到优游自得、安适自如的境界，主要乃是因为意念滋生，出于勉强之故。同时也是因为过于执着于‘敬’，作意做事，未免扞格。这种情况，即孔子所说‘注重容貌态度的端正，却不知礼，就难免劳倦。’若如此，所谓恭敬，即是出于私欲为恭敬的恭敬。我们所说的‘礼’，其本质并不是揖让等级之类有形有象的东西，而是自然之理。只在表面上恭敬而不遵循自然之理，自然就会感到不自在。因此，恭敬应该出于本心，合于自然之理，如若此，岂能不安然自在？我现在强调容貌必须做到端正，说话必须做到公正，并不是说我要独善其身，也不是为了得到人们的好评，只是天理要求如此，这样做符合天理，本来就没有私心杂念，无非只是遵循天理行动而已。”

原文 4·17 明道曰：“今志于义理，而心不安乐者，何也？此则正是剩一个助之长[①]，虽则心操之则存，舍之则亡[②]，然而持之太甚，便是必有事焉而正之[③]也，亦须且恁[④]去。如此者只是德孤，德不孤，必有邻[⑤]。

到德盛后，自无窒碍，左右逢其原⑥也。”

注释

①助之长：《孟子·公孙丑上》：“助之长者，揠苗者也，非徒无益，而又害之。”

②操之则存，舍之则亡：《孟子·告子上》：“孔子曰：‘操则存，舍则亡，出入无时，莫知其乡。’惟心之谓与？”操，抓住，抓紧。

③必有事焉而正之：执意做某事，并一心期望达到预期的结果。《孟子·公孙丑上》：“必有事焉，而勿正。”正，朱熹引《公羊传》注：“正，预期也。”

④恁（rèn）：如此，这样。

⑤德不孤，必有邻：语出《论语·里仁》。

⑥左右逢其原：《孟子·离娄下》：“资之深，则取之左右逢其原。”“原”同“源”。

译文

程颢说：“今天立志于以追求义理为终极目标的人，然而却没有达到心灵的安乐，是什么原因呢？原因正在于心中还有一个孟子所说的‘揠苗助长’的毛病。虽然我们说，抓住心，心就存在；放弃心，心就死亡。然而如果抓得太紧，结果必然导致一心要使自己所做的事收到预期的效果，这样便犯了‘助长’的毛病。因此，我们应该遵循义理的牵引，抛弃主观妄见，自然就会不断进步。人之所以会犯‘助长’的错误，乃是因为自己修养不够，缺少高远的德行，因此感到孤立无靠，丧失自信所致。孔子说：‘有道德的人是不会孤单的，一定会有志向相同的人和他在一起。’一个人通过修养达到博大的道德境界后，人世间的一切都自然无任何窒碍可言，正如孟子所说，他就可以左右逢源，运用自如了。”

原文 4·18 明道曰：“敬而无失，便是喜怒哀乐未发谓之中[①]。敬不可谓中，但敬而无失，即所以中也。”

注释 ①喜怒哀乐未发谓之中：语出《礼记·中庸》。

译文 程颢说：“居敬而使本心常在，即是喜怒哀乐没有表现出来的‘中’。‘敬’是工夫，‘中’是本体，因此‘敬’不能称为‘中’。但如果能够做到居敬而使本心常驻，即是达到‘中’的根本原因。

原文 4·19 伊川曰：“司马子微[①]尝作《坐忘论》，是所谓坐驰也。”

注释 ①司马子微（655—735）：即司马承祯，字子微，号白云子。唐道士，河内温县（今属河南）人。从嵩山道士潘师正受传符箓和辟谷、导引、服饵等方术，居天台山。武后、睿宗、玄宗迭次召见，玄宗并从他亲受法箓，乃居王屋山阳台观。殁后谥为贞一先生。著作有《坐忘论》《天隐子》等。

译文 程颐说："司马承祯写了《坐忘论》，并不能忘乎一切物我是非，反而导致心猿意马。"

原文 4·20 伊川曰："伯淳昔在长安仓中闲坐，见长廊柱，以意数之已，尚不疑，再数之不合，不免令人一一声言数之，乃与初数者无差，则知越著心把捉越不定。"

译文 程颐说："程颢有一次在长安仓库里闲坐，看见长廊柱子，就随意数了一下，并没有什么疑问。第二次再数时却与第一次不相合，又叫人一一数出声来，却又与第一次数的相合。程颢由此得到启发：凡事越是执意用心把握，越把握不住。"

原文 4·21 明道曰："人心作主不定，正如一个翻车，流转动摇，无须臾停。所感万端，若不做一个主，怎生奈何？张天祺[1]尝言，自约数年自上著床，便不得思量事。不思量事，后须强把他这心来制缚，亦须寄寓在一个形象，皆非自然。君实[2]自谓吾得术矣，只管念个中字。此又为中所系缚，且中亦何形象？有人胸中常若有两人焉：欲为善，如有恶以为之间；欲为不善，又若有羞恶之心者。本无二人，此正交战之验也。持其志使气不能乱，此大可验，要之圣贤必不害心疾。”

注释

①张天祺：即张戬（jiǎn），字天祺。张载弟，陕西眉县人，熙宁进士，与兄张载有关中二张之称。

②君实（1019—1086）：即司马光，北宋大臣，史学家。字君实，陕州夏县（今属山西）涑水乡人，宝元进士。主编《资治通鉴》。反对王安石变法。遗著尚有《司马文正公集》《稽古录》等。

译文

程颢说：“人心神不定，正如以水流做动力的水车，摇晃流转，一刻也不能停息。人感受的事物现象纷纭万端，倘若无内在精神主宰，何以运用自如？张天祺曾说，多年来，我一直控制自己，一上床就不再思考任何事情。但是，不思考事情，就必须强制性地把心控制住，或者也必须把心寄寓在一个东西上。显然，这种人为的强制手段，都不是出于自然。司马光曾说他有保持心定的方法，即不停地念一个‘中’字。但是，使用这种方法又被‘中’所限制，况且，‘中’有何形象可言呢？有的人胸中常常似乎有两个人同时存在：一心想为善，但似乎又有邪念出来阻碍；一心想为恶，但似乎又有羞恶感出来谴责。实际上，一个人就是一个人。所谓人胸中有两个人，正是人心神不定，处于善恶是非冲突之中的证明。因此，只要守持自己的志向，坚定不移，那么，任何外在纷繁的东西都不能造成干扰，这一点，是完全可以得到验证的。总之，我们可以得出结论说：圣贤顺乎本心之自然，绝不会出现心神不定、犹豫彷徨这样的心病。”

原文 4·22 明道曰：“某写字时甚敬，非是要字好，只此是学。”

译文 程颢说：“我写字时态度极为恭敬，这样做并不是为了要把字写好，只是因为写字是学习。”

原文 4·23 伊川曰：“圣人不记事[①]，所以常记得。今人忘事，以其记事[②]。不能记事，处事不精，皆出于养之不完固。”

注释 ①不记事：意谓心灵通明，不著一物。

②记事：意谓事物横窒心中，昏滞不通。

译文 程颐说：“圣人之心明且通，不著一物，因此常常记起事情。今天的人往往忘记事情，是因为大量的事情横亘在心中，处于昏滞不化的状态。事情记不住，办事不精明，都是由于不能养心，使之澄明稳固引起的。”

原文 4·24 明道在澶州[①]日，修桥少一长梁，曾博求之民间。后因出入，见林木之佳者，必起计度之心，因语以戒学者，心不可有一事。

注释 ①澶州：州名。治所在顿丘（今河南清丰西）。

译文 程颢在澶州任职期间，因修桥缺少一根长梁，曾经在民间广泛征寻。后来他因公事出入州境，一看见参天大树，就想去量一量。程颢由这件事得到启示：人心中不可有任何事情阻滞，并以此告诫学者。

原文 4·25 伊川曰："入道莫如敬，未有能致知而不在敬者。今人主心不定，视心如寇贼而不可制，不是事累心，乃是心累事，当知天下无一物是合[①]少得者，不可恶也。"

注释 ①合：应当。

译文 程颐说："体道见道的根本前提是持敬存心，不持敬而能格物穷理，是不可能的。今天的人心神不定，把心看成是不可控制的寇贼。实际上，问题的本质不是事累心，而是心累事。我们应当明白，世界上的任何事情，没有一样是不应该存在的，都有其必然性，有其所以然，既然如此，就应该物来顺应，不必厌恶它们。"

原文 4·26 伊川曰："人只有一个天理，却不能存得，更做甚人也。"

译文 程颐说："人天生禀赋天理，唯一所有的只是天理，如若不能把天理守存在心中，还配做一个人吗?”

原文 4·27 伊川曰:“人多思虑，不能自宁，只是做他心主不定。要作得心主定，惟是止于事。为人君止于仁[①]之类，如舜之诛四凶[②]，四凶已作恶，舜从而诛之，舜何与[③]焉？人不止于事，只是揽他事，不能使物各付物。物各付物，则是役物；为物所役，则是役于物。有物必有则，须是止于事。”

注释 ①为人君止于仁：语出《礼记·大学》。

②四凶：指舜流放的四族首领。《尚书·尧典》:“流共工于幽州，放驩兜于崇山，窜三苗于三危，殛鲧于羽山，四罪而天下咸服。”

③何与（yù）：不关联。意谓没有私念。

译文 程颐说:“人思虑过多，不能安宁自如，其原因在于心不定。要达到心定，只有摒弃心念，排除一切外在考虑，该做什么事就做什么事，该做到什么程度就做到什么程度，该用什么方法就用什么方法。《大学》所言‘作为人君，应该做到仁’等等说法就是这个意思。例如舜剪除共工、驩兜、三苗、鲧四位罪人，上述四人已经作恶，舜因此剪除了他们。舜只是做了应该做的事，毫无任何私念掺杂其间。人不做应该做的事，不必做不可做不宜做的事却要做，即是揽事做。揽事就不能使事物各归其所。做事能让事物各归其所，是人控制物。做事被事物控制，是物控制人。事物存在，就有存在的道理。因此，人应该做什么事，就做什么事。"

原文 4·28 伊川曰："不能动人，只是诚不至；于事厌倦，皆是无诚处。"

译文 程颐说："不能打动人，只是因为自己不够真诚；遇到事情感到厌倦，都是因为缺少诚意。"

原文 4·29 伊川曰："静后见万物，自然皆有春意。"

译文 程颐说："人如若怀着平和宁静的心情观察天地万物，就会发现万物都展现出勃勃生机。"

原文 4·30 伊川曰："孔子言仁，只说'出门如见大宾，使民如承大祭[①]'，看其气象，便须心广体胖，动容周旋，中礼自然，惟慎独[2]便是守之之法。圣人修己以敬，以安百姓[3]，笃恭而天下平[4]，惟上下一于恭敬，则天地自位，万物自育[5]，气无不和，四灵[6]何有不至，此体信达顺[7]之道。聪明睿知，皆由是出，以此事天飨[8]帝。”

注释

①出门如见大宾，使民如承大祭：语出《论语·颜渊》。

②慎独：意谓独处无人注意时，自己的行为也要谨慎不苟。《礼记·中庸》：“莫见乎隐，莫显乎微，故君子慎其独也。”郑玄注：“慎独者，慎其闲居之所为。”

③修己以敬，以安百姓：语出《论语·宪问》。

④笃恭而天下平：《礼记·中庸》：“君子笃恭而天下平。”

⑤天地自位，万物自育：《礼记·中庸》：“致中和，天地位焉，万物育焉。”

⑥四灵：指龙、凤、龟、麒麟。

⑦体信达顺：语出《礼记·礼运》。朱熹说：“信是实理，顺是和气。体信是无一毫之伪，达顺是发皆中节，无一物不得其所。”

⑧飨（xiǎng）：祭献。

译文

程颐说：“孔子回答仲弓提出的怎样才能实践仁德时，

只说'出门做事如同接待贵宾一样，使唤老百姓如同承奉重大祭祀一样。'若如此，其气象总表现为胸襟宽广，体貌安详自然，一举一动，皆符合自然之礼。而慎独，是唯一守持仁德的方法。孔子强调君子应该'以恭敬的态度修养自己，从而使老百姓都得到安乐'。因此，君子忠厚谦恭，天下就太平。只有上下归一于恭敬，才能达到天地自立其位、万物自然孕育，阴阳二气细缊感应无不和谐，龙、凤、龟、麒麟四种精灵咸集毕至。这就是恭敬诚信得到最完全最充分的体现，从而达到天地万物和谐，万物各得其所的终极原因。人的聪明智慧，都源于恭敬，只有出于恭敬，才能事奉天理，祭祀上帝。"

原文 4·31 伊川曰："存养熟后，泰然行将去，便有进。"

译文 程颐说："修养达到本心清明和畅状态，然后泰然付诸实践，就会感到在学问上已经取得了进步。"

原文 4·32 伊川曰："不愧屋漏①，则心安而体舒。"

注释 ①不愧屋漏：见2·89条注⑭。

译文 程颐说："不在暗中做坏事，起坏念头，就不会有愧疚感，自然心底安宁，体貌舒展自如。"

原文 4·33 伊川曰："心要在腔子[1]里。"

注释 ①腔子：犹言身子。

译文 程颐说："心不能为物欲牵引，四处游荡，而必须通过操存功夫，使之宁静在身子中。"

原文 4·34 伊川曰："只外面有些隙罅[1]，便走了。"

注释 ①隙罅（xià）：缝隙。

译文 程颐说："如果内在修养功夫不够，那么，只要稍有外在诱惑，人就难免不被俘虏。"

原文 4·35 伊川曰："人心常要活，则周流无穷，则不滞于一隅。"

译文 程颐说："人心要活，活则周流不止，就不至于拘泥于一事一物。”

原文 4·36 明道曰：“天地设位，而《易经》行乎其中[①]，只是敬也，敬则无间断。”

注释 ①天地设位，而《易》行乎其中：语出《易·系辞上》。

译文 程颢说：“天在上，地在下，阴阳变易流行于天地之间。天地体现敬的本质。就人心而言，只有持敬而已，持敬就能与天地义理合一，周流不已，永不间断。”

原文 4·37 明道曰：“毋不敬[①]，可以对越上帝。”

注释 ①毋不敬：见4·15条注②。

译文 程颢说：“能做到一言一行、一思一念都无不恭敬，就可以毫不愧疚地面对上帝。”

原文 4·38 明道曰：“敬胜百邪。”

译文 程颢说："恭敬可以战胜任何邪念。"

原文 4·39 明道曰："敬以直内，义以方外①，仁也。若以敬直内，则便不直矣，必有事焉而勿正②，则直也。"

注释 ①敬以直内，义以方外：见2·7条注①。

②必有事焉而勿正：见4·17条注③。

译文 程颢说："凡人恪守敬，思想自然端正；凡人奉行义，行为自然合理。两者都是仁的体现。如若意欲以敬来矫正自己的思想，那么，意图已先在，思想已有所偏离而非端正了。只有该做什么就做什么，不为预期的结果所左右，才是思想端正。"

原文 4·40 明道曰："涵养吾一①。"

注释 ①一：绝对完满的独一无二的纯然天理，天理内在于人心，至善至诚。

译文 程颢说："唯一重要的是修养守存自己的本心。"

原文 4·41 明道曰："子在川上曰：'逝者如斯夫，不舍昼夜。'[①]自汉以来，儒者皆不识此意。此见圣人之心纯亦不已也。纯亦不已，天德也。有天德便可语王道[②]，其要只在慎独[③]。"

注释 ①子在川上曰：逝者如斯夫，不舍昼夜：见3·31条注①。

②王道：《尚书·洪范》："无偏无党，王道荡荡。"儒家主张以仁义治天下，称为"王道"，与"霸道"相对。

③慎独：见4·30条注②。

译文 程颢说："孔子在河边说道：'消逝的时光像河水一样呀！日夜不停地流去。'自汉朝以来，儒者们都不懂孔子这句话的含义。这句话凸现了圣人纯粹无私的精神境界。所谓纯粹无私，就是最高的德性。有了最高的德性，就可以谈论王道。而要达到最高的德性，唯一根本的是要做到慎独。"

原文 4·42 伊川曰："不有躬，无攸利[①]。不立己，复虽向好事，犹为化物。不得以天下万物挠己。己立后，自能了当得天下万物。"

注释 ①不有躬，无攸利：语出《易经·蒙》六三爻辞。

译文 程颐说："《易经·蒙》六三爻辞说：'不能身体力行，受到外物的诱惑限制，不会有好结果。'人不能立己，即使想为善，最终还是要被外在环境异化。人不可被外在环境制约。人能立己，自然就能驾驭天地万物。"

原文 4·43 伊川曰："学者患心虑纷乱，不能宁静，此则天下公病。学者只要立个心，此上头尽有商量。"

译文 程颐说："做学问糟就糟在心虑纷乱，不能保守宁静，这是读书人的通病。学者只要立心，安顿生命指向，在做学问的道路上尽可以探讨。"

原文 4·44 伊川曰："闲[①]邪则诚自存，不是外面捉一诚，将来存著。今人外面役役[②]于不善，于不善中寻个善来存著。如此，则岂有入善之理，只是闲邪则诚自存。故孟子言性善皆由内出，只为诚便存，闲邪更著甚工夫？但惟是动容貌，整思虑，则自然生敬。敬只是主一也。主一则既不之东，又不之西，如是则只是中；既不之此，又不之彼，如是则只是内。存此则自然天理明。学者须是将‘敬以直内’涵养此意。直内是本。”

注释 ①闲：限制；约束。

②役役：被外在环境制约。

译文 程颐说：“约束邪念，人心中之‘诚’自然存在，而不是在人心之外寻找所谓的‘诚’来守持。如今人们受到外在环境的制约，由此处于不善的境地之中，却想从不善的环境中寻找所谓的‘善’并守持之。如果这样，怎么能够找到获得善的途径呢？因此，唯一的途径是：约束邪念，人心中之‘诚’自然存在。因此，孟子才说人的善性源于人的内在本质。人只要一心向‘诚’，‘诚’便在心中，在这个意义上，约束邪念的工夫就没有多少作用。但我们依然要在行为和思想两方面约束自己，时时提醒自己，使心有所持定，这样，自然就会达到恭敬。‘敬’只是以‘一’为本。以‘一’为本，则既不偏向左，又不偏向右，这就是中庸之道；既不偏向此，也不偏向彼，这就是内心澄明。能够守存中庸之道和内心澄明，自然就会洞明天理。求学应该用《易·坤·文言》所说的‘恪守敬，思想自然端正'来修养本心之'诚'。思想端正是本。"

原文 4·45 伊川曰："闲邪则固一矣，然主一则不消言闲邪。有以一为难见，不可下工夫，如何？一者无他，只是整齐严肃，则心便一。一则自是无非僻[1]之干。此意但涵养久之，则天理自然明。"

注释 ①僻：邪；不正。

译文 程颐说："约束邪念固然是'一'，然而以'一'为本就不消说约束邪念了。有人认为'一'无形无象，视之不可见，不知如何在'一'上下工夫。'一'不是外在于人的东西，只要整齐严肃，涵养体悟，则心就是'一'。'一'内在于人心，自然就无偏邪的言行。只要长期不间断地进行修养，就会体悟到心即'一'，既而自然洞明天理。"

原文 4·46 有言未感时知何所寓。伊川曰："操则存，舍则亡，出入无时，莫知其乡[1]。更怎生寻所寓？只是有操而已，操之之道，敬以直内也。"

注释 ①操则存，舍则亡，出入无时，莫知其乡：见4·17条注②。

译文 有人问心未感受事物时寄寓在何处。程颐说："圣人云：'抓住心，心就存在，放弃心，心就消亡，心出入无确定时间可言，也就不知会趋向何处。'怎么可以寻觅心的寓所呢？无非只是守持心而已。守持心的方法，唯有恪守恭敬，自然就会达到思想纯正。"

原文 4·47 伊川曰："敬则自虚静，不可把虚静唤做敬。"

译文 程颐说："恭敬自然虚静，但却不可把虚静说成是恭敬。"

原文 4·48 伊川曰："学者先务，固在心志。然有谓欲屏去闻见知思，则是绝圣弃智[①]；有欲屏去思虑，患其纷乱，则须坐禅入定[②]。如明鉴在此，万物毕照，是鉴之常，难为使之不照。人心不能不交感万物，难为使之不思虑。若欲免此，惟是心有主。如何为主？敬而已矣。有主则虚，虚谓邪不能入；无主则实[③]，实谓物来夺之。大凡人心不可二用，用于一事，则他事更不能入者，事为之主也。事为之主，尚无思虑纷扰之患；若主于敬，又焉有此患乎？所谓敬者，主一之谓敬。所谓一者，无适[4]之谓一。且欲涵泳主一之义，不一则二三矣。至于不敢欺，不敢慢，尚不愧于屋漏，皆是敬之事也。”

注释

①绝圣弃智：《老子》十九章：“绝圣弃智，民利百倍。”“圣”在《老子》中有两种用法，一指最高的精神境界；一为聪明。这里指后者。

②坐禅入定：指静坐凝心专注观境而获得佛教悟解或功德的一种思维修习活动。

③实：与“虚”相对，意谓杂念私欲。

④无适（dí）：《论语·里仁》：“子曰：‘君子之于天下也，无适也，无莫也，义之与比。’”适，固定不变。

译文

程颐说：“学习的首要前提，在于心志坚定。然而有人则认为：要摒除耳目的闻见和心的思维活动，就要遵循《老子》所说的抛弃聪明智巧；要摒除思虑杂念——因为它会带来心绪纷扰，就必须如佛教徒那样坐禅入定。但人心如同明亮的镜子，普照万物是镜子的基本功能，要使镜子不照东西，是不可能的。人心不能不与万物交感，要使心不思考外在现象，同样是不可能的。因此，如若要免除思虑纷扰之患，唯一途径是心要有主。如何使心有主？唯有恭敬。心有主则虚静，虚静邪念就不能进入心中；心无主则杂念横溢，杂念横溢外在事物就会占领人心。大凡人心不可二用，人心专注于一事，其他事就不能进入人心，这是因为要做的事成了主宰。事主宰人的心志，尚且没有思虑纷扰之害，倘若人心主于敬，又怎么可能思虑纷乱呢？什么是'敬'？以'一'为主宰即是敬。什么是'一'？无所偏向无所固执即是'一'。人应该深入体会以'一'为主的精微所在；不能守持'一'，人心必然纷乱。至于我们常说的不敢欺骗昭昭天理良心，不敢怠慢昭昭天理良心，以及不在暗地里起邪念，无愧于昭昭天理良心等等，都是'敬'的功夫的具体表现。"

原文 4·49 伊川曰："严威俨恪[①]，非敬之道，但致敬须自此入。"

注释 ①严威俨恪：《礼记·祭义》："严威俨恪非所以事亲也。"

译文 程颐说："威严、庄重、谨慎，并非'敬'的本质，但要达到‘敬’，就必须首先做到威严、庄重、谨慎。”

原文 4·50 伊川曰：“舜孳孳为善[1]。若未接物，如何为善？只是主于敬，便是为善也。以此观之，圣人之道，不是但默然无言。”

注释 ①舜孳孳为善：《孟子·尽心上》：“孟子曰：‘鸡鸣而起，孳孳为善者，舜之徒也。’”孳孳，同“孜孜”，勤勉不懈。

译文 程颐说：“舜孜孜不倦地为善。但如若未与人事打交道，怎样为善呢？只要以‘敬’为主导，就是为善了。从这一角度看，圣人之道并非只是沉默无语。”

原文 4·51 问：“人之燕居[1]，形体怠惰，心不慢者，可否？”曰：“安有箕踞[2]而心不慢者？昔吕与叔六月中来缑氏[3]，闲居中，某尝窥之，必见其俨然危坐，可谓敦笃矣。学者须恭敬，但不可令拘迫，拘迫则难久也。”

注释 ①燕居：闲居。

②箕（jī）踞：古人席地而坐，随意伸开两腿，像个簸箕，是一种不拘礼节的坐法。

③缑（gōu）氏：古县名。秦置，治所在今河南偃师东南。北魏至唐屡有废并，东魏后治所屡迁，唐移今缑氏镇。宋熙宁八年（1075）废。

译文 有人问程颐说："人闲居时，形体怠惰，而心不散慢，这样可以吗？"程颐说："随意怠惰，坐无坐相，而心却不散慢，这怎么可能呢？有一次吕与叔六月盛暑在缑氏闲居时，我常常去窥视他，每次都看见他端端正正坐着，这是精神敦笃的表现呀。读书人必须恭敬，但却不可勉强拘迫，人一拘迫，就难以持久。"

原文 4·52 "思虑虽多，果出于正，亦无害否？"伊川曰："且如在宗庙则主敬，朝廷主庄，军旅主严，此是也。如发不以时，纷然无度，虽正亦邪。"

译文 问："人虽然难免种种思虑，但思虑都出于心之纯正，也许无害吧？"程颐说："在宗庙时，以恭敬为主，在朝廷时，以庄重为主，在军旅时，以严明为主，这就是纯正。如果人思想做事不考虑时间地点，纷乱无度，即令纯正也是邪。”

原文 4·53 苏季明[1]问：“喜怒哀乐未发之前，求中可否？”伊川曰：“不可。既思于喜怒哀乐未发之前求之，又却是思也，既思即是已发。才发便谓之和[2]，不可谓之中也。”

又问：“吕学士[3]言，当求于喜怒哀乐未发之前，如何？”曰：“若言存养于喜怒哀乐未发之前则可，若言求中于喜怒哀乐未发之前则不可。”

又问：“学者于喜怒哀乐发时，固当勉强裁抑于未发之前，当如何用功？”曰：“于喜怒哀乐未发之前，更怎生求？只平日涵养便是，涵养久则喜怒哀乐发自中节。”

曰：“当中之时，耳无闻，目无见否？”曰：“虽耳无闻，目无见，然见闻之理在始得。”

“贤且说静时如何？”曰：“谓之无物则不可，然自有知觉处。”

曰：“既有知觉，却是动也，怎生言静？人说《复》其见天地之心，皆以谓至静能见天地之心，非也。《复》之卦下面一画，便是动也[4]，安得谓之静？”

或曰：“莫是于动上求静否？”曰：“固是。然最难。释氏多言定⑤，圣人便言止。如为人君止于仁，为人臣止于敬⑥之类，是也。《易》之《艮》言止之义曰：‘艮其止，止其所⑦也。人多不能止。盖人万物皆备，遇事时，各因其心之所重者，更互而出，才见得这事重，便有这事出。若能物各付物，便自不出来也。”

或曰：“先生于喜怒哀乐未发之前，下动字？下静字？”曰：“谓之静则可，然静中须有物始得，这里便是难处。学者莫若且先理会得敬，能敬则知此矣。”

或曰：“敬何以用功？”曰：“莫若主一”。

季明曰：“昞尝患思虑不定。或思一事未了，他事如麻又生，如何？”

曰：“不可。此不诚之本也。须是习，习能专一时便好，不拘思虑与应事，皆要求一。”

注释

①苏季明：名昞，字季明。程颐学生。

②才发便谓之和：《礼记·中庸》：“喜怒哀乐之未发，谓之中。发而皆中节，谓之和。”

③吕学士：即吕与叔，程颐学生。

④《复》之卦下面一画，便是动也：《复》卦形为䷗，其卦五画皆阴，惟下面一画，从剥尽复生为阳爻，阳气生即为动。

⑤定：佛教有所谓戒、定、慧“三学”。参见4·48条注②。

⑥为人君止于仁，为人臣止于敬:《礼记·大学》:“为人君，止于仁；为人臣，止于敬；为人子，止于孝；为人父，止于慈；与国人交，止于信。”

⑦艮其止，止其所：语出《易·艮·彖》。艮，止也。

译文 苏季明问:“喜怒哀乐还没有表现出来之前，期望达到‘中’，可以吗?”

程颐回答说:“不可以。既然期望在喜怒哀乐还没有表现出来之前而企求‘中’，这本身就是思维活动，既然是思维活动，就已经是一种表现了。喜怒哀乐表现出来，称为‘和’，但不可称为‘中’。”

苏季明又问:“吕学士曾说，应当在喜怒哀乐还未表现出来之前进行追求，这种看法如何?”

程颐说:“如若说在喜怒哀乐没有表现之前进行道德修养，这种说法是对的，但如若说在喜怒哀乐没有表现之前追求‘中’，这样说就错了。”

苏季明又问:“喜怒哀乐自然要表现出来，但应该在未表现之前加以裁抑，那么，应该怎样做工夫呢?”

程颐回答说:“喜怒哀乐未表现出来之前，怎么谈得上追求什么呢？所要做的无非是平时修养自己而已。长期不断地进行道德修养，喜怒哀乐表现出来就自然符合常理。”

苏季明又问：“当处于喜怒哀乐没有表现出来的所谓‘中’时，耳朵没有听到声音，眼睛没有看见东西吗？”

程颐回答说：“虽然耳朵没有听到声音，眼睛没有看见东西，但看有看的道理，听有听的道理，看与听之理不以你是否看与听转移，它自然存在。”

程颐接着问苏季明说：“你认为‘静’的状态是怎么一回事？”

苏季明回答说：“把‘静’的状态说成是没有任何东西存在是不对的，然而心自然具有知觉指向。”

程颐说：“既然说存在知觉指向，那就是在说‘动’了，怎么可以说成是‘静’呢？有人说《复》卦显示天地之心，因此保持绝对的‘静’就可以体悟天地之心，这种说法错了。《复》卦最下面一画是阳爻，阳即是‘动’，怎么能说是‘静’呢？”

在场者有人问道：“莫非应该在‘动’中求‘静’吗？”

程颐回答说：“固然如此，但最难达到。佛教主张‘定’，儒家圣人主张‘止’。如《礼记·大学》中所说的‘作为人君，要达到仁，作为臣子，要达到敬’等等，说的即是‘止’。《易》之《艮》对‘止’下定义说：‘艮其止，意思即止于应该止的地方。’人往往不能止于当止。因为人心中万物皆备，遇到事情时，各人心中各有自己的偏重，相互不同，只要人把某事看得重，就必然会在行为上表现出来。如若能让事物各归其所，那么，自然就无所谓偏重了。”

又有人问：“先生，在喜怒哀乐没有表现出来之前，是应该为‘动’呢？还是应该为‘静’？”

程颐回答说：“为‘静’自然是对的，但必须‘静’中有东西才行，这点很难把握。大家不如仔细理会‘敬’，能体会‘敬’，就知道其中的微妙了。”

又有人问：“关于‘敬’，应该怎样用功呢？”

程颐回答说：“所谓‘敬’，只是以‘一’为主。”

苏季明问：“我总是思虑不定，常常思考一件事还未有结果，另外的事又接踵而至，应该怎么办呢？”

程颐说：“这样不行，其根本原因在于心不诚。你应该不断修习，在修习中能达到专一状态更好。总之，无论是思考还是行动，都应该做到专一。”

原文 4·54 伊川曰：“人于梦寐间，亦可以卜[①]自家所学之浅深。如梦寐颠倒，即是心志不定、操存不固。”

注释 ①卜：预测。

译文 程颐说："人在睡梦时，也可以预测自己学问的深浅。如若睡梦中神志昏乱，那就是心志不定、操守不稳的表现。"

原文 4·55 问："人心所系著之事果善，夜梦见之，莫不害否？"伊川曰："虽是善事，心亦是动。凡事有朕兆，入梦者却无害，舍此皆是妄动。人心须要定，使他思时方思，乃是。今人都由心。曰：心谁使之？曰：以心使心则可，人心自由，便放去也。"

译文 有人问："人心中想到的是善事，夜晚梦见，不是无害吗？"程颐说："虽然想到的是善事，但也是心动。凡事都有朕兆，只要心不起念，静寂不动，做什么样的梦都无害。反之，皆属于妄动之列。人心应该恒定，需要思考时才思考，这样才对。今天的人心中无主，妄动不定。如若我们问：是谁支配心呢？我们可以这样回答说：以义理之本心支配知觉之心是对的，如若人心纷乱自由，即是把本心放逐了。"

原文 4·56 伊川曰："持其志无暴其气[①]，内外交相养也。"

注释 ①持其志无暴其气：语出《孟子·公孙丑上》。暴：害；乱。

译文 程颐说："坚持自己的志向，而又不伤害自己的精气，就可以使内在的精神和外在的行动彼此相互养育。"

原文 4·57 问："出辞气[①]，莫是于言语上用工夫否？"伊川曰："须是养乎中，自然言语顺理，若慎言语，不妄发，此却可著力。"

注释 ①出辞气：《论语·泰伯》："君子所贵乎道者三：动容貌，斯远暴慢矣；正颜色，斯近信矣；出辞气，斯远鄙倍矣。"辞气：言语和语气。

译文 有人问："说话时注意言词和语气，莫非是强调在言语上用工夫吗？"程颐回答说："首先应该培养立身之本的'中'，这样，言语自然顺理。如若要只做到说话谨慎，言不妄发，当然就在言语上用功。"

原文 4·58 伊川谓绎曰："吾受气甚薄，三十而浸盛，四十五十而后完。今生七十二年矣，校其筋骨，于盛年无损也。”绎曰：“先生岂以受气之薄，而厚为保生耶?”夫子默然曰：“吾以忘生徇欲为深耻。”

译文　程颐对张绎说：“我天生体质很差，三十岁时开始健康起来，四五十岁时修身养气之功已趋于完满。如今我已七十二岁，筋骨依然如同盛年时一样强健。”张绎说：“先生难道是因为小时候身体羸弱，所以才努力增强体质以保全生命吗?”程颐沉默了一会，然后说：“我以忘记生命的价值而屈从于感性欲望为最大耻辱。”

原文　4·59 伊川曰：“大率①把捉不定，皆是不仁。”

注释　①大率（shuài）：大概。

译文　程颐说：“大致说来，人心绪不宁，把捉不定，都是不仁的表现。”

原文　4·60 伊川曰：“致知在所养，养知莫过于寡欲二字。”

译文 程颐说："格物致知的关键在于所获得的知识需要得到精神的养护，而要养护已获得的知识，根本前提莫过于不断减少人的感性欲望。"

原文 4·61 伊川曰："心定者其言重以舒，不定者其言轻以疾。"

译文 程颐说："心定的人说话慎重而从容，心不定的人说话轻率而急躁。"

原文 4·62 明道曰："人有四百四病，皆不由自家，则是心须教由自家。"

译文 程颢说："人有四百零四种病，都不是由自己引起的，唯有心病是自己引起的。"

原文 4·63 谢显道从明道先生于扶沟[①]。明道一日谓之曰："尔辈在此相从，只是学颢言语，故其学心口不相应，盍若行之？""请问焉？"曰："且静坐，伊川每见人静坐，便叹其善学。"

注释 ①扶沟：县名，在今河南省中部。

译文 谢显道在扶沟跟随程颢。一天，程颢对谢显道说："你们在这里追随我，只学到了我的言语，因此你们的学问表里不一，何不在实践上下功夫?"谢显道说："请问应该怎么做呢?"程颢说："应该静坐。程颐只要看见有人静坐，就赞叹此人善于学习。"

原文 4·64 横渠曰："始学之要，当知三月不违，与日月至焉[①]，内外宾主之辨，使心意勉勉循循而不能已，过此几非在我者[②]。"

注释 ①三月不违，与日月至焉：《论语·雍也》："子曰：'回也，其心三月不违仁，其余则日月至焉而已矣。'"三月，指较长的时间。日月，指短时间。

②非在我者：意谓追求仁已到出神入化的境界，以致感觉不到自己的努力了。

译文 张载说："治学之始，关键在于要明白长期守护仁与偶尔记起仁之间的区别。前者是仁在心中，仁为主；后者是仁在心外，仁为客。求学之始，应该专心不二，勤勉不辍，循序渐进以至于欲罢不能，最终导致质变，庶几就可以达到与仁合一，出神入化的境界了。”

原文 4·65 横渠曰：“心清时少，乱时常多。其清时，视明听聪，四体不待羁束而自然恭谨，其乱时反是。如此何也？盖用心未熟，客虑①多而常心少也，习俗之心未去，而实心②未完也。人又要得刚，太柔则入于不立。亦有人生无喜怒者，则又要得刚。刚则守得定不回，进道勇敢。载则比他人自是勇处多。”

注释 ①客虑：外在考虑。

②实心：真实本心。

译文 张载说：“人心清静的时候少，浊乱的时候多。人清静时，自然眼明耳聪，言行举止无须约束就自然恭谨；人浊乱时，情况正好相反。这是为什么呢？原因在于：后者没有用心修养自己，外在得失利弊考虑太多，缺少平常心。这样，世俗的计较横亘在心，真实的本心就被掩盖了。做人要刚毅，过分柔弱就难以挺立。对于那些天生缺少爱憎喜怒感的人来说，需要培养自己的刚毅品质，因为刚毅可以坚定地守护仁，可以勇敢地向‘道’迈进。我张载没有什么特别的地方，只是比别人更加勇敢而已。”

原文 4·66 横渠曰:“戏谑不惟害事，志亦为气所流。不戏谑，亦是持志之一端。”

译文 张载说:“开玩笑不只是害事，同时还会使人的志向受到轻浮之气的影响。不开玩笑，也是守持志向的一个方面。”

原文 4·67 横渠曰:“正心之始，当以己心为严师，凡所动作，则知所惧。如此一二年，守得牢固，则自然心正矣。”

译文 张载说:“人在开始希望正其心灵的时候，应当以自己的心为严师，使自己一举一动都有所戒惧。这样坚持一二年，毫不松懈，自然就会达到心正。”

原文 4·68 横渠曰:“定然后始有光明，若常移易不定，何求光明?《易》大抵以《艮》为止，止乃光明。故《大学》定而至于能虑[①]。人心多则无由光明。”

注释 ①定而至于能虑:《礼记·大学》:“知止而后有定，定而后能静，静而后能安，安而后能虑，虑而后能得。”

译文 张载说:“人能定，心底自然通明，如若人常处于摇摆不定状态，心灵怎么能达到通明呢?《易经》大抵以《艮》卦之象为‘止’，‘止’即通明。因此《礼记·大学》说:‘心定才能心静，心静才能心安，心安才能思考。’内心紊乱无序，就无法达到心底通明。”

原文 4·69 横渠曰:“动静不失其时，其道光明[①]。学者必时其动静，则其道乃不蔽昧而明白。今人从学之久，不见进长，正以莫识动静，见他人扰扰[②]，非关己事，而所修亦废，由圣学观之，冥冥悠悠，以是终身，谓之光明可乎?”

注释 ①动静不失其时，其道光明：语出《易经·艮·彖》。

②见他人扰扰：看见他人不安分就跟着不安分。意谓心意旁骛，逐事纷纭。

译文 张载说:“《易经·艮·彖》说:‘动静行止不失其时，

人生的道路就光明。'为学必须做到时宜行则行，时宜止则止，这样立身之本才明白而不至于蔽昧。现在的人即使治学已久，却不见任何长进，其原因正在于不懂动静行止之道。他们心意旁骛，逐事纷纭，却不知从自身反省自己，这样，他们所修养的东西便告废了。从圣学的观点看，昏昧庸碌过了一生，难道可说是光明的一生吗?"

原文 4·70 横渠曰:"敦笃虚静者仁之本。不轻妄，则是敦厚也，无所系阂①昏塞，则是虚静也，此难以顿悟，苟知之须久于道，实体之方知其味，夫仁亦在乎熟之而已。"

注释 ①阂（hé）：阻隔不通。

译文 张载说:"敦厚虚静是仁的本质。言行不轻妄，即是敦厚，内心无牵挂无隔阂不昏乱不闭塞，即是虚静。这个道理很难顿悟。如果要有所明白，必须长期与'道'相随，实实在在地体验，才能了解其中的意味。因为所谓'仁'，说到底，只有不断追求长期存护才能有所把握。"

克治第五

（凡四十一条）

此卷论力行，盖穷理既明，涵养既厚，及推于行己之间，尤当尽其克治之功也。

说明 “克治”讲的是“力行”，概言之，“克治”即是“行”。

“行”是广义的概念，指人的全部行为动作，视听言动包括其中。

“行”以什么为标准？以“义”为标准。孔子说：“君子之于天下也，无适也，无莫也，义之与比。”《论语·里仁》“义”即是西方大哲康德所谓的“应当”。对于世间的事情，该做就做，不该做就不做，该怎么做就怎么做，该做到什么程度就做到什么程度，一切以“义”为转移。背离“义”，行为失去道德牵引，必然放纵一己之好恶，导致唯利是图，恣肆无惮，喜怒无常。

以儒家经典为依据，以“义”为准绳，对人的行为进行道德阐释和道德劝谕，是本卷的主旨所在。

因此，程颐说：“颜渊问克己复礼之目。夫子曰：‘非礼勿视，非礼勿听，非礼勿言，非礼勿动。’四者身之用也，由乎中而应乎外，制于外所以养其中也。”“礼”是外在规范，但它的内在精神却是道义。一句话，做还是不做，最终决定于“义”的原则。

因此，程颐说：“方说而止，《节》之义也。”人当然要说话，但该停止就停止。口若悬河，夸夸其谈，漫无边际，说得上有节制吗？无节制，是应该的吗？

以“义”为圭臬，一切可以迎刃而解。孔子说不要迁怒于他人，因为迁怒于人是不对的，不应该的。但怒与不怒本身只是表现，不是标准。不该怒的事发怒，不对；该怒的事不表示愤怒，同样不对。对邪恶，理应愤怒。“舜之诛四凶，怒在四凶，舜何与焉？盖因是人有可怒之事而怒之。”道理简单明白，可以类推。宋儒把握了儒家真谛，自然左右逢源。

儒家讲杀身成仁，说到底，乃是因为义不容辞。

但儒家反对无谓牺牲，反对盲目、轻率。任何行为都会产生一定影响，都会带来一定结果，区别只在吉凶利害之间。《易经》讲了那么多吉凶祸福的偶然性、必然性、可能性、潜在性、变化性，宋儒反复对《易经》的智慧与经验进行阐释，其目的无非是告诫人们要善于了解事物的来龙去脉，要依据自然规律行事，要小心谨慎，克除妄念，以防无妄之灾。慎重是儒家为人处事的重要方法论范畴之一，贯穿于孔子以降的全部儒家思想资源之中。无慎重，必滋生种种有害无益的结果，这是被历史经验反复证明了的。周敦颐在本卷开宗明义地说："吉凶悔吝生乎动。噫，吉一而已，动可不慎乎！"表述的无非是儒家一贯的看法而已。

不言而喻，就"行"而言，道义原则高于中性的方法、手段。只有在原则的范围内，方法才具有价值。

原文 5·1 濂溪曰："君子乾乾①不息于诚，然必惩忿窒欲②，迁善改过而后至。《乾》之用其善，是损益之大莫是过，圣人之旨深哉！吉凶悔吝生乎动③。噫，吉一而已，动可不慎乎？"

注释 ①乾乾：自强不息貌。《易经·乾》："君子终日乾乾，夕惕若，厉无咎。"

②惩忿窒欲：《易经·损·象》："君子以惩忿窒欲。"

③吉凶悔吝生乎动：《易经·系辞下》："吉凶悔吝者，生乎动者也"悔吝：悔恨。

译文 周敦颐说："君子自强不息，以存护内心之'诚'。然而，必须首先制止其忿怒，杜塞其贪欲，一心向善，勇于改过，而后才可以达到'诚'。《乾》卦的功用，无非是劝人为善，该做什么就做什么，该减少就减少，该增加就增加，不可有丝毫超越。由此可见，圣人的意旨多么深远啊。《易经·系辞下》说：‘吉凶悔吝，产生于自身变动之中。’噫，吉凶悔吝四种结果，吉只是其中之一，人怎样行动，难道可以不谨慎吗？”

原文 5·2 濂溪曰：“孟子曰：‘养心莫善于寡欲[1]。’予谓养心不止于寡而存耳。盖寡焉以至于无，无则诚立明通。诚立，贤也；明通，圣也。”

注释 ①养心莫善于寡欲：语出《孟子·尽心下》。

译文 周敦颐说：“孟子说：‘育养本心最好的办法莫过于减少欲望。’我认为：育养本心不能仅仅止于减少欲望就可以达到保存本心的结果。还必须更进一步，通过不断减少欲望以达到毫无任何欲望。人无欲，就自然真诚明通。人真诚，即是贤人；人明通，即是圣人。”

原文 5·3 伊川曰：“颜渊问克己复礼之目[1]。夫子曰：‘非礼勿视，非礼勿听，非礼勿言，非礼勿动。’四者身之用也，由乎中而应乎外，制于外所以养其中也。颜渊请事斯语，所以进于圣人。后之学圣人者，宜服膺而勿失也，因箴[2]以自警。视箴曰：心兮本虚，应物无迹。操之有要，视为之则。蔽交于前，其中则迁；制之于外，以安其内。克己复礼久而诚矣。听箴曰：人有秉彝[3]，本乎天性。知诱物化，遂亡其正。卓彼先觉，知止有定，闲邪存诚，非礼勿听。言箴曰：人心之动，因言以宣。发禁躁妄，内斯静专。矧[4]是枢机，兴戎[5]出好；吉凶荣辱，惟其所召。伤易[6]则诞，伤烦则支。己肆物忤，出悖来违，非法不道，钦哉训辞。动箴曰：哲人知几，诚之于思。志士励行，守之于为。顺理则裕，从欲惟危。造次克念，战兢自持，习与性成，圣贤同归。”

注释

①颜渊问克己复礼之目:《论语·颜渊》:“颜渊问仁。子曰:‘克己复礼为仁。一日克己复礼，天下归仁焉。为仁由己，而由人乎哉?’颜渊曰:‘请问其目。’子曰:‘非礼勿视，非礼勿听，非礼勿言，非礼勿动。’颜渊曰:‘回虽不敏，请事斯语矣。’”

②箴（zhēn）：劝告；规诫。

③秉彝：秉受常理。

④矧（shěn）：亦；况且。

⑤兴戎：引起纠纷。戎：征伐。

⑥伤易：受到轻率的影响，即轻率。

译文 程颐说："颜渊问克己复礼的纲目，孔子说：'非礼勿视，非礼勿听，非礼勿言，非礼勿动。'视听言动四者是人身体器官的功能。它们由内在本心决定而感应外在事物，又通过克治外在事物来育养本心。颜渊说一定要按照孔子的话去做，由此他正在不断向圣人靠拢。我们往后学习圣人之道的人，应该牢牢把圣人的教诲牢记在心，把它作为道德箴规来时时警诫自己。非礼勿视这一箴规的要旨是：心体本虚，因此可以感应万物，然而如若无迹象可求，人的行为就没有根据。要使人的行为有根据，首先就要确立'视'的标准，内在本心之天理即是标准。人受到外在现象的蒙蔽，视觉紊乱，内在本心就会受到牵制。反之，以天理为标准，目不妄视，就可以控制外在现象，从而反过来安护内在本心。人只要克己复礼，时刻不辍，久而久之，就自然会达到'诚'。非礼勿听这一箴规的要旨是：人秉受的美好德性，皆源于天。但人的感知受到外界诱惑，不自觉地被外在现象同化，由此就失去了纯正的德性。只有卓然独立的先觉，才知道止于该止，本心稳定，也才能约束邪念守持心中之'诚'，真正做到非礼勿听。非礼勿言这一箴规的要旨是：人内在的心理活动，通过语言表现出来。因此，说话必须禁绝轻躁与狂妄，以保持内心安宁。说话极为重要，可以导致纷乱，也可以带来和谐。吉凶荣辱，都是由语言引起的。说话轻率则放诞无理，说话絮烦则支离不实。放纵自己必然忤逆事物，说话悖于常理必然受悖理之害，都属于不守法度，不懂道理之列。总之，非礼无言是极为切要的训辞，我们必须以无比钦敬之心来遵循它。非礼勿动这一箴规的要旨是：哲人了解事物细微的迹象，在一动一念上都守持'诚'。志士仁人勉励其行，行为上守持有度。顺理而行，必然安裕；纵欲而为，必然危殆。因此，无论在任何困厄流离的境遇中，时刻都要把理欲之别铭刻在心，谨慎地做自我守持的工夫，从而使自己在不断修习磨炼的基础上完满其本然天性，达到圣贤境界。"

原文

5·4《复》之初九曰："不远复[1]，无祇[2]悔，元吉。"伊川《易传》曰："阳，君子之道，故《复》为反[3]善之义。初,《复》之最先者也，是不远而复也。失而后有复，不失则何复之有？惟失之不远而复，则不至于悔，大善而吉也。颜子无形显之过，夫子谓其庶几[④]，乃无祇悔也。过既未形而改，何悔之有？既未能不勉而中[⑤]，所欲不踰矩[⑥]，是有过也。然其明而刚，故一有不善，未尝不知，既知未尝不遽改，故不至于悔，乃不远复也。学问之道无他也，惟知其不善，则速改以从善而已。”

注释

①不远复：犹言没走多远就回归。

②祇（zhī）：古籍常与“衹”混用。衹，大。

③反：同“返”。

④夫子谓其庶几:《论语·先进》:“子曰:‘回也其庶乎，屡空。’”又见《易经·系辞下》:“子曰:‘颜氏之子，其殆庶几乎。有不善未尝不知，知之未尝复行也。’”

⑤不勉而中:《礼记·中庸》:“不勉而中，不思而得，从容中道，圣人也。”

⑥所欲不踰矩:《论语·为政》:“子曰:‘吾十有五而志于学，三十而立，四十而不惑，五十而知天命，六十而耳顺，七十而从心所欲不踰矩。”

译文

《复》卦初九爻辞说:“出外不远就返回，没有大的过失，大吉大利。”程颐《易传》说:“阳爻是君子之道的体现，因此《复》卦的含义即返回善。初九一阳爻，是《复》卦的第一爻，是离开不远而能复返之象。失去然后才能有所谓回复，没有失就无复得可言。只有离失善不远而能回复到善，才不至于受害，才能保全善，从而大吉大利。颜回没有明显的过失，因此孔子说他差不多是道德楷模了，达到这种高度，自然无大过失。过失还没有表现出来就知道改正，就无害可言。人不能达到不用勉强就能符合'诚'，不能做到任何念头不越出规矩，就是有过。然而只要人能明白事理，刚正果决，就能一发现不善的行为，就能够知道，一旦知道，就能够立刻改正，就不至于受到损害。这就是所谓的离失善不远而能回复到善。学问没有什么特别的方法，唯一的要求只是一旦知道不善，就立刻改正，从而使自己向善从善。"

原文 5·5《晋》之上九："晋[①]其角，维[②]用伐邑，厉[③]吉，无咎，贞吝[④]。"伊川《易传》曰："人之自治，刚极则守道愈固，进极则迁善愈速。如上九者以之自治，则虽伤于厉，而吉且无咎也。严厉非安和之道，而于自治则有功也。虽自治有功，然非中和之德，故于贞正之道，为可吝也。"

注释 ①晋：进。

②维：考虑。

③厉：严厉。

④吝：难。

译文 《晋》卦上九爻辞说："王侯用坚锐之兵，征伐属邑，犹如人以坚强意志，约束自己，虽严厉却吉利，因此没有灾难。但前进的道路并非一帆风顺，因此占问的结果是：如此行事十分困难。"程颐《易传》说："人在道德上自我约束，愈刚正则守持仁道愈稳固，愈积极奋进则向善、从善愈迅速。如《晋》卦上九爻辞所说的自我约束，虽然过于严厉，但却吉利无咎。严厉不是安和之道，但对于自我约束则是有作用的。但应该看到，虽然严厉对于自我约束有作用，但不是中和之德的表现。因此，欲依赖严厉的自我克治来达到纯正的仁道境界，是困难的。"

原文 5·6 伊川曰："《损》者，损过而就中，损浮末[①]而就本实也。天下之害，无不由末之胜也。峻宇雕墙，本于宫室；酒池肉林[②]，本于饮食；淫[③]酷残忍，本于刑罚；穷兵黩武，本于征讨。凡人欲之过者，皆本于奉养，其流之远，则为害矣。先王制其本者，天理也；后人流于末者，人欲也。损之义，损人欲以复天理而已。”

注释

①浮末：末，与本相对。浮末，指虚浮的非根本的无价值的东西。

②酒池肉林：古代传说，商纣王以酒为池，以肉为林，为长夜之饮。见《史记·殷本纪》。

③淫：极端；过甚。

译文

程颐说：“《损》卦的基本含义，就是减少过失而趋向中正，减少虚浮无价值的东西以成就根本实在的价值。天下之害，都是由于虚浮无价值的东西泛滥造成的。宫室苑楼上的峻宇雕墙，饮食娱乐上的穷奢极欲，刑罚惩戒上的残酷狠毒，军事征伐上的穷兵黩武，皆是例证。大凡人欲超越限制，都是由贪婪无度的享受欲望造成的，这种流弊影响深远，为害极大。先王确立天理为人安身立命的根本，后人舍本逐末，故流于人欲横流。《损》卦的基本指向，即是减少人欲以恢复天理。”

原文 5·7《夬》[①]九五曰："苋陆夬夬中行[②]，无咎。"《象》曰："中行无咎，中未光也[③]。"伊川《易传》曰："夫人心正意诚[④]，乃能极中正之道，而充实光辉。若心有所比，以义之不可而决之，虽行于外，不失其中正之义，可以无咎，然于中道未得为光大也。盖人心一有所欲，则离道矣。夫子于此示人之意深矣。"

注释 ①《夬》(guài)：六十四卦卦名之一。

②苋（xiàn）陆夬夬中行：苋,《说文》苋部："山羊细角者，从兔足。"陆，借为踛，跳而跑。夬夬借为趹趹，急走之貌。中行，道路中间。

③中行无咎，中未光也：光，借为广。意谓中正之行，则无咎；但中正之行仅得无咎，以其中正之行犹未广大也。

④心正意诚:《礼记·大学》："物格而后知至，知至而后意诚，意诚而后心正，心正而后身修。"

译文 《夬》卦九五爻辞说："细角山羊在道路中间蹦跳，乃自由驰骋之象，筮遇此爻，无咎。"《象》说："行中正之道，仅仅止于无咎，原因大概是没有把中正之道推广施行。"程颐《易传》说："人心灵纯正，意念真诚，就能把中正之道推到完满的高度，从而使它的无比充实与辉煌得到普遍显现。如若人心不够纯正，心中有所比附，不可蛮干的事也要坚决去干，如此行事，虽然仍可能不失中正之义，可以无咎，但却不能发扬光大中正之道。人心中只要有私欲存在，离天道就遥远了。孔子在这个问题上告诫人们，其意义是十分深远的。”

原文 5·8 伊川曰:“方说而止,《节》[1]之义也”

注释 ①《节》：六十四卦卦名之一。

译文 程颐说:“说话有所节制，该停止就停止，正是《节》卦的要义所在。”

原文 5·9 伊川曰:“《节》之九二[1]，不正之节也。以刚中正为节，如惩忿窒欲，损过抑有余，是也。不正之节，如啬节于用，儒节于行，是也。”

注释 ①《节》之九二：指《节》卦九二爻辞，即“不出门庭，凶。”意谓筮遇此爻，杜门不出，也有凶险。

译文 程颐说："《节》卦九二爻辞上说的'节制自己，杜门不出'，是不正当的节制。正当的节制应当体现刚毅中正，如制止忿怒，杜塞贪欲，减少过失，抑制有余即是。不正当的节制不可取，如过分保守，过分怯懦即是。"

原文 5·10 伊川曰："人而无克伐怨欲，惟仁者能之，有之而能制其情不行焉，斯亦难能也，谓之仁则未可也[①]。此原宪[②]之问，夫子答以知其为难，而不知其为仁，此圣人开示之深也。"

注释 ①人而无克伐怨欲五句：见《论语·宪问》："宪问耻。子曰：'邦有道，谷；邦无道，谷，耻也。''克伐怨欲不行焉，可以为仁矣？'子曰：'可以为难矣，仁则吾不知也。'"这里程颐因孔子答原宪问而发明之。

②原宪：春秋鲁国人，一说宋国人。字子思，又叫原思，孔子学生。

译文 程颐说："谁能做到没有好胜、自夸、怨恨、贪欲四种毛病？只有仁者能做得到。如若人有这四种毛病却能通过克治功夫抑制它们，就很难能可贵了。但即使达到这样的程度，也不能说此人就达到了仁的境界。以上所述，《论语·宪问》有记载。正是基于原宪所问，孔子才说能够克制好胜、自夸、怨恨、贪欲四种毛病是难能可贵的。但是否据此就达到了仁，却无法判断。由此可见，圣人给我们的启发多么深远啊！”

原文 5·11 明道曰：“义理与客气①常相胜，只看消长分数多少，为君子小人之别。义理所得渐多，则自然知得客气消散得渐少，消尽者是大贤。”

注释 ①客气：外在的形气，即私欲。

译文 程颢说：“义理与私欲常常互争高下，彼此消长，只要看一看义理私欲的多寡，就能判定君子小人之别。义理积累渐多，自然私欲就会逐渐减少消散，私欲全部消尽的人，就是大贤人。”

原文 5·12 或谓人莫不知和柔宽缓，然临事则反至于暴厉。明道曰：“只是志不胜气，气反动其心也。”

译文 有人问：“人都知道为人应该平和、温柔、宽厚、从容，但一遇到事情却变得暴躁尖厉，这是为什么呢？”程颢说：“这是因为意志不能控制情绪，本心反被情绪控制造成的。”

原文 5·13 明道曰：“人不能祛[①]思虑，只是吝[②]，吝故无浩然之气。”

注释 ①祛（qū）：除去。

②吝：气量狭小，视野浅陋。

译文 程颢说：“人之所以不能祛除种种杂念，无非是气量狭小，气量狭小的人，当然无浩然之气可言。”

原文 5·14 明道曰：“治怒为难，治惧亦难。克己可以治怒，明理可以治惧。”

译文 程颢说：“消除忿怒很难，消除恐惧也很难。克己可以消除忿怒，明理可以消除恐惧。”

原文 5·15 明道曰：“尧夫解他山之石，可以攻玉[①]。玉者温润之物，若将两块玉来相磨，必磨不成，须是得个粗砺底物，方磨得出。譬如君子与小人处，为小人侵陵，则修省畏避，动心忍性[2]，增益豫防，如此便道理出来。”

注释

①尧夫解他山之石，可以攻玉：尧夫（1011—1077）：即邵雍，字尧夫，谥康节。北宋哲学家。幼随父迁共城（今河南辉县），后居洛阳，与司马光等从游甚密。其宇宙构造图式象数之学对后世易学有较大影响。著作有《皇极经世》等。他山之石，可以攻玉，语出《诗·小雅·鹤鸣》。意谓粗砺的石头可以磨玉，使之更加晶莹。

②动心忍性：《孟子·告子下》：“天将降大任于是人也，必先苦其心志，劳其筋骨，饿其体肤，空乏其身，行拂乱其所为，所以动心忍性，曾益其所不能。”动，高扬；震撼。忍，磨炼。

译文

程颐说：“邵雍对‘他山之石，可以攻玉’的解释如下：玉的质地温润，如果拿两块玉彼此磨，必磨不成，必须拿一块粗糙的石头来磨，才能把玉磨得光亮晶莹。这就如同君子与小人相处，考虑到小人放肆轻狂，必为侵犯扰乱之害，于是谨慎地修省自己，避免过失，挺立意志，磨炼性格，增加自己的才能，预防祸患，这样，一个堂堂正正的君子便真正成长起来了。”

原文 5·16 明道曰：“目畏尖物，此事不得放过，便与克下，室中率[①]置尖物，须以理胜他，尖必不刺人也，何畏之有？”

注释 ①率：明显。

译文 程颢说：“眼睛畏惧尖锐的东西，因为它可以刺人，但这种心理不能回避，必须克服它。遇到室内放置的尖锐之物，应该心泰神定，以理性的态度看待它，它必定不会刺人，既然如此，又有什么可害怕的呢？”

原文 5·17 明道曰：“责上责下，而中自恕己，岂可任职分？”

译文 程颢说：“不是责怪上司，就是责备下属，唯独宽恕自己，这样的人，怎么能够承担职责呢？”

原文 5·18 明道曰：“舍己从人，最为难事。己者我之所有，虽痛舍之犹惧[①]。守己者固而从人者轻也。”

注释 ①惧：通“瞿”，失守貌。

译文 程颢说：“人最难做到的，是舍己从人。所谓‘己’，即是一切与小我有关的东西，虽然有的人表面上能痛舍自己的东西，但仍难免神情不安。真正能牢固守持自己本心的人，凡事出于公心，就可以安然无私地舍己从人。”

原文 5·19 明道曰：“九德[①]最好。”

注释 ①九德：《尚书·皋陶谟》上说的九种美好的德行，即“宽而栗，柔而立，愿而恭，乱而敬，扰而毅，直而温，简而廉，刚而塞，强而义。”

译文 程颢说：“《尚书·皋陶谟》上所说的九种德行是人最好的德行。”

原文 5·20 明道曰：“饥食渴饮，冬裘夏葛[①]，若致些私吝心在，便是废天职。”

注释 ①葛：纺织品，用丝、棉线或麻线织成。这里作动词用。

译文 程颢说："饿了吃饭，渴了喝水，冬天穿棉衣，夏天穿单衣，本是人间常理。如若贪吝之心泛滥，意欲奢华挥霍，便是背离常理，废弃了人之为人的当然本分。"

原文 5·21 明道曰："猎，自谓今无此好。周茂叔曰：'何言之易也？但此心潜隐未发，一日萌动，复如前矣。'后十二年因见，果知未也。"

译文 程颢说："我年轻时喜欢打猎，随后自认为已没有这种嗜好。周敦颐说：'你怎么可以如此轻易下结论呢？你的嗜好无非是潜伏下来罢了，一朝心意萌动，又会和过去一样。'十二年后我看见别人打猎，不禁喜上心头，由此可见，我喜欢打猎之心果然没有彻底根除。"

原文 5·22 伊川曰："大抵人有身便有自私之理，宜其与道难一。"

译文 程颐说："大抵人有身体器官，便有私欲，难怪人很难与'道'合一。"

原文 5·23 伊川曰："罪己责躬不可无，然亦不当长留在心胸为悔。"

译文 程颐说："人有过失，应该自责，不可不自责，但也不要总是想到过失，悔恨不已。"

原文 5·24 伊川曰："所欲不必沉溺，只有所向便是欲。"

译文 程颐说："人自然有欲求的东西，但不必沉溺其中，一旦有所偏向，固执不化，即是私欲作怪。"

原文 5·25 明道曰："子路[①]亦百世之师。"

注释 ①子路（前542—前480）：鲁国卞（今山东泗水）人。仲氏，名由，也字季路。孔子学生。性直爽勇敢。孔子任鲁国司寇时，他被任为季孙氏的宰（家臣），后任卫大夫孔悝的宰，在贵族内讧中被杀。

译文 程颢说："子路也是我们永远学习的榜样。"

原文 5·26 明道曰："人语言紧急，莫是气不定否？曰：

此亦当习，习到言语自然缓时，便是气质变也。学至气质变，方是有功。”

译文 程颢说：“人说话急促，不正是心气不稳定吗？这就需要培养了，培养到说话自然和缓时，气质便发生了变化。能够通过学导致气质变化，才能说学有了成效。”

原文 5·27 问：“不迁怒，不贰过[①]，何也？语录有怒甲不迁乙之说，是否？”伊川曰：“是。”曰：“若此则甚易，何待颜子而后能？”曰：“只被说得粗了，诸君莫道易，此莫是最难？须是理会得，因何不迁怒。如舜之诛四凶[②]，怒在四凶，舜何与焉？盖因是人有可怒之事而怒之，圣人之心，本无怒也。譬如明镜，好物来时便见[③]是好，恶物来时便见是恶，镜何尝有好恶也？世之人固有怒于室而色于市，且如怒一人，对那人说话能无怒色否？有能怒一人而不怒别人者，能忍得如此，已是煞知义理者。若圣人因物而未尝有怒，此莫是甚难？君子役物，小人役于物。今见可喜可怒之事，自家著一分陪奉他，此亦劳矣。圣人之心如止水。”

注释 ①不迁怒，不贰过：见2·1条注④。

②四凶：见4·27条注②。

③见：同“现”。

译文 有人问：“不迁怒，不贰过，这句话怎样理解?《语录》上把‘不迁怒’解释为对甲生气，不拿乙出气，这样解释对还是不对?”程颐说：“对。”又问：“如若这样解释是对的，那么，‘不迁怒’很容易做到，为什么孔子唯独就此赞扬颜回呢?”程颐说：“《语录》上的解释比较粗浅，大家不要看简单了，其实是最难做到的。诸位应该仔细体会的是：‘不迁怒’的原因是什么？例如，舜剪除共工、驩兜、三苗、鲧四位罪人，是因为舜对他们的罪恶愤怒无比，舜何尝有丝毫私念掺杂其间？因此，舜无非是因为存在可怒之事才感到愤怒。圣人之心，本无喜怒可言。就如同明镜一样，美好的东西照出来就美好，丑恶的东西照出来就丑恶。镜子何尝有好恶感呢？世界上，因为在家里生气，却在公共场所宣泄出来者，不乏其人。更何况对一个人生气，与他说话时能做到脸无怒色吗？对一个人生气，却不把怒色强加于他人，能在他人面前控制自己，这样的人，大概可以算知晓义理了。而圣人之怒，只因事情该怒才怒，没有丝毫个人主观的情感好恶掺杂其间，这难道不是非常难以做到的吗？君子控制外在事物，小人被外在事物控制。看见可喜或可怒的事情，就忍不住要把自己的意志、情感掺入进去，这样就太劳累了。圣人完全不是这样，因为圣人之心无比宁静，湛然犹如止水一般。”

原文 5·28 明道曰：“人之视最先。非礼而视，则所谓开目便错了。次听次言次动，有先后之序[①]。人能克己，则心广体胖；仰不愧，俯不怍[②]，其乐可知，有息则馁[③]矣。”

注释 ①人之视五句：语本《论语·颜渊》：“非礼勿视，非礼勿听，非礼勿言，非礼勿动。”

②怍（zuò）：惭愧。《孟子·尽心上》：“孟子曰：‘君子有三乐……仰不愧于天，俯不怍于人，二乐也……’”

③馁：饥饿；丧气。

译文 程颢说：“视听言动四者中，首先表现出来的是‘视’。如若不符合礼的事也要看，那么，一看就已经错了。接着‘视’的依次是听言动，四者构成先后顺序。人如若能克己，才能胸襟宽广，体貌安详，自然有仰不愧于天，俯不怍于人之感。达到这样的境界，其欢乐可想而知。如若克己工夫稍有一息间断，那人就不可能充实坦然了。”

原文 5·29 明道曰：“圣人责己感[①]也处多，责人应也处少。”

注释 ①感：人己之间，有感有应，先有感后有应，两者构成因果关系。

译文 程颢说：“圣人责备自己的时候多，责备别人的时候少。”

原文 5·30 谢子[①]与伊川别一年，往见之。伊川曰：“相别一年，做得甚工夫？”谢曰：“也只去个‘矜’[②]字。”曰：“何故？”曰：“子细[③]检点，得来病痛，尽在这里。若按伏得这个罪过，方有向进处。”伊川点头。因语在坐同志者曰：“此人为学，切问近思者[④]也。”

注释 ①谢子：即谢显道。

②矜：自尊自大。

③子细：仔细。

④切问近思：《论语·子张》："子夏曰：'博学而笃志，切问而近思，仁在其中矣。'"

译文 谢显道与程颐分别一年后，谢显道去拜见程颐。程颐问："相别一年来，你学问上的工夫做得如何？"谢显道说："只是戒除了骄矜。"程颐问："为什么呢？"谢显道说："我仔细反省检讨自己，发现我的毛病，其根源是骄矜，如若能克服这一罪过，学问才能不断进步。"程颐点头表示赞同，并对在坐的同道们说："谢显道做学问，能恳切地提问题，能思考具体的需要解决的问题。"

原文 5·31 思叔诟[①]詈仆夫。伊川曰："何不动心忍性？"思叔惭谢。

注释 ①诟（gòu）詈（lì）：辱骂。

译文 张思叔辱骂仆夫。程颐说："你为什么不磨炼你的意志，磨炼你的性格呢？"张思叔十分惭愧，并表示认错。

原文 5·32 伊川曰："见贤便思齐[①]，有为者亦若是；不贤而内自省，盖莫不在己。"

注释 ①见贤便思齐：《论语·里仁》："子曰：'见贤思齐焉，见不贤而内自省也。'"

译文 程颐说："看见贤人便希望向他看齐，像贤人那样行动也就能成为贤人；看见不贤的人便检查自己，所谓检查自己，无非是以别人的过失为鉴，从而严格要求自己，警醒自己罢了。"

原文 5·33 横渠曰："湛一[①]，气之本；攻取，气之欲。口腹于饮食，鼻口于臭味[②]，皆攻取之性[③]也。知德者属[④]厌而已，不以嗜欲累其心，不以小害大、末丧本焉尔。"

注释 ①湛一：澄清不杂。

②臭（xiù）味：气味。

③性：指气质之性。

④属：张伯行《集解》："属，足也。"

译文 张载说："纯一不杂是气的本原性质，攻取占有是气的欲望表现。口腹之于饮食，鼻口之于气味，都是气质之性占有感、满足感的表现形式。有德行的人没有贪婪的欲望，他们往往会适可而止，不会因嗜欲满足而牵累本心，换言之，不会以小害大，以末害本。"

原文 5·34 横渠曰："纤恶必除，善斯成性矣。察恶未尽，虽善必粗矣。"

译文 张载说："再小的恶也必须彻底根除，除去恶，才能成就善，从而最终恢复人原初的善性。如若不能详尽地察觉自己身上的恶，那么，即使要为善，也必然显得粗疏。"

原文 5·35 横渠曰："恶不仁，故不善未尝不知，徒好仁而不恶不仁，则习不察，行不著。是故徒善未必尽义，徒是未必尽仁，好仁而恶不仁，然后尽仁义之道。"

译文 张载说："人憎恶不仁，就不会不知不善。如若人只爱好仁，而不憎恶不仁，就会自以为是，自己所习之理所行之事，就不能明白其所以然，就不能显露其所当然。因此，只讲善未必能尽义，只讲是未必能尽仁。只有既爱好仁又憎恶不仁，才可以尽仁义之道。"

原文 5·36 横渠曰："责己者，当知无天下国家皆非之理，故学至于不尤人，学之至也。"

译文 张载说："能够自责的人，只会从自身寻找过失的原因，因为他知道天下国家断无皆错之理。为学能达到不责备他人，是为学的最高境界。"

原文 5·37 横渠曰："有潜心于道，忽忽[①]为他虑引去者，此气也。旧习缠绕，未能脱洒，毕竟无益，但乐于旧习耳。古人欲得朋友与琴瑟简编[②]，常使心在于此。惟圣人知朋友之取益为多，故乐朋友之来[③]。"

注释 ①忽忽：飘忽不定貌。

②简编：古人或书于简，或书于帛、纸，编次成书，后因泛称书为简编。

③乐朋友之来:《论语·学而》:“有朋自远方来,不亦乐乎?”

译文 张载说:“有的人似乎有一种立志于潜心追求仁道的样子,然而内心却飘忽不定,时常被种种闲思杂念牵引,这是志向不够坚定,意气用事的结果。这种人,旧习缠绕在身,不能洒脱自如,本来希望求道,最终反而无益,带来的无非依旧是沉溺于旧习惯而已。古人如若希望得到朋友的砥砺,音乐的陶冶,书籍的指导,他们的心就会专注在这些东西上面,决不会三心二意。只有圣人知道从朋友身上能获得诸多益处,因此,朋友自远方来,才感到无比快乐。”

原文 5·38 横渠曰:“矫轻警惰。”

译文 张载说:“人应该矫正轻浮,警惕懒惰。”

原文 5·39 横渠曰:“仁之难成久矣,人人失其所好,盖人人有欲利之心,与学正相背驰,故学者要寡欲。”

译文 张载说:“人很难全面做到仁,已经是长久以来的普遍现象了。人人都迷失了自己的方向,追求不该追求的东西。之所以如此，乃是因为人人有欲利之心，而欲利之心，正好与学道求仁背道而驰。因此，要学道求仁，唯一的选择是不断减少自己的私欲，以至最终达到毫无任何一点私欲。”

原文

5·40 横渠曰：“君子不必避他人之言，以为太柔太弱，至于瞻视亦有节。视有上下，视高则气高，视下则心柔，故视国君者不离绅带[①]之中。学者先须去其客气，其为人刚行，终不肯进。‘堂堂乎张也，难与并为仁矣[②]。’盖目者，人之所常用，且心常托之。视之上下且试之，己之敬傲，必见于视。所以欲下其视者，欲柔其心也；柔其心，则听言敬且信。人之有朋友，不为燕安[③]，所以辅佐其仁。今之朋友，择其善柔[④]，以相与拍肩执袂[⑤]，以为气合，一言不合，怒气相加。朋友之际，欲其相下不倦。故于朋友之间主其敬者，日相亲与，得效最速。仲尼尝曰：‘吾见其居于位也，与先生并行也，非求益者，欲速成者[⑥]。’则学者先须温柔，温柔则可以进学。《诗》：‘温温恭人，惟德之基[⑦]’，盖其所益之多。”

注释

①绅带：古代士大夫官吏束在衣外的大带。这里泛指官吏。

②堂堂乎张矣，难与并为仁矣：语出《论语·子张》。为曾子说的话。堂堂：盛气凌人貌。张：子张（前503—？），春秋时陈国人。颛孙氏，名师，孔子学生。

③燕安：燕，通“宴”，安闲。

④善柔：无节操；变化无常。

⑤袂：袖子。拍肩执袂，意为吹捧逢迎。

⑥“吾见其”四句：语出《论语·宪问》。

⑦温温恭人，惟德之基：语出《诗经·大雅·抑》。

译文 张载说：“君子不必在意别人说什么，一切守持常理。如若认为自己的表现过于柔弱，就用刚毅矫正之，以使自己的视听言动符合节度。人的眼神有高傲谦卑之分。眼神高扬，必然气盛高傲；眼神谦卑，自然心细柔顺。因此，在国君面前，官吏的眼神应该符合官吏的身份。读书人首先应该戒除轻傲之气，为人刚愎自用，学问最终也不会进步。曾子说：‘子张一副高傲的样子，别人难以和他一起追求仁。’眼睛是人最为常用的感觉器官，人的心神常常寄托在眼睛上。眼睛可以检验人的心理气质，人的恭敬或傲慢，必然通过眼神表现出来。因此，要使自己的眼神谦和，就先要使自己的内心平和，能够使内心平和，就能够以恭敬诚实的态度倾听他人的意见。人之所以需要朋友，不是为了在一起消磨时光，而是为了辅佐仁道。然而，总有人喜欢与口是心非的无节操的人朋比为伍，他们相互吹捧，沆瀣一气；但是，只要稍有一言龃龉，便反目成仇。朋友往来，应该做到谦卑而不厌倦。因此，朋友之间如能彼此做到相互敬重，情感就会不断加深，也就能最快地产生相互帮助、相互促进的效果。孔子说：'我看见这个童子坐在成年人的位子上，又看见他与年长的人并行，这不是个要求上进的人，是个急于求成的人。'读书人首先应该温和柔顺，温和柔顺，就可以促进学习进步。《诗经》说：'性情和顺的人们，根基要以德为重。'做到这一点，就会不断地得到更多的益处。"

原文

5·41 横渠曰："世学不讲，男女从幼便骄惰坏了，到长益凶很[1]。只为未尝为子弟之事，则其于亲[2]已有物我，不肯屈下。病根常在，又随所居而长；至死只依旧为子弟，则不能安洒扫应对。在朋友则不能下[3]朋友，有官长则不能下官长，为宰相则不能下天下之贤，甚则至于徇私意，义理都丧；也只为病根不去，随所居所接而长。人须一事事消了病，则义理常胜。”

注释 ①凶很：凶狠。很，同“狠”。

②亲：一体之亲，即天地万物。

③下：敬重。

译文 张载说：“近世不注重儿童的道德教育，以致他们从小便被娇惯坏了。他们长大后，变得更加恣睢凶狠。这并非他们天性使然，而是源于他们从小就未受到良好的启蒙与教诲，由此他们必然执着于物我亲疏得失之分，不肯以谦卑敬重的态度对待他人。他们骄惰暴戾的病根已经缠绕在身，并且不断滋长，因此，他们至死也仍旧是与从小惯坏的样子毫无二致，一言一行、一举一动之间，皆与做人的本分背道而驰：与朋友交往，自大骄横不已；在官长面前，蔑视礼法规矩；身为宰相，却嫉贤妒能；更有甚者，一味徇私，致使义理丧失殆尽。这一切，原因在于没有根除骄惰这一病根，致使它可以随时随地表现出来。因此，人应该在实践中点点滴滴地磨炼自己，能够最终消除了病根，义理自然就会无往而不胜。”

家道第六

（凡二十二条）①

此卷论齐家，盖克己之功既至，则施之家而家可齐矣。

说明 本卷讲“齐家”。“齐家”是《大学》所谓格、致、诚、正、修、齐、治、平八条目之一，在儒家价值体系中具有重要地位。

家庭是社会的细胞。家庭的面貌反映社会的风尚；同样，社会的风气影响家庭的教育。两者处于相互联系、相互作用的动态机制之中。

家庭是包括横向与纵向联系的多层面组织，夫妇关系、父子关系、兄弟关系乃至妯娌关系等等包括其中。维护上下尊卑的家庭等级秩序，协调家庭成员方方面面的人际关系，以实现家庭的稳定和谐，是儒家家庭伦理观的根本指向。

靠什么达到这一目的，靠观念。在中国传统家庭伦理观念中，“孝”是核心。“孝”指顺从父母，善事父母。“孝”的本质含义，是维护父权制家长的权威。家庭的秩序与存在，是以“孝”的落实与辐射为根据的。

孔孟讲“孝”，程朱讲“孝”，陆王讲“孝”。凡儒家，必高扬“孝”的正面价值甚至绝对价值。中国传统家庭观念，是以“孝”为坐标延伸与展开的。数千年来，通过对“孝”的反复不断的宣讲、体认、履行，其影响之大、之深、之广，构成中国国民性的基本心理特征之一。

宋儒讲“孝”，精神与孔孟完全一致，是在具体语境中对经典的解释与阐述。

“孝”在中国传统家庭伦理中的优先地位不容置疑。“孝”虽是观念，但不是“齐家”的全部思想。因为现实家庭处于种种复杂微妙的关系之中，原则上可以依据具体情况多角度地、具体地处理、调整和定位。程颐说：“人之处家，在骨肉父子之间，大率以情胜礼，以恩夺义；惟刚立之人，则能不以私爱失其理，故《家人》卦，大要以刚为善。”程颐如是说，是为了维护“正伦理”的需要。但显而易见的是，这并未否定“孝”的中心地位。

家庭生活丰富多样，洒扫应对、饮食起居、婚丧嫁娶、人情往迎，不一而足。有趣的是，宋儒在这方面有一些经验之谈，令人思考。例如程颐说：

“世人多慎于择婿而忽于择妇。其实婿易见，妇难知，所系甚重，岂可忽哉！”

这种情况，在今天依然有一定普遍性。原因何在？程颐没有说明，现代人似乎也未细想，但却是事实。

中国传统的家庭伦理观念，如父慈子孝等等，是否失于片面强调个体的角色定位，忽略了人的独立与自由？这个问题，一时大概难以得出结论。但儒家“孝”的观念，经过现代的阐释与创化，可以为家庭的和谐与亲情的温暖提供保证，既而为医治现代世界老年人的孤独与社会的冷漠提供有效资源，则是无须怀疑的。

注释 底本为二十一条，似误。据原文条目改。

原文 6·1 伊川曰：“弟子之职，力有余则学文①；不修其职而学文，非为己之学②也。”

注释 ①力有余则学文：《论语·学而》：“子曰：‘弟子入则孝，出则悌，谨而信，泛爱众，而亲仁。行有余力，则以学文。’”

②为己之学：《论语·宪问》：“子曰：‘古之学者为己，今之学者为人。’”意谓学者的目的在于修养自己的道德学问，而不是装饰自己，做给别人看。

译文 程颐说：“为人弟子，应该躬行孝悌仁信之本职，这样做以后还有剩余的力量，再去学习《诗经》《尚书》

等历史文献。如果不修养自己的道德本分，汲汲于辞章记览之学，这种学，不是儒家的‘为己之学。’”

原文 6·2 伊川曰：“孟子曰：‘事亲若曾子，可也[①]。’未尝以曾子之孝为有余也。盖子之身所能为者，皆所当为也。”

注释 ①事亲若曾子，可也：语出《孟子·离娄上》。

译文 程颐说：“孟子说：‘侍养父母能够像曾子那样，就够可以了。’但孟子并未说曾子尽孝已达到完善无缺的程度，可以有余力从事其他事情。人能够做的事情，都首先是应该做的事。”

原文 6·3 伊川曰：“‘干母之蛊，不可贞[①]。’子之于母，当以柔巽[②]辅导之，使得于义。不顺而致败蛊，则子之罪也。从容将顺，岂无道乎？若伸己刚阳之道，遽然矫拂则伤恩，所害大矣。亦安能入乎？在乎屈己下意，巽顺将承，使之身正事治而已。刚阳之臣，事柔弱之君，义亦相近。”

注释 ①干母之蛊，不可贞：语出《易经·蛊》九二爻辞。干，除去。蛊，毒虫。比喻小人。

②巽（xùn）：顺。柔巽，柔顺。

译文 程颐说："《易经·蛊》九二爻辞说：'欲除去母亲周围的小人，卜问结果是：此事不可为。'儿子对于母亲的行为，应当以柔顺的态度辅导她，使之符合'义'。如果不以孝顺为本，执意挫败小人，是当儿子的罪过。儿子从容柔顺，难道是无道的表现吗？如若一味只顾伸张自己的刚阳正气，遽然使事态得到矫正，却违背了母亲的意图，结果必然伤害母子之间的恩情，这样，造成的损害就大了。儿子如此处理问题，母亲怎么能安然接受呢？在母亲面前，儿子应该抑屈自己的欲望，降低自己的要求，时时柔顺承奉，以孝顺之心使母亲得到感悟，最终使母亲身心端正，使事情得到合理解决。刚阳正直的臣僚，侍奉柔弱昏暗的君主，其道理与儿子侍奉母亲大致相近。"

原文 6·4 伊川曰："《蛊》之九三[①]，以阳处刚而不中[②]，刚之过也，故小有悔。然在巽体不为无顺[③]。顺，事亲之本也，又居得正[④]，故无大咎；然有小悔，已非善事亲也。”

注释

①《蛊》之九三：九三爻辞为：“干父之蛊，小有悔，无大咎。”

②以阳处刚而不中：据《易传》,《易经》每卦之第二爻为下卦之中位，第五爻为上卦之中位，九三爻为阳爻，但处于下卦之上位，故曰“不中”，即不处于中位。

③然在巽体不为无顺：蛊卦䷑由艮卦☶和巽卦☴相叠，据《易传》，巽为柔。九三一爻虽以阳处刚，但在《巽卦》之中，故曰“不为无顺”。

④又居得正:《易传》有当位不当位之说。阳爻居阳位，阴爻居阴位，即为当位。反之为不当位。第一爻（初爻）、第三爻、第五爻为阳位，第二爻、第四爻、第六爻为阴位。九三一爻，阳爻居阳位，当位，故曰“居得正”。

译文

程颐说：“《蛊卦》九三爻，作为阳爻处于刚位，但却不处于中位，这表现为过于阳刚，因此稍有过失。然而九三爻又位于巽卦之中，不能说没有恭顺之意。恭顺是侍奉父母的根本，并且以阳爻居刚位，得其正位，因此不会出大问题。然而却有小小的过错，已不能算善于侍奉父母之列。”

原文 6·5 伊川曰："正伦理[①]，笃恩义，家人[②]之道也。"

注释 ①伦理：指家庭中父子、夫妇、兄弟之间的关系和应当遵守的行为准则。

②家人：齐家。

译文 程颐说："恪守家庭中尊卑长幼的等级次序，各安其分，同时又把恩义推及于家庭一切成员之中，这就是齐家之道。"

原文 6·6 伊川曰："人之处家，在骨肉父子之间，大率以情胜礼，以恩夺义；惟刚立之人，则能不以私爱失其正理，故《家人》[①]卦，大要以刚为善。"

注释 ①《家人》:《易经》六十四卦卦名之一。

译文 程颐说："人在家庭生活中，朝夕相处的无非是亲生骨肉。因此，在处理家庭问题上，人往往会表现为情感压倒礼法，恩爱压倒义理。只有刚方卓立的人，才不会因为偏爱而丧失正理。因此《家人》一卦的根本要义是以刚阳为善。"

原文 6·7 伊川曰："《家人》上九爻辞[①]，谓治家当有威严。而夫子又复戒云[②]：当先严其身也。威严不先行于己，则人怨而不服。"

注释 ①《家人》上九爻辞：其辞为"有孚威如，终吉。"

②而夫子又复戒云：指说明《家人》上九爻辞含义的《象辞》，即"威如之吉，反身之谓也。"传统认为《易传》（即《十翼》）为孔子作，故程颐说："而夫子又复戒云。"

译文 程颐说："《家人》上九爻辞说，治家应当体现威严。孔子又进一步告诫说，治家首先应该严格要求自己。自己不能首先做到威严身正，必然导致一家人抱怨不已，不能让一家人心悦诚服。"

原文 6·8 伊川曰："《归妹》九二[①]：守其幽贞，未失夫妇常正之道，世人以媟狎[②]为常，故以贞静为变常，不知乃常久之道也。"

注释 ①《归妹》九二：《归妹》，六十四卦卦名之一。其九二爻辞为："眇能视，利幽人之贞。"

②媟（xiè）狎：轻慢，不庄重。

译文 程颐说："《归妹》九二爻辞的含义是：只要恪守幽闲贞静之德，就不会丧失夫妇常正之道。世人认为媟亵玩狎是常态，因此认为贞洁宁静是变态。因此，他们不知贞静才是夫妇常久不易之道。"

原文 6·9 伊川曰："世人多慎于择婿而忽于择妇。其实婿易见，妇难知，所系甚重，岂可忽哉！"

译文 程颐说："世人对于选择女婿往往很慎重，然而对于选择媳妇却常常流于轻率。其实，男子容易了解，女子则难以知晓。娶媳妇事关重大，岂能轻率了事！"

原文 6·10 伊川曰："人无父母，生日当倍悲痛，安忍置酒张乐①以为乐？若具庆②者可矣。"

注释 ①张乐（yuè）：奏乐。

②具庆：父母俱在。

译文 程颐说："父母离开了人世，在自己生日这一天，应该倍加悲痛，怎么能够忍心以设宴奏乐这种方式来获取欢乐呢？如若父母俱在，这样做倒是可以的。"

原文 6·11 问："《行状》[①]云：'尽性至命[②]，必本于孝弟'，不识孝弟何以能尽性至命也?"伊川曰："后人便将性命别作一般说了。性命孝悌只是一统底事，就孝弟中便可尽性至命。如洒扫应对，与尽性至命，亦是一统底事，无有本末，无有精粗，却被后来人言性命者，别作一般高远说。故举孝弟，是于人切近者言之。然今时非无孝弟之人，而不能尽性至命者，由之而不知也。"

注释 ①《行状》：即《明道先生行状》，程颐撰。行状乃文体名。亦称"状"，"行述"。是记述死者世系、籍贯、生卒年月和生平概略的文章，通常由死者门生故吏或亲友撰述。

②尽性至命：《易经·说卦》："穷理尽性以至于命。"意谓穷尽万物的特性，从而达到把握万物的内在根据。

译文 有人问程颐："你在《行状》中说：'尽性至命，必须以孝悌为本。'不知孝悌何以能够尽性至命?"程颐说："后人不知性命与孝悌的内在本质联系，因此把性命看得太高太深，解释得玄乎其玄。其实，性命孝悌归根到底是一回事。在孝悌中，就可以尽性至命。例如日常生活中的洒扫应对，与尽性至命本来也是一回事，两者并无本末、精粗之分。但后世之人却把生命说得高深莫测，让人无法理解。因此，我这里之所以要从人最切近的孝悌说起，无非是证明孝悌性命一源，以破除人们对性命的误解。可是，今天并非没有孝悌之人，然而却不能自谓尽性至命，怎样解释呢？原因在于：他们履行孝悌，自然而然，并没有意识到这就是尽性至命。”

原文 6·12 问：“第五伦[①]视其子之疾，与兄子之疾不同，自谓之私。如何？”伊川曰：“不待安寝与不安寝，只不起与十起，便是私也。父子之爱本是公，才著些心做，便是私也。”

又问：“视己子与兄子有间否？”曰：“圣人立法曰：兄弟之子犹子也。”

又问：“天性自有轻重，疑若有间然。”曰：“只为今人以私心看了。孔子曰：父子之道天性也。此只就孝上说，故言父子天性。若君臣兄弟宾主朋友之类，亦岂不是天性？只为今人小看却，不推其本所由来故尔。己之子与兄之子，所争几何？是同出于父者也。只为兄弟异形，故以兄弟为手足。人多以异形，故亲己之子，异于兄弟之子，甚不是也。”

又问："孔子以公冶长[②]不及南容，故以兄之子妻南容，以己之子妻公冶长。何也？"曰："此亦以己之私心看圣人也。凡人避嫌者，皆内不足也。圣人至公，何更避嫌？凡嫁女各量其才而求配。或兄之子不甚美，必择其相称者为之配；己之子美，必择其才美者为之配。岂更避嫌耶？若孔子事，或是年不相若，或时有先后，皆不可知。以孔子为避嫌，则大不是。如避嫌事，贤者且不为，况圣人乎？"

注释

①第五伦：张伯行《集解》："第五伦，汉时人，字伯鱼。为人长厚诚笃。人有问之曰：'公有私乎？'对曰：'吾兄子尝病，一夜十起，退而安寝。吾子有病，虽不省视，而竟夕不眠，岂可谓无私乎？'"

②公冶长：孔子学生，齐人。姓公冶，名长。南容：孔子学生，南宫氏，名适，字子容。

译文

有人问："第五伦对自己儿子的病和自己兄长的儿子的病采取不同的态度，第五伦本人认为是私心的表现。对此你怎么看？"程颐说："用不着说第五伦这样做后是否能安寝，只就他有意做事——侄儿生病十次起床探视，儿子生病却一次也不起床看望，就已经有私心了。父子之爱本出于公道，只要有心做事，即是私心的表现。”

又问：“对待自己的儿子与兄长的儿子有区别吗？”程颐说：“圣人立法曰：兄弟的儿子如同自己的儿子。”

又问：“天性的显现自然有轻重亲疏之别，因此，对待儿子与侄子似乎应该是有区别的？”程颐说：“这样说，无非是今人出于私心的看法。孔子说：父子之道是天性的显现。这只是从‘孝’的层面上说的，因此说父子之道体现了天性。但是，像君臣、兄弟、宾主、朋友之类的关系，不也是天性的显现吗？只因为今人无廓然大公之心，才狭隘地看待这些伦理关系，当然就不能推导出它们之所以产生的终极本原。自己的儿子与兄弟的儿子，相去几何？同是源于自己的父亲。只因为兄弟不能不以各自的形体分开，因此说以兄弟为手足。人们往往认为兄弟既是两人，就爱自己的儿子笃于兄弟的儿子，这是很不对的。”

又问：“孔子因为公冶长比不上南容，因此就把兄长的女儿嫁给南容，把自己的女儿嫁给公冶长。为什么呢？”程颐说：“这也是以自己的私心看待圣人。凡人避嫌，皆源于内在信心不足。圣人廓然大公，何必还须避嫌？凡嫁女儿，各自量其才貌而求其相配的对象。或者因为兄长的女儿形象不够美好，因此必须选择其形象相当的男子作为配偶；或者因为自己的女儿形象美好，因此必须选择才华出众、形象端正的男子作为配偶。怎么说得上避嫌不避嫌呢？就孔子处理这两件事来说，或者是因为年龄不相配，或者是因为时间有先后，如此等等，我们都不能知晓了。如果认为孔子在嫁女儿嫁侄女这两件事上有避嫌之疑，就大错特错了。就所谓避嫌而言，贤人都不会放在心上，更何况圣人！"

原文 6·13 伊川曰："今人多不知兄弟之爱。且如闾阎①小人，得一食必先以食父母，夫何故？以父母之口，重于己之口也。得一衣必先以衣父母，夫何故？以父母之体，重于己之体也。至于犬马亦然。待父母之犬马，必异乎己之犬马也。独爱父母之子，却轻于己之子，甚者至若仇敌。举世皆如此，惑之甚矣。"

注释 ①闾阎：平民居住的地方。

译文 程颐说："今人往往不知道兄弟之间应该相亲相爱。例如里巷的普通百姓，有吃的东西，必先让父母吃。

原因何在？在于认为父母的饮食需要，高于自己的饮食需要。有穿的东西，必先让父母穿。原因何在？在于认为父母的穿衣需要，高于自己的穿衣需要。乃至于对待犬马也是如此。对待父母所畜养的犬马，也看得比自己的犬马重要。但他们对于父母之子——自己的兄弟的情与爱，却看得比自己的子女轻，甚至把兄弟看成仇敌。如若举世都是这样看待兄弟的关系，那人间的迷惑就令人发指了。”

原文 6·14 伊川曰：“病卧于床，委之庸医，比之不慈不孝。事亲者亦不可不知医。”

译文 程颐说：“亲人病卧在床，却让庸医来治病，同样属于不慈不孝的表现。要更好地侍奉父母，养育子女，就不能不懂一些医学上的知识。”

原文 6·15 程子葬父，使周恭叔①主客。客欲酒，恭叔以告，先生曰：“勿陷人于恶。”

注释 ①周恭叔：周行己，字恭叔。浙江永嘉人。程颐学生。元祐初第进士。

译文 程颐殡葬父亲，让周恭叔接待宾客。有一位客人想饮酒，周恭叔就此禀告程颐，程颐说："不要陷害他人为恶。"

原文 6·16 伊川曰："买乳婢多不得已。或不能自乳，必使人。然食己子而杀人之子非道。必不得已，用二子乳食三子，足备他虞[1]。或乳母病且死，则不为害，又不为己子杀人之子。但有所费[2]，若不幸致误，其子害孰大焉？"

注释 ①他虞（yú）：意料之外的事。

②费：麻烦。

译文 程颐说："买乳娘来养育自己的孩子，大多属于不得已。自己没有奶喂孩子，定然要让他人代养。然而让乳娘专门喂养自己的孩子，而使乳娘本人的孩子得不到喂养而夭折，完全是非人道的。因此，在不得已的情况下，可以买两个乳娘，让两个人的奶喂三个孩子。这样就足以避免意外的事发生。即或乳娘生病危在旦夕，也不会造成损害，同时又不会因喂养自己的孩子而导致乳娘本人的孩子夭折。但这种事情很麻烦，如若不幸因为乳娘喂养自己的孩子而导致乳娘本人的孩子死亡，那么出于对自己的孩子考虑而损害了人道，哪种害处更大呢？”

原文 6·17 先公大中，讳垧[①]，字伯温。前后五得任子[②]，以均诸父子孙；嫁遣孤女，必尽其力；所得俸钱，分赡亲戚之贫者。伯母刘氏寡居，公奉养甚至。其女之夫死，公迎从女兄[③]以归。教养其子，均于子侄。既而女兄之女又寡，公惧女兄之悲思，又取甥女以归嫁之。时小官禄薄，克己为义，人以为难。

公慈恕而刚断。平居与幼贱处，惟恐有伤其意，至于犯义理则不假也。左右使令之人，无日不察其饥饱寒燠[④]。

娶侯氏，侯夫人事舅姑以孝谨称，与先公相待如宾客。先公赖其内助，礼敬尤至；而夫人谦顺自牧[⑤]，虽小事未尝专，必禀而后行。仁恕宽厚，抚爱诸庶，不异己出。从叔[⑥]幼孤，夫人存视，常均己子。治家有法，不严而整。不喜笞朴[⑦]奴婢，视小臧获[⑧]如儿女，诸子或加呵责，必戒之曰：“贵贱虽殊，人则一也，汝如是大时，能为此事否？”先公凡有所怒，必为之宽解；惟诸儿有过，则不掩也。常曰：“子之所以不肖者，由母蔽其过，而父不知也。”

夫人男六人，所存惟二，其爱慈可谓至矣。然于教之之道，不少假也。才数岁行而或踣[⑨]，家人走前扶抱，恐其惊啼，夫人未尝不呵责曰：“汝若安徐，宁至踣乎？”饮食常置之坐侧，尝食絮[⑩]羹，即叱止之曰：“幼求称欲，长当何如？虽使令辈，不得以恶言骂之。”故颐兄弟平生于饮食衣服无所择，不能恶言骂人，非性然也，教之使然也。与人争忿，虽直不右，曰：“患其不能屈，不患其不能伸。”及稍长，常使从善师友游，虽居贫，或欲延客，则喜而为之具。夫人七八岁时，诵古诗曰：“女子不夜出，夜出秉明烛。”自是日暮则不复出房阁。既长，好文而不为辞章，见世之妇女以文章笔札传于人者，则深以为非。

注释

①讳珦（xiàng）：即名珦。讳，古代指死去的帝王或尊长的名字。本篇为大中公（即程颐之父）与侯夫人合传，为程颐作，故曰“讳”。

②任子：因父兄的功绩，得保任授予官职的人。

③女兄：《说文》：“姊，女兄也。”

④燠（yù）：暖；热。

⑤自牧：自我修养。

⑥从叔：父亲的从父兄弟，年幼于父者称从叔。

⑦笞（chǐ）朴：笞，用鞭、杖或竹板子打。朴，通“扑”，去打。

⑧臧获：奴婢。

⑨踣（bó）：跌倒。

⑩絮（qù）：调拌。

译文 先父大中，名垧，字伯温。先后五次获得任子资格，全部让给叔父伯父的子孙；把叔伯的孤女嫁给他人，总是极尽自己的全部力量；所得到的俸钱，往往分别拿来接济贫穷的亲戚。伯母刘氏寡居，先父悉心奉养，无微不至。刘氏女儿的丈夫死后，先父亲自把她接回娘家。先父教养子女，与侄儿侄女一视同仁。后来我的堂姐的女儿又死了丈夫，先父担心堂姐悲思苦痛，又亲自把她的女儿接送回来，随后另嫁他人。当时先父只是个小官，俸禄微薄，但先父始终以克己行义为本，人们对此都认为十分难能可贵。

先父为人，既仁慈宽容，又刚毅果断。先父平常与小辈或地位低下的人相处时，总是小心谨慎，惟恐害伤他们的自尊心，但只要发现他们有背离义理的行为，就毫不姑息地批评他们。对于身边左右的侍从或下属，先父无时无刻不关心他们的饥饱寒暖等日常生活状况。

先父娶侯氏（我母亲）为妻，先母事奉公婆，以孝谨著称，与先父相处，相敬如宾。先父由于得到先母鼎力襄助，对先母更是礼敬备至；而先母始终以谦和、柔顺自律，即使是小事也从不自作主张，总是先禀告先父，然后才行事。先母为人仁恕宽厚，抚爱庶出的兄弟姐妹，就如同抚爱自己亲生的子女，没有丝毫偏心。堂叔幼年丧父，先母总是把他看成自己的孩子，细心关怀。先母治家有方，不显威严而家庭秩序井然。先母不打奴婢，把小奴婢视为自己的儿女。子女呵责奴婢时，先母总是告诫说："身份虽然有贵贱之分，但都是人，你们这样大时，能像他们这样做事吗?"先父生气动怒时，先母总是劝先父应该尽量放宽心，但是，只要子女们确实有过错时，先母就决不会庇护姑息。先母常说："子女之所以不肖，往往是由于母亲掩盖他们的过错，而父亲又被蒙在鼓里造成的。"

先母生了六个男孩，但只养活了我们兄弟两人，对我们慈爱之深之厚可想而知。但是，先母总是在教育上严格要求我们。我很小时因走路跌倒，家人跑上来把我抱起，唯恐我因惊吓而哭泣，先母呵责说："你如果慢慢走，怎么会跌倒?"吃饭时，先母只让我们坐在侧旁，我们如果调拌羹汤，先母立刻就会叱止说："从小就讲究吃喝，长大会成什么样? 即使指唤仆从，也不能用恶言骂人。"因此，我们兄弟在吃穿方面从不在意，从不用恶言骂人，这并非我们天性如此，而是教育的结果。我们与人争辩，直率而不偏激，先母说："人担心的是不能屈，不担心不能伸。"我们逐渐长大后，先母就要我们与良善的师友们交往，虽然我们家并不富裕，但只要接待客人，先母总是乐意为我们操劳。先母七、八岁时曾诵古诗曰："女子不夜出，夜出秉明烛。"从那时起，先母晚上就再也没有走出过房门。先母长大后，喜欢读书但不为辞章之学，看到有的妇女拿自己的文章笔札给他人传阅，总是表示异议，认为这不是妇女应该做的事。

原文 6·18 横渠尝曰："事亲奉祭岂可使人为之!"

译文 张载说："侍奉父母，祭祀祖先，岂可让他人替代?"

原文 6·19 横渠曰："舜之事亲有不悦者，为父顽母嚚[①]，不近人情。若中人之性，其爱恶略无害理，姑必顺之。亲之故旧，所喜者当极力招致，以悦其亲。凡于父母宾客之奉，必极力营办，亦不计家之有无，然为养又须使不知其勉强劳苦。苟使见其为而不易，则亦不安矣。”

注释 ①嚚（yín）：愚蠢而顽固。

译文 张载说：“舜侍奉父母，极尽孝顺，但舜的父母还是不满意。这只能归结于他们顽固、愚蠢、凶狠，完全不近人情。若就普通人的情性来说，只要他们的爱恶倾向不至于过分背离义理，做子女的就应该尽量顺从他们。对于与父母友善相好的故交旧友，子女应该尽力时常把他们请到家里来和父母交谈，以让父母高兴。凡奉父母之命在家里接待客人，子女应该尽全力款待，不管家里的经济状况如何，都应慷慨待客，但又必须不让父母有勉强辛劳之感。倘若父母感到子女勉为其难，他们内心也会不安的。”

原文 6·20 横渠曰：“《斯干》①诗言：‘兄及弟矣，式②相好矣，无相犹矣。’言兄弟宜相好，不要相学③。犹，似也。人情大抵患在施之不见报则辍，故恩不能终。不要相学，已施之而已。”

注释 ①《斯干》:《诗经·小雅》篇名之一。

②式：语助词。

③不要相学：意谓行为应以义理为根据，不受外在事物的影响。

译文 张载说:“《斯干》上说:‘兄弟相互友好，但不彼此相同。’意思是说：兄弟应该相互友好，但不要盲目效仿。所谓‘犹’，即是相似相同。就人情而言，其弱点大抵在于，给予别人恩惠而得不到回报时，就不再给予。因此，人施恩往往不能做到善始善终。不要看见别人怎样做就跟着做，而是依照义理行事，应该怎么做就怎么做。”

原文 6·21 横渠曰:“‘人不为《周南》《召南》，其犹正墙面而立①’。常深思此言诚是，不从此行，甚隔著事，向前推不去，盖至亲至近，莫甚于此，故须从此始。”

注释 ①人不为两句：见3·32条注②。

译文 张载说："孔子说：'人假如不研究《周南》和《召南》，那会像正面对着墙壁而站着吧。'我常常潜心思考孔子这句话，说得极好。人若缺少存诚主敬的实用功夫，做事就会受到阻隔，往往停滞不前。在父子夫妇至亲至近的人伦关系中，最重要的莫过于存诚主敬，因此，一切都必须从存诚主敬出发。"

原文 6·22横渠曰："婢仆始至，本怀勉勉敬心。若到所提掇[①]更谨则加谨，慢则弃其本心，便习以成性。故仕者入治朝则德日进，入乱朝则德日退，只观在上者有可学无可学耳。"

注释 ①提掇（duō）：提醒；要求。

译文 张载说："婢仆初到主人家时，本是怀着诚敬勤勉之心来为主人服务的。如若主人要求严厉，就更加忠于职守，谨慎小心，若主人管理松懈放纵，他们就会背弃了自己的初衷，从而习惯成自然。做官亦然。在治朝做官，德行会日益长进；在乱朝做官，德行会日益退堕。在朝仕人的德行如何，往往决定于在上位者的德行好坏。"

出处第七

（凡三十九条）

此卷论出处之道。盖身既修，家既齐，则可以仕矣。然去就取舍，惟义之从，所当审处也。

说明

本卷讲出仕与退隐，构成传统知识分子人生道路上政治选择的两种基本模式。

出仕指做官供职，参与政治；退隐正好相反。儒学是入世之学，理论上说，出仕是入世落实，是士人投身政治的切入点。但出仕只是手段，手段受目的牵引。为官从政出于富贵利禄的需要，为儒家所不齿；遑论结党营私，败坏名教纲常！故程颐警戒说："科举之事，不患妨功，惟患夺志。"

关心国事民瘼，以天下为己任，是儒家的传统。"圣贤之于天下，虽知道之将废，岂肯坐视其乱而不救？"济世是士人的崇高理想。出仕，唯一有价值的选择，就是服从这一神圣的使命。

儒家的拯救意识要求士人积极入世，矢志不移，但并不意味着儒家无条件地认同出仕。儒家的人道理想必须始终恪守，但不出仕不等同于放弃理想追求。孔子说"天下有道则见，无道则隐。"（《论语·泰伯》）士人可以根据世道之几，随时保留退隐的权利。正如孟子说："可以仕则仕，可以止则止，可以久则久，可以速则速，孔子也。"（《孟子·公孙丑上》）仕与隐作为现实选择，没有固定模式，只有根本性的原则——"为义之从"。

关于仕隐，儒道两家有原则分歧。道家讲出世，道家主张遗世独立，主张放旷、自由与逍遥。道家的隐逸是对政治的绝望，是对文明的否定。儒家也讲隐。但儒家的隐是"时隐"，是一种文化策略。在儒家的政治理念中，出仕是第一性的，隐退是第二性的。退隐往往出于不得已，并内含俟机而作，重新复出。程颐说："君子之需时也，安静自守。"志向的实现有待于机会，在缺少机会的情况下，能够始终保持恬然虚静的心态，是把握了长久之道的体现。在不能有所作为的情况下，躁动不安，是不能安于常道的表现。儒家的隐退不是消极的，儒者即令退隐，也不会忘记天下国家。

本卷三十九条，绝大部分是程颐的思想。而程颐的这些思想，主要是对《易经》的阐释，或明仕隐之理，或讲仕隐之法，或辨仕隐之别，或分仕隐之因，或述仕隐之途，有继承，有发挥，有见地。

例如，《易经·蛊》上九说："不事王侯，高尚其事。"这里，讲的是退隐。而程颐却从中分析出之所以退隐的种种原因，程颐说："士之自高尚，亦非一道。有怀抱道德，不偶于时，而高洁自守者。有知止足之道，退而自保者。有量能度分，安于不求知者。有清介自守，不屑天下之事，独洁其身者。”读到这样的解释，不能不让人耳目一新。

儒家的仕隐观念，可以针砭现代人汲汲于权势，戚戚于失落的从政心态。

原文 7·1 伊川曰：“贤者在下，岂可自进以求于君？苟自求之，必无能信用之理。古人之所以必待人君致敬尽礼而后往者，非欲自为尊大。盖其尊德乐道之心，不如是，不足与有为也。”

译文 程颐说：“贤人在野，难道可以自我推荐从而让君主任用自己吗？如果自己求官做，必定得不到任用。古人之所以必须等到君主对自己致敬尽礼之后，才出来做官，这样做，并非出于自我尊大。君主对贤人致敬尽礼，源于尊德乐道之心，君主不对贤人致敬尽礼，是缺乏尊德乐道之心的表现，这样的君主，不能有所作为。”

原文 7·2 伊川曰：“君子之需①时也，安静自守。志虽有须，而恬然若将终身焉，乃能用常也。虽不进而志动者，不能安其常也。”

注释 ①需：张伯行《集解》：“需，须也”意为等待。本条为程颐对《需》卦初九象义的阐释。

译文 程颐说：“君子等待时机，安静自守。志向的实现虽然有待于机会，但在缺少机会的时候仍然能够始终恬然虚静，即是体悟把握了长久之道的本质。在不能有所作为的情况下，心志先躁动起来，就是不能安于常道的表现。”

原文 7·3“比①，吉。原筮②，元永贞③，无咎。”伊川《易传》曰：“人相亲比，必有其道；苟非其道，则有悔咎。故必推原占决其可比者而比之，所比得元永贞则无咎。元谓有君长之道，永谓可以常久，贞谓得正道。上之比下，必有此三者，下之从上，必求此三者，则无咎也。”

注释 ①比：卦名。意为辅佐。

②原筮（shì）：原：推究；察究。筮：用蓍草占卦。《礼记·曲礼上》：“龟为卜，策为筮。”

③元永贞：元：大。永贞：永远贞正。

译文 《易经·比·彖》说："比卦吉利。推究卜筮的结果：大吉大利，永久贞正，没有灾害。"程颐《易传》说："人无论辅助谁，都必须有辅助的道理，如果没有道理，就会带来悔咎。因此，必须推究占卜的结论，可以辅助者就辅助，唯有如此，辅助的结果才会大吉大利、永久贞正、没有灾害。所谓'元'，指君长之道，所谓'永'，指可以常久，所谓'贞'，指处于中正之道。在上者辅助在下者，必须以'元永贞'三者为根据，在下者顺从在上者，必须以'元永贞'三者为目标，就自然无灾害。"

原文 7·4《履》①之初九曰："素履往②，无咎。"伊川《易传》曰："夫人不能自安于贫贱之素，则其进乃贪躁而动，求去乎贫贱耳，非欲有为也。既得其进，骄溢必矣，故往则有咎。贤者则安履其素，其处也乐，其进也将有为也。故得其进，则有为而无不善。若欲贵之心，与行道之心，交战于中，岂能安履其素乎？"

注释 ①《履》：六十四卦卦名之一。

②素履往：素：白色无文采；质朴的本色。履：鞋。意谓以质朴的本真态度处世。

译文　《易经·履》初九爻辞说："以质朴的本真态度处世，没有灾害。"程颐《易传》说："人如若不能安然面对贫贱，那么，他就会因贪欲的驱使，一举一动都显得焦躁不安，他企求的无非是摆脱贫贱，并非真正有所作为。如果他得到施展自己才能的机会，他必然会骄傲自满，因此，他注定将遭遇灾祸。贤人则不然。他对自己的本然境遇泰然处之。退隐在野，他怡然自得；出仕做官，他有所作为。因此，一旦他做官，他一定会有所作为，无往而不吉祥顺利。如若一个人既想欲求富贵，又想奉行仁道，而两者又是相互冲突的，在这种冲突中，怎么能够安于自己的本然境遇呢？"

原文　7·5　伊川曰："大人于否①之时，守其正节，不杂乱于小人之群类，身虽否而道之亨②也。故曰：'大人否亨③。'不以道而身亨，乃道否也。"

注释　①否（pǐ）：闭；塞。否，六十四卦卦名之一。

②亨：亨通。

③大人否亨：语出《易经·否》六二爻辞。

译文 程颐说："君子处于困厄闭塞之时，奉守正道，恪守节操，不与小人为伍，混杂其间。因此，君子虽然身处阻隔困厄之中，但君子所奉行的仁道依然光明通畅。因此《易经·否》六二爻辞说：'君子身处逆境，但君子之道却无比光明。'不以仁道牵引，却竭力使自己的境遇亨通，必然导致仁道阻闭。"

原文 7·6 伊川曰："人之所随[1]，得正则远邪，从非则失是，无两从之理。《随》之六二：苟系初则失五矣[2]。故《象》曰：'弗兼与也。'所以戒人从正当专一也。"

注释 ①随:《说文》:"从也。"《广雅·释诂》:"随，顺也。"随，六十四卦卦名之一。

②苟系初则失五矣：本句非《易经·随》六二爻辞的内容，是程颐对六二爻辞"系小子，失丈夫"的解释。初，指初九，在下，谓小子之象。五，指九五，在上，谓丈夫之象，六二爻离初九爻近，离九五爻远，故顾此失彼，获得"小子"，必然失去"丈夫"。

译文 程颐说："人的行为趋向，得到正就远离邪，屈从非就背离是，决无两种可能。《易经·随》六二爻辞的意思是说：如果得到初九，就丧失了九五。因此六二爻的《象辞》说：'两者不能兼得。'这句话是为了告诫人们：人应当专一地遵从正道。"

原文 7·7 伊川曰："君子所贵，世俗所羞；世俗所贵，君子所贱。故曰：'贲其趾，舍车而徒①。'"

注释 ①贲（bì）其趾，舍车而徒：语出《易经·贲》初九爻辞。贲，文饰。贲其趾，足穿花鞋。

译文 程颐说："君子所看重的东西，往往是世俗之人感到羞耻的东西；而俗人们引以为荣的东西，往往是君子轻蔑的东西。因此《易经·贲》初九爻辞说：'即使脚穿花鞋，有车可乘，也没有什么可荣耀的，依然可以舍车不坐，徒步而行。"

原文 7·8《蛊》之上九曰："不事王侯，高尚其事。"《象》曰："不事王侯，志可则也。"伊川《易传》曰："士之自高尚，亦非一道。有怀抱道德，不偶①于时，而高洁自守者。有知止足之道，退而自保者。有量能度分，安于不求知者。有清介自守，不屑天下之事，独洁其身者。所处虽有得失小大之殊，皆自高尚其事者也。《象》所谓‘志可则者’，进退合道者也。”

注释 ①偶：遇；值。

译文 《易经·蛊》上九说：“不为王侯效力，是因为品德高尚独立。”《象》说：“不为王侯效力，这种志趣可以效法。”程颐《易传》说：“士人品节的高尚，并非有一个整齐划一的模式。本于道德，却与时势不合，因而保持高洁，自我守持，是高尚。知止知足，功成身退，明哲保身，是高尚。了解自己的才能，明白自己的身份，安于贫贱，不求闻达，是高尚。清介自守，不屑于天下事，唯独洁身自好，是高尚。上述种种选择，虽然有得失大小之分，然而都是高尚独立的表现。《象》所说的‘这种志趣可以效法’，意思是说无论是出仕还是退隐，都应该合于道。”

原文 7·9 伊川曰：“《遁》者[①]，阴之始长[②]，君子知微，故当深戒。而圣人之意未便遽已也，故有‘与时行，小利贞'[3]之教。圣贤之于天下，虽知道之将废，岂肯坐视其乱而不救？必区区[4]致力于未极之间，强此[5]之衰，难彼[6]之进，图其暂安。苟得为之，孔孟之所屑为也，王允谢安[7]之于汉晋是也。"

注释

①《遁》：六十四卦卦名之一。

②阴之始长：《遁》卦象为☶☰，二阴爻生于下，有逐渐蔓延之势，故曰"阴之始长"。

③与时行，小利贞：语出《易经·遁·彖》。意谓与时消息，小有利之占问。

④区区：犹"拳拳"。意谓恳切专一。

⑤此：指阳。

⑥彼：指阴。

⑦王允（137—192）：东汉太原祁县（今属山西）人，字子师。初为郡吏，曾捕杀宦官党羽。灵帝时，任豫州刺史。献帝即位，任为司徒，后与吕布密杀董卓，不久被董卓部将所杀。谢安（320—385）：东晋政治家。字安石，陈郡阳夏（今河南太康）人，出身士族。年四十余始出仕，孝武帝时位至宰相。时前秦强盛，他令弟谢石与侄谢玄为将领，加强防御。太元八年（公元383）前秦军南下，江东大震，他又使谢石、谢玄等力拒，获得淝水之战的胜利，并乘机北伐收复失地。

后司马道子执政，排挤谢氏，他出镇广陵，不久回京病死。

译文 程颐说：“所谓《遁》卦，显示为阴开始滋生，且有蔓延之势。君子了解这种微妙的迹象，为避免小人之害，因此应该时刻警诫自己，以谨慎为是。但圣人并不主张在这种情况下立刻停止活动，因此圣人教导说：‘与时消息，小有利之占问。’圣贤面对天下，虽然知道天道处于衰微之中，但岂能坐视天道昏黯天下混乱而不拯救？圣贤必定会以勇往直前的意志力挽狂澜于既倒，张扬衰落中的正义力量，抑制泛滥的邪恶势力，以图达到天下平安——哪怕只是一时的平安。只要国家有拯救的可能，孔子、孟子都会做出神圣的选择。东汉末的王允、东晋的谢安，正是孔子、孟子之后在危难之中匡护社稷的杰出代表。”

原文 7·10 伊川曰：“《明夷》[①]初九：事[②]未显而处甚艰，非见几之明不能也。如是则世俗孰不疑怪？然君子不以世俗之见怪，而迟疑其行也。若俟[③]众人尽识，则伤已及而不能去矣。”

注释 ①《明夷》：六十四卦卦名之一，初九：指初九爻辞：“明夷于

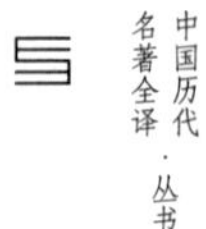

飞，垂其翼。君子于行，三日不食。有攸往，主人有言。”

②事：指危险；伤害。

③俟（sì）：等待。

译文 程颐说：“《明夷》卦初九爻辞的意思是说，灾害虽未降临，但已处于岌岌可危的境地之中。没有洞察灾害先兆的眼光就不能及早抽身。君子的明智选择，必然不会为世俗人所理解。但君子决不会因为世俗之人的非议而迟疑不决，改变自己退避的选择。如若等到世人都明白时，灾害已经降临，抽身已为时晚了。”

原文 7·11 伊川曰：“《晋》[①]之初六：在下而始进，岂遽能深见信于上？苟上未见信，则当安中自守，雍容宽裕，无急于求上之信也。苟欲信之心切，非汲汲以失其守，则悻悻[②]以伤于义矣。故曰：‘晋如摧如，贞吉，罔孚，裕无咎。’然圣人又恐后之人，不达宽裕之义，居位者废职失守以为裕。故特云初六裕则无咎者，始进未受命当职任故也；若有官守，不信于上而失其职，一日不可居也。然事非一概，久速惟时[③]，亦容有为之兆者。”

注释 ①《晋》：六十四卦卦名之一。初六，指初六爻辞，其文“晋如摧如，贞吉，罔孚，裕无咎。”晋，进。如，之。摧，折。贞，占问。罔，无。孚，信。裕，从容；宽裕。

②悻悻：怨恨。

③久速惟时：《孟子·公孙丑上》：“（孟子）曰：‘可以仕则仕，可以止则止，可以久则久，可以速则速，孔子也。’”

译文 程颐说：“《晋》卦初六爻辞的意思是说，地位低下的人出仕之始，怎么就能够立刻得到上司的信任呢？如果没有得到信任，就应当安于自守，处之泰然，始终保持雍容宽裕的心态，丝毫不可有急于获得上司信任的动机。如果急切地企望得到上司信任，那么结果不是汲汲于功名，从而丧失了自己的操守；就是悻悻于人事，从而伤害道义。因此初六爻辞说：‘出仕做官，卜问得吉兆。如果得不到信任，就应该从容超然对待之，不会有过失。’然而圣人还是担心后人不理解从容超然的含义，误认为为官者不负责任不理职守是所谓的从容超然。因此圣人特别强调指出，初六爻辞所说的‘从容超然，不会有过失’，是指那些将要出仕为官然而还没有受命任职的人而言的。对于那些有官职的人来说，既得不到上司的信任又失职，这样的官是一天也不可以做的。然而事情又不可以一概而论，留任还是迅速离去只能依据时势而定，而时势的兴衰，却是有朕兆的。”

原文 7·12 伊川曰：“不正而合，未有久而不离者也。合以正道，自无终暌[①]之理。故贤者顺理而安行，智者知几而固守。”

注释 ①暌（kuí）：分离。

译文 程颐说：“不依据正道而勉强凑合在一起，不会持久，最终要分离。而依据正道结合在一起，最终也不会分离。因此贤人顺理而行，安然无事；智者见几而动，固守正道。”

原文 7·13 伊川曰：“君子当困穷之时，既尽其防虑之道而不得免，则命也，当推致其命以遂其志[①]。知命之当然也，则穷塞祸患不以动其心，行吾义而已。苟不知命，则恐惧于险难，陨获[②]于穷厄，所守亡矣，安能遂其为善之志乎？”

注释 ①当推致其命以遂其志:《易经·困·象》曰:“君子以致命遂志。”

②陨获:处境困苦而灰心丧志。《礼记·儒行》:“儒有不陨获于贫贱。”

译文 程颐说:“君子处于穷困艰难境遇之时,如果用尽全部力量也不能摆脱这种境遇,那只能是命运如此了。君子此时应当正视命运,勇往直前,以成就自己的志向。知道命运有其必然性,那么,一切外在的穷困患难就不能动摇自己的志向,就能够一如既往地依据道义行动。倘若不了解命运的必然性,在艰难险阻面前就会恐惧,在困厄穷苦面前就会灰心,这样,应该守持的本心已不复存在,怎么谈得上成就自己为善的志向呢?”

原文 7·14 伊川曰:“寒士之妻,弱国之臣,各安其正而已。苟择势而从,则恶之大者,不容于世矣。”

译文 程颐说:“无论是寒士之妻还是弱国之臣,都应该恪守正道,安于本分。如果贪欲虚荣,视富贵权势而转移,就是大恶,不容于世。”

原文 7·15 伊川曰："《井》[①]之九三[②]，渫[③]治而不见食，乃人有才智而不见用，以不得行为忧恻也。盖刚而不中[④]，故切于施为，异乎用之则行，舍之则藏者矣。"

注释 ①《井》：六十四卦卦名之一。

②九三，指九三爻辞："井渫不食，为我心恻。可用汲，王明并受其福。"

③渫（xiè）：水清洁。

④刚而不中：见6·4条注②。

译文 程颐说："《井》卦九三爻辞说，井水清洁而人不饮，犹如人有才智而得不到任用，由于不能展现自己的才华，因此忧伤不已。九三爻虽属刚阳，但却不处于中位，因此表现为过于急切地渴望有所作为。这种心态，与圣贤所主张的得到任用就忠于职守，得不到任用就退隐自守相去甚远。"

原文 7·16 伊川曰："《革》之六二[①]，中正[②]则无偏蔽，文明则尽事理，应上[③]则得权势，体顺则无违悖。时可矣，位得矣，才足矣，处《革》之至善者也。必待上下之信，故巳日[④]乃革之也。如二之才德，当进行其道，则吉而无咎也；不进则失可为之时，为有咎也。”

注释 ①《革》：六十四卦卦名之一。六二：指六二爻辞：“巳日乃革之，征吉，无咎。”巳，借为祀。张伯行《集解》：“此程子释《革》六二爻辞也。君子欲出而有为，必须内度其才德，外度其时势，与其所居之位，然后可以行其德。”

②中正：意谓六二一爻处于中正之位。参见6·4条注②。

③上：指九五一爻。

④巳日：祭祀之日。

译文 程颐说：“《革》卦六二爻辞含义是：六二一爻处于中正之位，无偏蔽之病；平和明达，使事物之理得到充分展现；得到九五一爻的接应，因此拥有权势之柄；顺应法则，因此无违悖之嫌。君子得六二一爻，即获得适当的时机，有权力作保证，才华可以得到施展，处于变革的最佳状态。但还必须得到上下一致的信任，等到祭祀之日才能进行变革。六二一爻显示的才德，要求勇往直前，推行君子之道，如此才吉利无咎；如果停滞不前，就丧失了成就崇高事业的机会，就是莫大的过失。”

原文 7·17 伊川曰："鼎之有实[1]，乃人之有才业也，当慎所趋向，不慎所往，则亦陷于非义。故曰：'鼎有实，慎所之也[2]。'"

注释 ①鼎之有实：鼎，烹饪之器。实，食物。

②鼎有实，慎所之也：语出《易经·鼎·象》。

译文 程颐说："鼎中有食物，犹如人有才能与事业。对于人生的道路与追求，人应该持慎重态度，不谨慎地对待自己的追求，也可能使自己陷入非义之中。因此《易经·鼎·象》说：'家里有饭吃，家境优裕，就更应该重其身家，慎其出处。'"

原文 7·18 伊川曰："士之处高位，则有拯而无随。在下位，则有当拯，有当随，有拯之不得而后随。"[1]

注释 ①张伯行《集解》："此程子释《艮》六二爻象也。"

译文 程颐说："士人如果官高位尊，就应该拯救世道，不能随从世俗。士人如果地位卑下，在职权范围内，可以拯救就应当拯救，在职权范围外，无法拯救就应当随从世俗。此外，在拯救没有效果的情况下，就应当随从世俗。”

原文 7·19 伊川曰：“君子思不出其位①。位者，所处之分也。万事各有其所，得其所则止而安。若当行而止，当速而久，或过或不及，皆出其位也。况逾分非据乎？”

注释 ①君子思不出其位：《易经·艮·象》曰：“兼山，艮。君子以思不出其位。”

译文 程颐说：“君子思考问题不越出自己的本位。所谓本位，即处所的范围。万事万物各有其所；各得其所，各止其所则平安无事。倘若应当有所行动时却停止不动，应当迅速离去时却继续留任，不是‘过’就是‘不及’，都属于越出了本位。更何况逾越本分没有根据的行为呢？”

原文 7·20 伊川曰：“人之止难于久终。故节或移于晚，守或失于终，事或废于久，人之所同患也。《艮》之上九，敦厚于终止，道之至善也。故曰：‘敦艮①，吉。’”

注释 ①敦艮：敦，敦厚。艮：止。

译文 程颐说："人的品行难以保持始终如一。因此会出现品节最终改变、操守最终丧失、事功最终荒废等种种可能的结果。这种种恶果都是人们普遍忧虑的。《易经·艮》上九的意思是：自始至终保持敦厚，就达到了至善之'道'。因此《易经·艮》上九说：'止于敦厚，自然吉利。'"

原文 7·21《中孚》[①]之初九曰："虞[②]吉。"《象》曰："志未变也。"伊川《易传》曰："当信之始，志未有所从[③]，而虞度所信，则得其正，是以吉也。志有所从，则是变动，虞之不得其正矣。"

注释 ①《中孚》：六十四卦卦名之一。

②虞：度；推算。

③从：意谓心志受到外物影响，处于不纯状态。

译文 《中孚》初九说："在心志纯正状态下思考问题，自然吉利。"《象》说："这是因为心志没有变化。"程颐《易传》说："在开始确定某种东西是否可信时，由于心志未受到外物影响，无所偏离，由此所思考推导出可信者，必然是纯正的，所以吉利。心志受到外物影响，心神变动不一，所推测出来的东西，必然是不正的。”

原文 7·22 伊川曰：“贤者惟知义而已，命在其中；中人以下，乃以命处义。如言求之有道，得之有命，是求无益于得，知命之不可求，故自处以不求。若贤者则求之以道，得之以义，不必言命。”

译文 程颐说：“贤人只是知晓‘义’，把握‘义’而已，‘命’即包含在尽‘义’之中。中等以下才智的人，就应该安‘命’处‘义’。如果说‘求之有道，得之有命’是针对中等以下的人说的，那么，追求的目标没有实现，即是命中注定不能求得。因此，就应该安于命运，不可强求。贤人则不然。贤人的准则是‘求之有道，得之以义’。因此，贤人不必言命。”

原文 7·23 伊川曰：“人之于患难，只有一个处置，尽人谋之后，却须泰然处之。有人遇一事则心心念念不肯舍，毕竟何益？若不会处置了放下，便是无义无命也。”

译文 程颐说："人若处在患难之中时，只应该有一种态度：尽了个人的全部努力之后，就必须泰然处之。如果一个人遇到了不顺心的事，一味耿耿于怀，不肯放下，最终有什么好处呢？在遭遇困厄时，人如果不知道在尽了努力之后放下，即是不知义不知命。"

原文 7·24 伊川之门人，有居太学[①]而欲归应乡举者。问其故，曰："蔡人鲜习《戴记》[②]，决科[③]之利也。"先生曰："汝之是心，已不可入于尧舜之道矣。夫子贡之高识，曷尝规规[④]于货利哉？特于丰约[⑤]之间，不能无留情耳。且贫富有命，彼乃留情于其间，多见其不信道也，故圣人谓之不受命。有志于道者，要当去此心而后可语也。"

注释 ①太学：古代传授儒家经典的最高学府。

②《戴记》:《大戴记》《小戴记》的简称。后者传为西汉戴圣所编《礼记》，前者传为西汉戴德所编《礼记》。

③决科：指应科举试。

④规规：浅陋拘泥貌。

⑤丰约：富贫。

译文 程颐有个学生在太学读书，准备回故里参加乡试。程颐问他："这是为什么？"这个学生回答说："蔡州地方的人很少读《戴记》，这对于我应试有利。"程颐说："你这样重视功名，已与尧舜之道相去甚远。子贡的见识应该说够高远的了，可为什么依然执著于追求商业上的利润呢？无非是他情感上不能超越贫富。贫富是命中注定的，而子贡却摆脱不掉贫富的限制，由此可见他缺少对'道'的真诚信奉。因此圣人说子贡不能做到坦然接受命运。有志于以追求'道'为毕生使命的人，就应该戒除私念，这样才配谈'道'求'道'。"

原文 7·25 伊川曰："人苟有'朝闻道夕死可矣[①]'之志，则不肯一日安于所不安也。何止一日，须臾不能！如曾子易箦[②]，须要如此乃安。人不能若此者，只为不见实理。实理者，实见得是，实见得非。凡实理得之于心自别[③]。若耳闻口道者，心实不见；若见得必不肯安于所不安。人之一身，尽有所不肯为，及至他事又不然。若士者，虽杀之使为穿窬[④]必不为，其他事未必然。至如执卷者，莫不知说礼义。又如王公大人，皆能言轩冕外物，及其临利害，则不知就义理，却就富贵。如此者，只是说得不实见。及其蹈水火，则人皆避之，是实见得；须是有见不善如探汤[5]之心，则自然别。昔曾经伤于虎者，他人语虎，则虽三尺之童，皆知虎之可畏，终不似曾经伤者神色慑惧。至诚畏之，是实见得也。得之于心，是谓有德，不待勉强，然学者则须勉强。古人有捐躯陨命者，若不实见得，则乌能如此？须是实见得，生不重于义，生不安于死也，故有杀身成仁[6]，只是成就一个是而已。"

注释

①朝闻道夕死可矣：语出《论语·里仁》。

②曾子易箦（zé）：事见《礼记·檀弓上》："曾子寝疾，病，乐正子春坐于床下，曾元、曾申坐于足，童子隅坐而执烛。童子曰：'华而睆！大夫之箦（竹席）与？'子春曰：'止！'曾子闻之，瞿然曰：'呼'曰：'华而睆，大夫之箦与！'曾子曰：'然，斯季孙氏之赐也。我未之能易也。元，起，易箦。'曾元曰：'夫子之革疾矣！不可以变。幸而至于旦，请敬易之。'曾子曰：'尔之爱我也，不如彼。君子之爱人也，以德；细人之爱人也，以姑息。吾何求哉，吾得正而毙焉，斯已矣。'举扶而易之，反席，未安而没。"

③自别：自有非同凡响之举。

④穿窬（yú）：从墙上爬过去。

⑤见不善如探汤:《论语·季氏》:“孔子曰:‘见善如不及，见不善如探汤。’”汤，沸水。

⑥杀身成仁:《论语·卫灵公》:“子曰:‘志士仁人，无求生以害仁，有杀身以成仁。’”

译文 程颐说:“人如果有‘朝闻道夕死可矣’之志，那么，他哪怕一天也不会安然于背离义理、令人心理不安的事情上，何止一天不得安宁，甚至片刻也不会安宁。曾参在病危时，仍坚持要求把不该他享受的华美竹席换掉，他必须这样做才能心安。常人之所以不能与曾参比，只是因为他们没有体证实理。所谓实理，就是实实在在显现的是非的界线。凡是实理在心中得到彰显的人，自然就会展现光明磊落的气象。如果只是听到实理，言说实理，那么，这样的实理无非是道听途说，并没有真正在内心得到显现。倘若实理在内心得到显现，必然就不会安然于令人不安的事。有的事，人无论如何也不会做，但在其他事上却不然。例如士人，即使你以杀身来威胁他要他当爬墙而过的盗贼，他也不会做，但遇到其他事又未必如此。又如读书人，人人都把礼义挂在嘴上，王公大人，人人都说高官厚禄是身外之物，一旦碰到利害冲突，往往不会成就义理，只会追慕富贵。这样的人，只是说说而已，内心并没有体悟实理。人们遇到水火的侵害，唯恐避之而不及，因为人们知道水火无情。但只有看见不好的事情便急忙躲开，好像把手伸到开水里一样，就自然凸现了崇高的德性。老虎可怕，这是即使一个孩童也知道的，但对于一个曾经受到老虎伤害的人来说，谈起老虎的可怕性时，却别有一番恐惧的神色。他确实恐惧老虎，因为他有亲身体验。求道而有所心得，即是有‘德’。有‘德’之人，无须勉强，然而普通学者却必须尽心努力。古人可以慷慨捐躯，如果他们不能体现实理，怎么会这样做呢？必须有真实的体悟，知道道义重于生命，生不安而死能安，因此才能做到杀身成仁。这一切，归根到底，只是成就‘道’而已。”

原文 7·26 伊川曰：“孟子辨舜蹠[①]之分，只在义利之间。言间者，谓相去不甚远，所争毫末尔。义与利，只是个公与私也。才出义，便以利言也，只那计较，便是为有利害。若无利害，何用计较？利害者，天下之常情也，人皆知趋利而避害。圣人则更不论利害，惟看义当为不当为，便是命在其中也。”

注释 ①舜蹠（zhí）之分，只在义利之间：《孟子·尽心上》：“孟子：‘欲知舜与蹠之分，无他，利与善之间也。’”蹠，亦作跖，人名。相传为柳下惠之弟，春秋战国之际奴隶起义领袖。

译文 程颐说：“孟子认为舜与蹠的区别，只在于义与利的差异。所谓差异，意思是说相去不很远，只在毫厘之间。义与利的区别，无非只是公与私的区别。一涉及义，便用利来界说，那就是计较，就是有利害掺杂其间。如果无利害，何必计较？利与害是天下的常情，人都知道趋利避害。圣人则根本不考虑利害，唯一考虑的是从道义的立场上看，这件事应当做还是不应当做。而所谓命，也就包括在义之中了。”

原文 7·27 伊川曰：“大凡儒者未敢望深造于道，且只得所存正分，别善恶，识廉耻，如此等人多，亦须渐好。”

译文 程颐说：“大凡儒生不敢奢望此生可以把握‘道’，所要做的无非是端正自己，区分善恶，识别廉耻，在此基础上恪守修养工夫，日积月累，必定就会渐渐趋近‘道’。”

原文 7·28 赵景平[①]问伊川曰："子罕言利[②]，所谓利者何利？"曰："不独财利之利，凡有利心便不可。如作一事，须寻自家稳便处，皆利心也。圣人以义为利，义安处便为利。如释氏之学，皆本于利故，便不是。"

注释 ①赵景平：程颐学生。余未详。

②子罕言利：《论语·子罕》："子罕言利与命与仁。"

译文 赵景平问程颐说："孔子不轻易说利，所谓利，是什么样的利呢？"程颐说："所谓利，不只是钱财之利的利，凡有利己之心便不对。例如，做一件事，只想到自己怎样做稳当、方便，即是利己之心作怪。圣人以义为利，义的牵引便是利之所在。佛教主张一切以利为本，因此，佛教的观念是错误的。"

原文 7·29 问邢恕久从先生，想都无知识，后来极狼狈。伊川曰："谓之全无知则不可，只是义理不能胜其利欲之心，便至如此。"

译文 有人问程颐："邢恕长期追随先生，想来他根本没有学到任何东西，以致后来变为小人，狼狈不堪。你说是吗?”程颐说:“不能说他一点东西都没有学到，只是因为义理没有压倒他的利欲之心，才导致他后来种种可耻的表现。”

原文 7·30 谢湜[①]自蜀之京师，过洛[②]而见程子。子曰:“将何之?”曰:“将试教官。”子不答。湜曰:“何如?”子曰:“吾尝买婢欲试之，其母怒而弗许曰:‘吾女非可试者也。’今尔求为人师而试之，必为此媪笑也。”湜遂不行。

注释 ①谢湜(shí):程颐学生。

②洛:洛阳

译文 谢湜从四川到京城去，路过洛阳时，拜见了程颐。程颐问:“你将到什么地方去?”谢湜说:“将到京城试聘教师。”程颐不回答。谢湜问:“你怎么看?”程颐说:“我曾买一个婢女，准备试用一下。她的母亲不同意，愤怒地说:‘我的女儿不容试用。’今天你请求当老师，并且要别人试用一段时间。你这样做，必定会遭到那个老妇人的嘲笑。”于是，谢湜打消了试聘教师的念头。

原文

7·31 伊川先生在讲筵[①]，不曾请俸，诸公遂牒户部[②]，问不支俸钱。户部索前任历子[③]。先生云："某起自草莱[④]，无前任历子。"遂令户部自为出券历。又不为妻求封[⑤]。范纯甫[⑥]问其故，先生曰："某当时起自草莱，三辞然后受命，岂有今日乃为妻求封之理？"问："今人陈乞恩例，义当然否？人皆以为本分不为害。"先生曰："只为而今士大夫道得个'乞'字惯，却动不动又是'乞'也。"因问："陈乞封父祖如何？"先生曰："此事体又别。"再三请益，但云："其说甚长，待别时说。"

注释

①讲筵：讲席。

②户部：六部之一，掌管全国土地、户籍、赋税、财政收支等事务，长官为户部尚书。

③历子：宋制，料粮院掌发俸禄，有料钱录，据状注明各官授官日月，发给本人，凭以赴户部领支钱俸。

④草莱：犹草茅。在野的、未出仕的。

⑤封：封典。皇帝给予官员本人及其妻室、父母、祖先的荣典。

⑥范纯甫：程颐学生。

译文 程颐在京都任讲席时，对自己的俸钱不曾提及。于是程颐的同事起草公文给户部，问为什么不支付程颐的俸钱。户部派人向程颐要过去任官的履历表。程颐说："我过去未曾出仕，没有任官履历表。"于是户部只得给程颐颁发一张履历表。程颐又不曾向皇帝请求给妻室封典，范纯甫问程颐个中缘由。程颐说："我过去从未出仕，曾三次推辞出仕，最后才受命做官，岂有今日向皇帝请求给妻室封典之理？"范纯甫又问："如今人们向皇帝乞求恩典，是惯例。难道不是当然之义吗？人们这样做，都认为符合本分，并没有不对的地方。"程颐说："这是因为今天士大夫们说'乞'字已成习惯，动不动就是'乞'。"范纯甫接着问："向皇帝乞求给自己的父母、祖先封典，可以吗？"程颐说："这又另当别论。"范纯甫再三请程颐解释，程颐只是说："这件事说起来话长，一时难以说清楚，还是等有机会再说吧。"

原文 7·32 伊川曰："汉策[①]贤良，犹是人举之。如公孙弘[②]者，犹强起之乃就对[③]。至如后世贤良，乃自求举尔。若果有曰：我心只望廷对[④]，欲直言天下事，则亦可尚已；若志在富贵，则得志便骄纵，失志则便放旷与悲愁而已。”

注释 ①策：策问。汉以来试士，以政事、经义等设问，写在简策上，使之条对。

②公孙弘（前200—前121）：西汉菑川（郡治在今山东寿光南）薛人。字季。少为狱吏，年四十余始治《春秋公羊传》。曾建议设五经博士，置弟子员。以熟习文法吏治，被汉武帝任为丞相。

③对：对策。即对策问提出的问题的回答。

④廷对：在朝廷中当众对答。

译文 程颐说：“汉代实行以策问四方贤良文学之士的制度来选拔人才，但应试者仍旧是由他人推举。例如公孙弘，就是在他人强求之下参加应对的。而后世的贤良之士，却是主动自我推举。如果有人说，我只希望在朝廷当众对答，直言天下事，那么，其志犹可嘉；如果一心企望富贵，那么，得志必然骄奢纵恣，一旦失意，自然就只有放旷悲愁了。”

原文 7·33 伊川曰：“人多说某不教人习举业，某何尝不教人习举业也？人若不习举业而望及第，却是责[①]天理而不修人事。但举业既可以及第即已，若更去上面尽力求必得之道，是惑也。”

注释 ①责：责问。

译文 程颐说：“人们常常说我不教弟子学习科举应试的诗文典籍，我何尝如此？人如果不学习诗文典籍却希望及第，无非是把责任归于天理而不反省自己的道德学问修养。对于诗文典籍，只要能够达到及第水平就够了，如果一定要竭尽全力，非及第不可，那就是迷惑了人生的价值与意义。”

原文 7·34 问“家贫亲老，应举求仕，不免有得失之累，何修可以免此？”伊川曰：“此只是志不胜气，若志胜自无此累。家贫亲老，须用禄仕，然得之不得为有命。”曰“在己固可，为亲奈何？”曰：“为己为亲，也只是一事，若不得其如命何？孔子曰：‘不知命，无以为君子[①]。’人苟不知命，见患难必避，遇得丧必动，见利必趋，其何以为君子？”

注释 ①不知命，无以为君子：语出《论语·尧曰》。

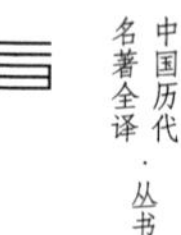

译文 有人问："我家境贫寒，父母老迈，如果应试科举，出仕做官，却难免得失考虑之累，要怎样修养自己，才可以免除这样的忧虑呢？"程颐说："你之所以忧虑，只是因为志不胜气，如果志压倒气，自然不会忧虑。家境贫寒，父母老迈，应该说并不影响科举应试，但是否考中，却是命运的安排。"又问："我自己固然可以应试，但又怎么能侍奉父母呢？"程颐说："修养自己和侍奉父母，没有区别，只是一件事，如果不能中举做官，对命运又有什么影响呢？孔子说：'不知命，无以为君子。'人如果不知道命运，那么，遇到患难必然逃避，看见得失必然心动，碰见利益必然贪求，这样做怎么能够算得上君子呢？"

原文 **7·35 或谓科举事业，夺人之功，是不然。且一月之中，十日为举业，余日足可为学，然人不志于此，必志于彼。故科举之事，不患妨功，惟患夺志。**

译文 程颐说："有人说科举考试摧毁了人的功业，这样说是不对的。因为一月之中，十天可以用来研习科举应试的诗文典籍，其余的时间足够可以修身学道。人的志向不定位在道德人格上，必然定位在功名利禄上。

因此，对于参加科举应试的人来说，令人担心的不在于应试会妨碍人的功业，而在于褫夺人的志向。”

原文 7·36 横渠曰:“世禄之荣，王者所以录有功，尊有德，爱之厚之，示恩遇之不穷也。为人后者，所宜乐职劝功，以服勤事任，长廉远利，以似述①世风。而近代公卿子孙，方且下比布衣，工声病②，售有司③，不知求仕非义，而反羞循理为无能，不知荫袭为荣，而反以虚名为善继，诚何心哉?”

注释 ①述：循。

②工声病：擅长诗赋之学。声病，诗赋之学，有所谓四声八病之说。

③有司：指官吏或官府。

译文 张载说:“世代享受朝廷俸禄，是一种光荣。它体现了帝王奖励有功之臣，尊重有德之人，爱护他们，厚待他们，并表示他们子孙后代永久受到朝廷恩惠的用心。因此，他们的后人，应该乐于职守，努力向上，勤奋不怠，始终保持廉洁，远离私利，以保持世家的风范。然而，如今的公卿子孙们，与下层布衣平民一样，一心玩弄诗赋之学，以此博取官府青睐。他们不但不知道求官做是一种不义的行为，反而认为安分循理是无能的表现；不但不知道承继祖先的风范是光荣的职责，反而认为获取虚名是对门楣的真正发扬光大。这是怎样一种心态呢？”

原文 7·37 横渠曰："不资其力而利其有，则能忘人之势。"

译文 张载说："不借助别人的权力，不利用别人的财富，人就能够消除一切外在价值的种种考虑。"

原文 7·38 横渠曰："人多言安于贫贱，其实只是计穷力屈才短，不能营画耳；若稍动得，恐未肯安之，须是诚知义理之乐于利欲也，乃能。"

译文 张载说："人们往往说人应该安于贫贱，其实，这往往是人们才能有限、力量不够，没有办法改变自己贫贱的命运时才这样说的。只要稍有点机会，有点能力，恐怕没有人能对贫贱安然处之，只有真正知道义理带来的快乐大于利欲之乐的人，才能安于贫贱。"

原文 7·39 横渠曰："天下事，大患只是畏人非笑。不养车马，食粗衣恶，居贫贱，皆恐人非笑。不知当生则生，当死则死，今日万钟[①]，明日弃之，今日富贵，明日饥饿亦不恤[②]，惟义所在。"

注释 ①钟：古计量单位。一钟合六斛四斗。

②不恤：不顾及。

译文 张载说："世间种种事情中，人最担心的是害怕遭到别人的非议嘲笑。没有华丽的马车坐，吃得粗糙，穿得简陋，生存境遇贫贱，如此等等，都怕被人非议嘲笑。这些人不知道，死生有命，该生则生，该死则死。如果懂得人生无常的道理，那么，今天拥有万钟粟，富贵显赫无比，明天即令荡然无存，备受饥饿，也会毫不在意，就能做到一切以'义'为转移。"

治体第八

（凡二十五条）

此卷论治道。盖明乎出处之义，则于治道之纲领，不可不求讲明之，一旦得时行道，则举而措之耳。

说明 儒家社会政治的价值标准是“仁政”。“仁政”是治理天下国家的根本原则。

张载说：“道千乘之国，不及礼乐刑政，而云节用而爱人，使民以时。言能如是则法行，不能如是则法不徒行。礼乐刑政，亦制数而已耳。”张载这段话，本于《论语·学而》，既遵循了孔子的原则，又发明了孔子的思想。要言之，治理国家，只有以仁爱为本，法律制度才能发生作用。

“仁政”首先是孟子提出来的，但它的基本理念内含，源于孔子的政治思想体系中。

“仁政”即“王道”，与“霸道”相对。在政治层面，是否儒家，只有一个标准：是用仁义还是用威势、权术、刑法治理天下。

“仁政”具有强烈的泛道德主义色彩。儒家的治国原则本质上是道德观念的投射，使政治从属于道德，这就是儒家的道德——政治论。在这个意义上，“仁政”就是“德治”。

“德治”的论述在儒家经典中比比皆是，但都不离孔子“道之以德，齐之以礼，有耻且格”（《论语·为政》）的藩篱。兹引宋儒的说法如下：

程颐说：“民有欲心，见利则动，苟不知教而迫于饥寒，虽刑杀日施，其能胜亿兆利欲之心乎？圣人则知所以止之之道，不尚威刑而修政教，使之有农桑之业，知廉耻之道，虽赏之而不窃矣。”

程颢说：“教人者，养其善心而恶自消，治民者，导之敬让而争自息。”

强调的同样是“德治”的优先性，是道德教化的普遍功用。

“德治”之可能，其逻辑前提必须是统治者首先有德。否则，一切都无从谈起。因此，儒家的道德—政治体系，无论“仁政”也罢，“王道”“德治”也罢，必然归结于“内圣外王”之道。所谓“内圣外王”，就是精英政治，它凸现的是政治精英、领袖治理国家的决定性作用。

“君仁莫不仁，君义莫不义。天下之治乱，系乎人君仁不仁耳。”前两句是孟子的话，后两句是程颢的逻辑展开。国家的存亡兴衰，决定于君主的道德品质。

程颢曾向宋神宗说：“惟陛下稽先圣之言，察人事之理，知尧舜之道备于己，反身而诚之，推之以及四海，则万世幸甚。”这里没有奉承之嫌，表述的无非是儒家传统“内圣外王”的理念而已。

儒家有博大的终极关怀，有强烈的忧患意识，有坚实的济世传统，但“内圣外王”的取向，是否是一厢情愿的理想，过于脆弱、乐观了一点呢?

原文

8·1 濂溪曰:“治天下有本，身之谓也；治天下有则，家[①]之谓也。本必端，端本诚心而已矣；则必善，善则和亲而已矣。家难而天下易，家亲而天下疏也。家人离必起于妇人。故《睽》[②]次《家人》，以‘二女同居而其志不同行也[③]。’尧所以釐降二女于沩汭[④]，舜可禅[⑤]乎？吾兹试矣。是治天下观于家，治家观身而已矣。身端心诚之谓也，诚心复[⑥]其不善之动而已矣。不善之动，妄也；妄复则无妄矣，无妄则诚矣。故《无妄》次《复》，而曰‘先王以茂对时育万物[⑦]’，深哉!”

注释

①家：家法。

②《睽》(kuí)：六十四卦卦名之一。

③二女同居而其志不同行：语出《易经·睽·彖》。《睽》卦由上卦离和下卦兑组成。离为火，为中女，兑为泽，为长女。

《睽》之卦象是二女同事一夫，其势必相嫉妒。

④釐：通“禧”。二女：指娥皇、女英。传说为尧的女儿。沩（wéi）：水名，在今湖南省境，湘江支流。汭（ruì）：河流会合或弯曲的地方。

⑤禅（shàn）：以帝位让人。

⑥复：《易·杂卦》：“复，反也。”反借为返。《易经·复·象》：“复，其见天地之心乎。”

⑦先王以茂对时育万物：语出《易经·无妄·象》。茂，高亨《周易大传今注·无妄第二十五》：“勉也，努力也。”对，焦循曰：“对，犹应也”。对时，犹言顺应时令。

译文 周敦颐说：“治理天下有其根本，这个根本就是人之身；治理天下有其法则，这个法则就是家法。身必须端正，要端正身，其前提在于诚其心；家法必须完善，完善家法，家庭就能和谐。齐家难而治天下易，之所以如此，在于家亲近而天下疏远。家庭分裂，一定是因为妇人作祟。因此《易经》卦的排列次序，《家人》卦之后即是《睽》卦。《易经·睽·象》说：‘二女同居共事一夫，志不相投，其势必相嫉妒。’尧之所以在沩水之滨把两个女儿娥皇、女英下嫁给舜，就是为了在把帝位禅让舜之前，先对他进行考验。因此，一个人是否能治天下，首先要看他是否能齐家，而是否能齐家，又要先看他是否能修身。所谓身端正心诚敬，无非是说，能够诚其心，使一切不善之念返回到善而已。任何不善的一举一动，都属于虚妄之列。虚妄得到恢复，即是无妄，无妄就是诚。因此，《易经》卦的排列次序,《复》卦之后即是《无妄》，并且《易经·无妄·象》说：‘先王奋勉努力，顺应时令，保育万物。’这句话，说得多么深刻啊！”

原文

8·2 明道尝言于神宗[①]曰：“得天理之正，极人伦之至者，尧舜之道也；用其私心，依仁义之偏者，霸者之事也。王道如砥[②]，本乎人情，出乎礼义，若履大路而行，无复回曲；霸者崎岖反侧于曲径之中，而卒不可与入尧舜之道。故诚心而王则王矣，假之而霸则霸矣。二者其道不同，在审其初而已。《易》所谓‘差若毫厘，谬以千里者[③]’，其初不可不审也。惟陛下稽先圣之言，察人事之理，知尧舜之道备于己，反身而诚之，推之以及四海，则万世幸甚。”

注释

①神宗（1048—1085）：即赵顼，北宋皇帝。公元1067年至1085年在位。

②砥：磨刀石。喻平直。

③差若毫厘，谬以千里：《易经》及彖象辞，均无此语，《易纬》有之。此为程颢之误。

译文 程颢曾对宋神宗说："恪守公正的天理，使人伦秩序尽善尽美，是尧舜王道的原则；滥用私心，背离仁义，是霸道的必然表现。王道像大道一样平坦，它本于人性，源于礼义。遵循王道，就如同在大路上行走，毫无崎岖小路之累；而盲从霸道，就好像在曲窄蜿蜒的小道上爬行，总是惴惴不安。霸道在终极意义上与尧舜之道格格不入。因此，诚心遵循王道就能王天下，假王道而争霸无非是霸占天下。王道与霸道的区别，在于最初出发点的不同。《易经》说：'差若毫厘，谬以千里'，由此可知，最初的指向不能不深刻审视。只要陛下考查先圣的教言，洞察人事的道理，就可以知道尧舜的精神尽在自己心中，反躬自问，心悦诚服，然后再把这种精神推及四海，那么，千秋万代都会吉祥幸福。"

原文 8·3伊川曰："当世之务，所尤先者有三：一曰立志，二曰责任，三曰求贤。今虽纳嘉谋，陈善算，非君志先立，其能听而用之乎？君欲用之，非责任宰辅，其孰承而行之乎？君相协心，非贤者任职，其能施于天下乎？此三者本也，制于事者用也。三者之中，复以立志为本。所谓立志者，至诚一心，以道自任，以圣人之训为可必信，先王之治为可必行，不狃①滞于近规，不迁惑于众口，必期致天下如三代之世也。”

注释 ①狃（niǔ）：拘泥；因袭。

译文 程颐说：“当今的国家事务中，最重要的有三件：一是立志，二是责任，三是求贤。如果君主没有远大理想，即使下面提出合理的政策，可行的计划，他能够听得进去吗？能够采用吗？如果宰相不负责任，即使君主要采用这些政策、计划，谁来承担？谁来执行呢？如果贤人纷纷在野，即使君主宰相同心协力，这样的政策、计划怎么能在天下得到贯彻实施呢？立志、责任、求贤这三样东西是本，本落实在实际事务中即是用。而这三者中，又以立志为本。所谓立志，就是恪守内心之‘诚’，纯正无私，以履行‘道’为自己的使命，绝对信奉圣人的教训，忠实执行先王的治国方略，不拘泥于眼下的规矩，不受众人议论的迷惑，这样，就必然可以使整个天下像尧、舜、禹时代一样美好。”

原文

8·4《比》[①]之九五曰：“显比。王用三驱，失前禽[②]。”伊川《易传》曰：“人君比天下之道，当显明其比道而已。如诚意以待物，恕己以及人，发政施仁，使天下蒙其惠泽，是人君亲比天下之道也。如是天下孰不亲比于上？若乃暴[③]其小仁，违道干[④]誉，欲以求下之比，其道亦已狭矣，其能得天下之比乎？王者显明其比道，天下自然来比；来者抚之，固不煦煦[⑤]然求比于物。若田之三驱，禽之去者从而不追，来者则取之也，此王道之大，所以其民皞皞[⑥]，而莫知为之者也。非唯人君比天下之道如此，大率人之相比莫不然。以臣于君言之，竭其忠诚，致其才力，乃显其比君之道也，用之与否，在君而已，不可阿谀逢迎，求其比己也。在朋友亦然。修身诚意以待之，亲与否，在人而已，不可巧言令色，曲从苟合，以求人之比己也。于乡党亲戚，于众人，莫不皆然，‘三驱，失前禽’之义也。”

注释

①《比》：六十四卦卦名之一。

②显比，王用三驱，失前禽：显，光明。比，辅佐。王用三驱，失前禽，意谓用三面包围的方法狩猎，网开一面，有意放走逃奔的野兽。

③暴：表露。

④干：求。

⑤煦煦：和乐貌。

⑥皞皞（hào）：心情舒畅貌。

译文 《易经·比》九五爻辞说："光明磊落地辅佐天道。君王采用三面包围的方法狩猎，网开一面，任意让野兽逃逸。"程颐的《易传》说："君主辅佐天道，就应该显明其辅佐的准则。如以诚实之心对待万事万物，把恕己之心推及他人，治理国家皆出于仁道，使整个天下获受仁道的惠泽，这就是君主辅佐天道的准则。如果君主能依据这些准则行事，那么，谁又不会辅佐君主呢？如果君主只是在一时一事上做一点表面文章，背离天道，沽名钓誉，却奢望得到人们的支持，他的境界已经十分狭隘，怎么能够得到天下人的支持呢？君主光明磊落地彰显辅佐天道的准则，天下人自然就会纷纷辅佐君主。对于来辅佐的人，爱抚他们，因此不必做出和善的样子请求人们来辅助。如《易经·比》所说的君主采用三面包围的方法狩猎，网开一面，任凭野兽逃走而不追赶，只是对于自投罗网者才捕捉。这正是王道博大精神的体现。因此老百姓欢乐和睦，然而却不知道是谁造就了这样美好和谐的秩序。并非只有君主辅佐天道如此，大凡人们之间相互辅助皆如此。就臣对君而言，臣应该对君主忠诚不已，充分发挥自己的才能为国家服务，这是臣辅佐君的准则。至于自己是否得到信用，任由君主决定，绝对不可以阿谀逢迎的手段，乞求君主扶助自己。朋友关系亦然。自己首先以端正真诚的态度对待朋友，至于自己是否得到友善的回报，则决定别人，绝对不可以巧言令色、曲从苟合的手段，乞求别人亲近自己。推而广之，乡党亲戚之间，众人之间的关系皆然，这就是《易经·比》九五爻辞所说的‘三驱，失前禽’的真正含义所在。”

原文 8·5 伊川曰：“古之时，公卿大夫而下，位各称其德，终身居之，得其分也。位未称德，则君举而进之；士修其学，学至而君求之，皆非有预于己也。农工商贾勤其事，而所享有限[①]。故皆有定志，而天下之心可一。后世自庶士至于公卿，日志于尊荣；农工商贾，日志于富侈。亿兆之心，交骛[②]于利，天下纷然，如之何其可一也？欲其不乱，难矣。”

注释

①限：限制；决定于。

②交骛（wù）：交，交往；骛，追求。

译文

程颐说：“古时候，从公卿大夫到普通士人，他们的社会地位都各自与其德行相称，即使终身处在一定的位置上，也能做到安分守己，毫无非分的欲求。如若他们的职位与德行不相称，他们就会在君主的推举下得到晋升。而士人则可以通过修养自己的德行，达到一定完满的程度后，君主就会通过访求从而把他们安排在适当的位置上。而这一切，都不是出于利己的动机。农工商贾勤奋劳作，所获得的利益决定于他们的勤奋程度。因此社会上各种身份地位的人都有各自确定的志向，天下人心都归于纯正。而后世则不然，从普通士人到公卿大夫，追求的是显赫虚荣；而农工商贾，追求的是财富金钱。人人都以追求私利为急务，天下纷扰不堪，怎么能够使人心达到纯一状态呢？在私欲驱使下，要使整个社会井然和谐，不至于混乱无序，几乎是不可能的。”

原文 8·6《泰》①之九二曰：“包荒，用冯河②。”伊川《易传》曰：“人情安肆，则政舒缓，而法度废弛，庶事无节。治之之道，必有包含荒秽之量，则其施为宽裕详密，弊革事理，而人安之。若无含宏之度，有忿疾之心，则无深远之虑，有暴扰之患，深弊未去而近患已生矣，故在‘包荒’也。自古泰治之世，必渐至于衰替，盖由狃习安逸因循而然。自非刚断之君、英烈之辅，不能挺特奋发以革其弊也，故曰‘用冯河’。或疑上云‘包荒’，则是包含宽容，此云‘用冯河’，则是奋发改革，似相反也，不知以含容之量，施刚果之用，乃圣贤之为也。”

注释 ①《泰》：六十四卦卦名之一。

②包荒，用冯河：包，包容。荒，荒秽。包荒，意谓气量宏大，冯（pīng），借为淜，浮水渡河。

译文 《易经·泰》九二爻辞说：“圣贤气量宏大，可以容纳污秽，以横渡江河。”程颐《易传》说：“人的行为如若放肆不拘，就会导致政纪松散，从而出现法度废弛、庶事无节等等弊端。要根治这些弊端，最根本的是必须有恢宏的气量，开阔的视野，能够容纳得下污垢秽浊。如此，其行政措施就自然会宽裕而详密，而无偏狭疏略之虞，弊端就会得到革除，人事的运行就会符合义理，人们就会依据义理法度行事。如若无宏大的气度，动辄忧心如焚，忿怒不已，是缺少深谋远虑的表现，必然带来暴扰之患。如此，积弊没有得到根除，而新的危机已经产生。因此《易》才说，最重要的是有恢宏的气量。自古以来，太平盛世之所以渐渐趋向衰落，都是由于人们耽于安逸、因循相袭造成的。不是刚毅果断的君主、英杰威烈的宰辅，就不能挺身奋发地消除弊端。因此《易》才说，要奋力横越江河。也许有人会感到费解:《易·泰》九二爻辞上一句说的‘包荒’，意思是说开阔宽容，而下一句‘用冯河’，意思是说奋发改革，两者似乎是矛盾的。这样提问的人浅陋了，他们不知道以包容污秽的气量，实行刚健果断的改革，正是圣贤之为圣贤的必然选择。”

原文 8·7 “《观》[①]：盥而不荐[②]，有孚颙[③]若。”伊川《易传》曰:“君子居上，为天下之表仪，必极其庄敬，如始盥之初，勿使诚意少散，如既荐之后，则天下莫不尽其孚诚，颙然瞻仰之矣。”

注释 ①《观》：六十四卦卦名之一。

②盥（guàn）而不荐：盥：祭祀前用水洗手。荐：奉酒食以祭神。

③孚颙（yǒng）：孚：诚信。颙：恭敬。

译文 《易经·观·彖》说："《观》卦：在还未奉酒食以祭神之前，把手洗干净，态度虔诚而严肃。"程颐《易传》说："君子身居高位，若要成为天下人的模范，就必须时时把自己的庄重之表与诚敬之心推到极致，如同在祭神之前，以虔诚而严肃的态度洗手一样；同时，任何时候任何情况下也不能让自己内在的诚敬稍有涣散，即使在祭神仪礼完毕之后，也不能有丝毫涣散。君子若能诚敬如此，那么，天下人没有谁会不推尽诚敬，都会以恭敬的态度仰慕君子的人格。"

原文 8·8 伊川曰："凡天下至于一国一家，至于万事，所以不和合者，皆由有间也，无间则合矣。以至天地之生，万物之成，皆合而后能遂。凡未合者，皆为有间也。若君臣父子亲戚朋友之间，有离贰怨隙者，盖谗邪间于其间也。去其间隔而合之，则无不和且治矣。《噬嗑》[①]者，治天下之大用也。"

注释 ①《噬嗑》(shì kè)：六十四卦卦名之一。张伯行《集解》："颐中有物曰噬嗑。噬，啮也。嗑，合也。啮之而后合，去间之义也。"

译文 程颐说："从整个天下一直到一个国家、一个家庭，乃至到人间一切事务，之所以产生不融洽，都是由于间隔造成的。若无离间之扰，自然融洽。以至于天地之生，万物之成，都是因为阴阳二气融合的结果。但凡不融合，皆源于离间之故。君臣、父子、亲戚、朋友之间，之所以出现离异怨隙，考其原委，无非是谗言邪说离间的结果。根除离间之患，上述种种关系自然融洽，其结果是普遍和谐、秩序井然。由此可以说：《易经·噬嗑》一卦，是治理天下的根本法则。"

原文 8·9《大畜》[①]之六五曰："豮豕之牙[②]，吉。"伊川《易传》曰："物有总摄，事有机会[③]。圣人操得其要，则视亿兆之心犹一心，道之斯行，止之则戢[④]，故不劳而治，其用若豮豕之牙也。豕，刚躁之物。若强制其牙，则用力劳而不能止，若豮去其势，则牙虽存而刚躁自止。君子法豮豕之义，知天下之恶不可以力制也，则察其机，持其要，塞绝其本原，故不假刑法严峻，而恶自止也。且如止盗。民有欲心，见利则动，苟不知教而迫于饥寒，虽刑杀日施，其能胜亿兆利欲之心乎？圣人则知所以止之之道，不尚威刑而修政教，使之有农桑之业，知廉耻之道，虽赏之而不窃矣。”

注释

①《大畜》：六十四卦卦名之一。

②豮（fén）豕之牙：陆德明释文引刘表曰：“豕去势曰豮。”张伯行《集解》：“豮豕之去势者，豕性刚躁，牙足为害，而不可以强制，惟去其势，则有以柔其性，故牙虽存而刚躁自止。”

③机会：张伯行《集解》：“机会者，弩之发而赴于其的也。”

④戢（jí）：收敛；停止。

译文

《易经·大畜》六五爻辞说：“抑制猪锋利牙齿的进攻趋势，吉利。”程颐《易传》说：“事物可以在总体上进行把握，同时又有各自的趋向与目标。圣人体察事物的本旨，因此化多为一，把一切人心归结于一心，教导人们怎样做人们就怎样做，禁止人们不做人们就不做，因此不须劳形苦求就能达到天下大治，这就如同‘豮豕之牙’的功用所产生的结果。猪是一种刚躁的动物，如若试图靠强力制服它，不但耗费了力量，而且也达不到目的。如若能够驯服它，消解其攻击性，那么，虽然猪锋利的牙齿犹在，但它的刚躁之性已自然辍止，不足为害。君子取法六五爻象之义，知道天下之恶不能用暴力压服，由此观察恶的动机，把握恶的要素，塞绝恶的本原，因此不须运用严刑峻法，恶自然就会抑止。例如制止偷盗。人有贪欲之心，见利而动，如果平日缺少礼义的教诲，又迫于饥寒之苦，就很难不沦为盗贼。即令大肆运用刑法镇压，怎么能消除千百万人的利欲之心呢？圣人知道抑止偷盗的方法，不在严刑峻法，而在政教清廉。老百姓安居乐业，有廉耻之心，即令偷盗可以得到奖赏，也不会干偷窃之事。”

原文 8·10《解》[①]:“利西南，无所往，其来复吉。有攸往，夙[②]吉。”伊川《易传》曰:“西南坤方，坤之体广大平易。当天下之难方解，人始离艰苦，不可复以烦苛严急治之，当济以宽大简易，乃其宜也。既解其难而安平无事矣，是无所往也。则当修复治道，正纪纲，明法度，进复先代明王之治。是来复也，谓反正理也。自古圣王救难定乱，其始未暇遽为也，既安定则为可久可继之治。自汉以下，乱既除，则不复有为，姑随时维持而已，故不能成善治。盖不知来复之义也。有攸往，夙吉。谓尚有当解之事，则早为之乃吉也。当解而未尽者，不早去则将复盛。事之复生者，不早为则将渐大，故夙则吉也。”

注释 ①《解》：六十四卦卦名之一。

②夙：早。

译文 解卦：“利于西南行。但是，若没有确定的目标，则不如返回，返回吉利。如果有确定的目标，则宜早行，早行吉利。”程颐《易传》说：“西南方位属坤阴，坤之体广大平易。当天下的苦难刚解除，人民才开始脱离艰厄困苦时，不可再用种种非常的苛刻威严的手段治理国家，而应以宽大简易的心胸补救它，才是适宜的。既然苦难已经解救，天下平安无事，这正是与民休息的吉兆。应当修复治道，正纲纪，明法度，进而重现先代明君的太平景象。所谓‘来复’，就是返回到正理天道。自古以来，圣王救难定乱，开始时无暇立刻就能达到正纲纪、明法度的效果，这是因为天下还未安定的缘故。一旦天下安定，圣王就可以制订长治久安且可为后世效法继承的治国方略。自汉以降，即令动乱已经消除，但统治者却不能有所作为，他们无非是随时采取补救措施，消极地维持一下统治秩序而已，因此终不能在祸乱之后造就太平盛世。究其原委，是这些统治者不懂‘来复’的真谛。《易经·解》说：‘有攸往，夙吉。’意思是说：如果还有需要解决的事情，尽早去做，才是吉利的。应当解决还未完全解决的事情，如若不早解决，不早彻底清除，它就会日益滋盛起来。事物是可以再生的，如果不尽早消除，它就能够渐渐强大起来，因此，尽早地消除一切后患，是吉利的。”

原文 8·11 伊川曰：“夫有物必有则。父止于慈，子止于孝，君止于仁，臣止于敬。万物庶事，莫不各有其所，得其所则安，失其所则悖。圣人所以能使天下顺治，非能为物作则也，唯止之各于其所而已。”

译文 程颐说：“任何事物都有定则。作为父亲，要达到‘慈’，作为子女，要达到‘孝’，作为国君，要达到‘仁’，作为属臣，要达到‘敬’。天下万事万物，莫不各有其所，得其所则安，失其所则悖。圣人之所以能使天下和谐，并非圣人为天地万物确立了定则，而是让天地万物各得其所而已。”

原文 8·12 伊川曰：“《兑》[①]：说[②]而能贞，是以上顺天理，下应人心，说道之至正至善者也。若夫违道以干百姓之誉者，苟说之道。违道不顺天，干誉非应人，苟取一时之说耳，非君子之正道。君子之道，其说于民，如天地之施，感之于心而说服无斁[③]。”

注释 ①《兑》：六十四卦卦名之一。

②说：同悦。

③斁（yì）：厌。

译文 程颐说：“兑卦：君子取悦于民，又能坚持正道，因此能够顺乎天理而合乎人心，体现了君子对至正至善之道心悦诚服的境界。如若背离天道，着意获取百姓的赞誉，无非是短见的沽名钓誉而已。违背正道，必然背离天意；沽名钓誉，必然不合人心，虽然苟且一时可以取悦于民，但与君子安身立命之道相去甚远。君子以正道取悦于民，如同天地之布施，百姓感怀于心，无比心悦诚服而无丝毫厌弃之意。”

原文 8·13 伊川曰："天下之事，不进则退，无一定之理。济[①]之终不进而止矣，无常止也，衰乱至矣，盖其道已穷极也。圣人至此奈何？曰：惟圣人为能通其变于未穷，不使至于极，尧舜是也，故有终而无乱。"

注释 ①济：《尔雅·释言》："济，成也。"本节为程颐对《易经·既济·彖》的阐释。《既济》一卦为异卦相叠。上卦为坎，坎为水；下卦为离，离为火。水处火上，水势压倒火势，救火之事，大告成功。

译文 程颐说："天下一切事情，不进则退，没有固定不变的道理。《既济》意味终结完满，趋于不再演进而静止的状态。但任何东西都不可能固止不变。世道衰乱，正是无常的表现之一，乃事物发展到终极所致。设若问，圣人处在此种境地，有何办法？可以回答说，只有圣人能够在事情还未趋向穷竭的情况下通过变通挽救衰败，不至于使事情发展到极端状态，尧舜就是这样的圣人。因此，只有依据圣人的思路，防患于未然，才能始终保持社会长治久安而无衰乱之扰。"

原文 8·14 伊川曰："为民立君，所以养之也。养民之道，在爱其力。力足则生养遂，生养遂，则教化行而风俗美，故为政以民力为重也。《春秋》凡用民力，必书其所兴作。不时害义，固为罪也；虽时且义，必书，见劳民为重事也。后之人君知此义，则知慎重于民力矣。然有用民力之大而不书者，为教之意深矣。僖公修泮宫①，复閟宫②，非不用民力也，然而不书二者复古兴废之大事，为国之先务，如是而用民力，乃所当用也。人君知此义，知为政之先后轻重矣。”

注释

①僖公：鲁僖公。春秋鲁国国君。泮（pàn）宫：古代学校。

②閟（bì）宫：祭祀祖先的地方。

译文

程颐说：“上天为人民确立君主，是为了使人民得到养育。而养民的根本原则，是爱护民力。民力足，生养的原则就可以实现，生养的原则得以实现，教化就可以得到实施，社会风俗就美好淳正。因此，处理政治事务，爱护民力极为重要。春秋时期，大凡鲁国征用民力，《春秋》都要把征用民力的前因后果记录下来。不依据时令，损害道义而滥用民力，理所当然是罪恶，必须记录下来；即令征用符合时令，符合道义，也必须记录下来。目的是让人们明白征用民力是一件重要的事。后世国君了解《春秋》的价值立场，就知道在征用民力上应该慎重。然而，当时鲁国也有征用大量民力的事，而《春秋》却不记录，这其中，自然有深刻的教育意义。鲁僖公先修泮宫，后修閟宫，并非不征用民力，《春秋》之所以不记录涉及国家兴衰治乱的两件大事，乃是因为鲁僖公征用民力，是出于国家利益这一首要目标的考虑，在这一先决条件下征用民力，完全是正当的。后世国君明白这个道理，也就明白了处理国家政治事务的先后轻重了。”

原文 8·15 伊川曰："治身齐家以至平天下者，治之道也。建立治纲，分正百职，顺天时以制事，至于创制立度，尽天下之事者，治之法也。圣人治天下之道，惟此二端而已。”

译文 程颐说："儒家主张的从修身齐家一直到治国平天下，是治理天下的根本原则。而建立统治纲领，确立国家官吏的各种职权范围，依据天时管理种种人间事务，以至于创立各种人文制度，使天下的一切事情尽善尽美，是治理天下的具体法规。圣人治理天下的依据，只是治道与治法而已。”

原文 8·16 明道曰："先王之世以道治天下，后世只是以法把持天下。"

译文 程颐说："尧舜禹三代以天道治理天下，而后世背弃天道，只能用法术把持天下。"

原文 8·17 明道曰："为政须要有纪纲文章[①]。先有司[②]，乡官[③]，读法[④]，平价，谨权量，皆不可阙也。人各亲其亲，然后能不独亲其亲。仲弓[⑤]曰：'焉知贤才而举之？'子曰：'举尔所知，尔所不知，人其舍诸[⑥]？'便见仲弓与圣人用心之大小。推此义，则一心可以丧邦，一心可以兴邦，只在公私之间尔。"

注释 ①文章：礼乐法度。《礼·大传》："考文章，改正朔。"

②先有司：《论语·子路》："子曰：'先有司，赦小过，举贤才'。"有司，官吏。

③乡官：治理一乡事务的官吏。

④读法：周制州长、党正，于正月之吉，及岁时祭祀，集合民众宣读一年之政令，及司徒之十二教法，称读法。

⑤仲弓（前522—？）：春秋鲁国人。冉氏，名雍。孔子学生。

⑥"焉知"五句：语出《论语·子路》。

译文 程颢说：“管理政治事务必须依据纲纪礼法制度。首先要以身作则，其次诸如处理乡间事务，宣读政令，平定物价，慎重解决民间商业贸易关系等等，皆不可或缺。人自然倾向于亲近自己的亲人，一旦有了统一的法度之后，就会不光亲近自己的亲人。仲弓说：‘怎么识别有德的人才并把他们推举出来呢？’孔子说：‘推举你所知道的，那些你所不知道的，别人难道会把他们埋没吗？’仲弓与圣人心胸之大小，一目了然。从这个意义上我们可推理说：一心可以丧邦，一心可以兴邦，区别只在于公心与私心之间而已。”

原文 8·18 明道曰：“治道亦有从本而言，亦有从事而言。从本而言，惟是格君心之非①，正心以正朝廷，正朝廷以正百官。若从事而言，不救则已，若须救之，必须变，大变则大益，小变则小益。”

注释 ①惟是格君心之非：《孟子·离娄上》：“惟大人为能格君心之非。”

译文 程颢说：“治理国家的途径有两种，一是着眼于根本原则，一是着眼于具体事务。从根本原则上说，唯一的前提是格除君主的私心，君主正心，就可以正朝廷，正朝廷，就可以正百官。从具体事务上说，如果事情不可补救也就罢了，如果必须挽救，就必须采取改革变更的方法，大变革，就有大收益，小变革，就有小收益。”

原文 8·19 明道曰:“唐有天下，虽号治平。然三纲[①]不正，无君臣父子夫妇，其原始于太宗也。故其后世子弟皆不可使，君不君，臣不臣，故藩镇不宾[②]，权臣跋扈，陵夷[③]有五代之乱。汉之治过于唐，汉大纲正，唐万目[④]举，本朝[⑤]大纲正，万目亦未尽举。”

注释 ①三纲:《白虎通·三纲六纪》:“三纲者，何谓也?君臣、父子、夫妇也。”《礼记·乐记》:“然后圣人作，为父子君臣作为纪纲”纲是提网的总绳，意味居于主要或支配地位。

②宾：服从；归顺。

③陵夷：迤逦渐平。引申为衰颓。

④万目：泛指礼乐政刑制度。

⑤本朝：指宋朝。

译文 程颢说:“唐统一天下，号称太平盛世。然而唐朝三纲不正，不讲君臣、父子、夫妇伦理秩序，这一现象，起因于唐太宗。因此后世子弟都不听指挥，君主不像君主，臣子不像臣子，藩镇不服从朝廷，权臣专横跋扈，以至国势衰颓，最终导致五代天下大乱。汉朝社会政治秩序超过唐朝，汉朝三纲严正，唐朝各种刑政制度完备，宋朝三纲严正，但种种刑政制度不尽完备。"

原文 8·20 明道曰："教人者，养其善心而恶自消，治民者，导之敬让而争自息。"

译文 程颢说："教育人民，只要教育他们修养自己的善心，邪恶自然就会消匿；统治老百姓，只要引导他们恭敬谦让，纷争自然就会停息。"

原文 8·21 明道曰："必有关雎麟趾①之意，然后可以行《周官》②之法度。"

注释 ①关雎麟趾：指《诗经·国风》中的《关雎》和《麟之趾》二篇。张伯行《集解》："关雎麟趾，皆《周南》之诗。文王后妃有幽闲贞静之德，故宫人作关雎以美之；文王之子孙宗族，有仁爱忠厚之性，故诗人咏麟趾以比之。”

②《周官》：即《周礼》。儒家经典之一。搜集周王室官制和战国时代各国制度，添附儒家政治理想，增减排比而成的汇编。全书共有《天官冢宰》《地官司徒》《春官宗伯》《夏官司马》《秋官司寇》《冬官司空》等六篇。

译文 程颢说：“必须首先具有《关雎》和《麟之趾》中体现出来的仁爱淳厚的精神，然后才可以推行《周官》的礼乐政法制度。”

原文 8·22 明道曰：“君仁莫不仁，君义莫不义[①]。天下之治乱，系乎人君仁不仁耳。离是，而非则生于其心，必害于其政[②]，岂待乎作之于外哉？昔者孟子三见齐王[③]而不言事，门人疑之。孟子曰，我先攻其邪心，心既正，然后天下之事可从而理也。夫政事之失，用人之非，知[④]者能更之，直者能谏之。然非心存焉，则一事之失，救而正之；后之失者，将不胜救矣。格其非心，使无不正，非大人其孰能之[⑤]。”

注释 ①君仁莫不仁，君义莫不义：语出《孟子·离娄上》。

②非则生于其心，必害于其政：语本《孟子·公孙丑上》：

“（孟子）曰：‘生于其心，害于其政；发于其政，害于其事。’”

③齐王：指齐宣王。姓田，名辟疆。约前319年至前301年在位。

④知：同“智”。

⑤格其非心，使无不正，非大人其孰能之：语本《孟子·离娄上》：“孟子曰：‘……，惟大人为能格君心之非。’”又，格其非心，语出《尚书·冏命》。

译文 程颢说：“孟子说：‘君主仁，就无人不仁；君主义，就无人不义。’天下的兴衰治乱，决定于君主仁还是不仁。君主背离仁，那么，不仁就会在心中滋长，由此必然导致对政治的危害，不待君主治理政事的表现如何。过去孟子三见齐宣王，却闭口不谈政事，他的学生感到十分疑惑。孟子说，我先批判他的邪心，只要他克服邪心达到心正，天下的事情都可以得到妥善治理。政事失误，用人不当，智慧者可以改变它，正直者可以谏阻它。但如果君心不正，一事失误，尚可以补救、改正；但随后不断的失误呢？必将不胜补救。纠正君主的不正之心，使之达到端正，设若不是大人，谁能做得到呢？”

原文 8·23 横渠曰："道千乘之国，不及礼乐刑政，而云节用而爱人，使民以时[①]。言能如是则法行，不能如是则法不徒行。礼乐刑政，亦制数而已耳[②]。"

注释 ①"道千乘之国"四句：《论语·学而》："子曰：'道千乘之国，敬事而信，节用而爱人，使民以时。'"张载所言，本于此。乘（shèng），表示兵车的量词。古代四匹马拉一辆兵车，称作"乘"。

②制数：张伯行《集解》："制，制品；数，条件。"

译文 张载说："孔子讲怎样治理拥有一千辆兵车的国家时，不提礼乐刑政制度，而说要节约开支，要爱护官吏，要在农闲时征用民力。孔子的意思是说，只有以仁爱为本，法律制度才能发生作用；反之，法律制度只是空洞的东西，没有实际作用。因此，说到底，礼乐刑政只能是外在的东西而已。"

原文 8·24 横渠曰："法立而能守，则德可久，业可大。郑声佞人，能使为邦者丧所守，故放远之[①]。"

注释 ①"郑声佞人"三句：《论语·卫灵公》："颜渊问为邦。子曰：

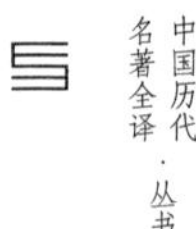

‘行夏之时，乘殷之辂，服周之冕，乐则《韶》《舞》。放郑声，远佞人。郑声淫，佞人殆。’”郑声，郑国淫靡的乐曲。

译文 张载说：“建构礼法，恪守礼法，德行就可以持久，事业就可以宏大。淫靡的乐曲，谗谀的小人，其危害在于能够让治理国家的人背离法纪，因此应该禁绝淫靡的乐曲，远离谗谀的小人。”

原文 8·25 横渠答范巽之书曰：“朝廷以道学政术为二事，此正自古之可忧者。巽之谓孔孟可作，将推其所得而施诸天下耶？将以其所不为而强施之所天下欤？大都君相以父母天下为王道。不能推父母之心于百姓，谓之王道可乎？所谓父母之心，非徒见于言，必须视四海之民如己之子。设使四海之内，皆为己之子，则讲治之术，必不为秦汉之少恩，必不为五霸之假名。巽之为朝廷言，人不足与适，政不足与闲，能使吾君爱天下之人如赤子，则治德必日新，人之进者必良士。帝王之道，不必改途而成；学与政，不殊心而得矣。”

译文 张载答范巽之来信说：“朝廷把道学与政术分割开来，这正是自古以来就让人担忧的。巽之兄想想，如果孔子孟子再生，他们是把他们的思想学问推导出来从而施行于天下呢？还是把他们所不赞同所反对的东西强加于天下呢？我们大概可以说，君臣应该以父母心、天下心为王道的标准。如若不能把父母心推及百姓，难道可以说体现了王道吗？所谓父母心，不是空洞地体现在言辞上，必须在心灵深处视四海百姓如同自己的子女。如若能够真正做到把天下百姓看作自己的子女，那么，关于治理国家的种种手段，就决不会像秦汉时期那样强调严刑峻法，也不会像春秋五霸那样假借仁义之名行霸道之实。因此，你如果要站在国家立场上考虑问题的话，就不必考虑人才是否得到适当的选用，也无须考虑政治事务是否井然有序，只要以王道开导皇上，使皇上爱民如子，那么，社会秩序就会一天比一天好，选拔出来的人才一定都是贤良之士。因此，三王五帝之道，不必改途易辙，就可以得以实现；道学与政术的关系，无须劳形苦求，就可以统一起来。”

治法第九

（凡二十七条）

此卷论治法。盖治本虽立，而治具不容缺。礼乐刑政有一之未备，未足以成极治之功也。

说明 “治法”相对于“治体”而言。“治法”指治理国家的具体性的制度、措施、政策和规范；“治体”指治理国家的一般性的原则、纲领、指导和根据。易言之，前者指礼乐刑政，后者指道德仁义。两者相互为用，相得益彰。当然，这样的区分只能大致不差，是粗略的，有弹性的，因为在儒家社会政治思想的架构中，“治法”与“治体”是交织在一起的。

“治法”显然更加具有针对性、现实性，“治法”具有一定法款条文的限制性特征，要求得到贯彻实施。这里，可以程颢主张为例。程颢认为，经国治民必须落实十项政策。第一，依据儒家经典，在导师指导下进行道德修养与实践；第二，由吏、户、礼、刑、兵、工六部尚书分别管理国家政务；第三，划定土地、田产的界限；第四，使乡里秩序井然，百姓和谐相处；第五，依据考试制度，自下而上为国家选送优秀管理人才；第六，寓兵于民，建立有效的兵役制度，既保持国家军事力量的强大，又不至于耗匮国力；第七，发展经济，使人民丰衣足食；第八，士农工商四民各安其分，各尽其能；第九，保护自然资源；第十，遵守等级秩序，依据礼仪行事。

程颢提出的十项措施，涉及的内容较广，具有一定代表性，可窥古代传统“治法”之一斑。

边防基于国家安全需要，不可须臾松懈。戍边之法作为国家制度，既要考虑国家利益的全局性需要，又要顾及戍边将士局部性的要求——无限期地驻扎边境，必然对戍边将士和他们的家庭生活造成难以承受的心理压力和现实困境。因此，周期性的轮换边境部队，就显得十分重要：

“古者戍役再期而还。今年春暮行，明年夏代者至，复留备秋，至过十一月而归。又明年中春遣次戍者，每秋与冬初，两番戍者皆在疆圉，乃今之防秋也。”

这种政策，符合人情，相当合理，自然就行之有效。

宗法制是古代的根本制度之一，对于维护统治权威，维护纲常伦理具有至关重要的作用。程颐指出：

“管摄天下人心，收宗族，厚风俗，使人不忘本，须是明普系，收世族，立宗子法。”

“立宗子法，则人知尊祖重本，人既重本，则朝廷之势自尊。”

时过境迁，宗法制已自然消亡。但在古代，它在维护社会秩序与伦理关系方面的作用，是不可低估的。

原文

9·1 濂溪曰："古圣王制礼法，修教化，三纲正，九畴叙①，百姓太和，万物咸若②。乃作《乐》以宣八风之气，以平天下之情。故乐声淡而不伤，和而不淫，入其耳，感其心，莫不淡且和焉。淡则欲心平，和则躁心释。优柔平中③，德之盛也；天下化中，治之至也。是谓道配天地，古之极也。

后世礼法不修，政刑苛紊，纵欲败度，下民困苦，谓古乐不足听也，代变新声，妖淫愁怨，导欲增悲，不能自止。故有后君遗亲，轻生败伦，不可禁者矣。呜呼！乐者古以平心，今以助欲；古以宣化④，今以长怨。

不复古礼，不变今乐，而欲至治者，远哉！"

注释

①九畴叙：九畴，九类治国大法。叙，排好次序。《尚书·洪范》："天乃锡禹洪范九畴，彝伦攸叙。初一曰五行，次二曰敬用五事，次三曰农用八政，次四曰协用五纪，次五曰建用皇极，次六曰乂用三德，次七曰明用稽疑，次八曰念用庶征，次九曰向用五福，威用六极。"

②若：顺。

③优柔平中：张伯行《集解》："朱子《通书》注云：'欲心平故平中，躁心释故优柔。'"

④宣化：传布德化。

译文 周敦颐说："古时候圣王制订礼法，修治教化。因此三纲严正不紊，九畴井然有序，百姓和睦相处，万物和谐共生。于是圣王作《乐》，目的在于宣通八方之风气，使天下万物的性情都得到实现。因此音乐之声淡雅而不哀伤，婉和而不淫靡。人们听到这样的音乐，感受这样的音乐，恬淡平和之情油然而起。人心境恬淡，欲念自然消解；人心情平和，浮躁情绪自然消逝。音乐能够使人恬淡自如，心境平和，可见圣人作《乐》，功德盛大无比；音乐能够使天下万民得到感化，归于中道，从而使圣人之治达到完美无缺的高度。圣人作《乐》的意义，堪与天地之德媲美，代表了古代文化创造的顶峰。

后世不修礼法，政刑苛刻而紊乱，统治者放纵私欲，败坏法度，下层百姓困苦不堪。后世统治者认为古代的音乐不值得听，让一种新的音乐取而代之，这种音乐散发出一片妖淫愁怨之声，引导人们私欲横流，悲哀不已，欲罢不能。职是之故，才有后代君主遗弃亲人，轻弃性命，败坏伦常秩序等等现象屡屡发生，以至于达到不可禁止的地步。呜呼！古代人们用音乐来达到心境平和，今天人们却用来增加私欲；古代音乐用来传布德化，而今天的音乐却用来助长哀怨。

综上所述，不恢复古代礼法，不改变今天的音乐，而要实现国家长治久安，可以说，几乎是不可能的。"

原文 9·2 明道言于朝曰："治天下以正风俗得贤才为本。宜先礼命近侍贤儒，及百执事，悉心推访。有德业充备足为师表者，其次有笃志好学材良行修者，延聘敦遣，萃[①]于京师，俾朝夕相与讲明正学。其道必本于人伦，明乎物理；其教自小学[②]洒扫应对，以往修其孝弟忠信，周旋礼乐。其所以诱掖激励渐摩成就之道，皆有节序，其要在于择善修身，至于化成天下。自乡人而可至于圣人之道，其学行皆中于是者为成德。取材识明达可进于善者，使日受其业。择其学明德尊者为大学[③]之师，次以分教天下之学。择士入学，县升之州，州宾兴[④]于大学，聚而教之。岁论其贤者能者于朝。凡选士之法，皆以性行端洁，居家孝弟，有廉耻礼逊，通明学业，晓达治道者。"

注释 ①萃：聚集。

②小学：指研究文字、训诂、音韵的学问。

③大学：即“太学”。中国古代太学，为传授儒家经典的最高学府。

④宾兴：科举时代，地方官设宴招待应举之士，谓之宾兴。

译文 程颢在朝廷上说：“治理天下以理正风俗、招引贤才为根本原则。基于此，陛下应该首先举行隆重的礼仪，命令周围辅侍的贤儒以及地方百官，悉心寻访荐举贤才。凡德性端正，学业优秀，足以为人师表者；以及志向坚定，好学不厌，素质良好，潜心道德自我修养者，都应该以恭敬的态度、隆重的仪式把他们聘请出来，会集在京师，朝夕阐述圣贤正学。所讲之学，其原则必须以人伦为根本，明白事物之理；其教学内容应该从小学以及日常洒扫应对入手，循序渐进，进而修习孝弟之行、忠信之心，再进而研习礼乐，遵从礼乐。这一通过诱导扶植相互激励，不断磨炼，最终成就理想人格的路径，整个过程都有特定的要求并蕴含有内在的次序，而最根本的是择善修身，在此基础上，达到天人合一的境界。一个乡下人，通过不断的道德修养与实践，可以臻于圣人人格。凡人，所学所行符合圣人之道，就是有得于己，就是实现了自己的道德人格。应该选择材识明敏通达并趋向善的人，让他们有接受学业的机会与条件；应该选择学问博大道德高尚的人任太学的老师；学问德行略欠一点的人，应该根据学问德行的高低分别承担天下各府州县的教师职责。选择士子入学的程序，应该由县级学校升入州级学校，再由州级学校通过选拔，优秀者送入太学，统一进行教育。一年以后，选出其中德才兼备者为朝廷官吏。挑选士子的原则是：只能选择品行端正，在家躬行孝弟，有廉耻心，谦逊守礼，内通圣贤之学，外晓帝王治道之术的人。”

原文 9·3 明道先生论十事。“一曰师傅[①]，二曰六官[②]，三曰经界[③]，四曰乡党[④]，五曰贡士[⑤]，六曰兵役，七曰民食，八曰四民，九曰山泽，十曰分数[⑥]。其言曰，无[⑦]古今，无治乱，如生民之理有穷，则圣王之法可改。后世能尽其道则大治，或用其偏则小治，此历代彰灼著明之效也。苟或徒知泥古，而不能施之于今，姑欲徇名而遂废其实，此则陋儒之见，何足以论治道哉？然傥谓今人之情，皆已异于古，先王之迹，不可复于今，趣便目前，不务高远，则亦恐非大有为之论，而未足以济当今之极弊也。”

注释 ①师傅：张伯行《集解》：“教导之职，自天子至于庶人，皆不可缺，所以成就德业者也。”

②六官：《周礼》以天官、地官、春官、夏官、秋官、冬官分掌邦政，称为六官。隋唐以后吏、户、礼、刑、兵、工六部尚书，大致与《周礼》的六官相当，也统称六官。

③经界：划定土地、井田的分界。《孟子·滕文公上》：“夫仁政必自经界始。经界不正，井地不均，谷禄不平，是故暴君汙吏必慢其经界。”

④乡党：犹乡里。

⑤贡士：《礼·射义》：“诸侯岁献贡士于天子。”为贡士一称所由起。自唐以来，朝廷取士，由学馆出身者曰生徒，由州县者曰乡贡，由朝廷自诏者曰制举。乡贡有秀才、进士、明经等名目。经乡贡考试合格者称贡士，由州县送京参加会试。

⑥分数：张伯行《集解》：“分数者，冠婚丧祭，车服器用，各有差等分别，所以辨上下，定民志，使有所检饬，莫敢僭逾者也。”

⑦无：无论。

译文 程颢认为：“经国治民有十件大事。第一，依据儒家经典，在导师指导下进行道德修养与实践；第二，由吏、户、礼、兵、刑、工六部尚书分别管理国家政务；第三，划定土地、田产的界限；第四，使乡里秩序井然，百姓和谐相处；第五，依据考试制度，自下而上为国家选送优秀管理人才；第六，寓兵于民，建立有效的兵役制度，既保持国家军事力量的强大，又不至于耗匮国力；第七，发展经济，使人民丰衣足食；第八，士农工商四民各安其分，各尽其能；第九，保护自然资源；第十，遵守等级秩序，依据礼仪行事。以上所言，是圣人治国之法，不依古今时代变迁、社会兴衰治乱为转移。除非人类的天理消逝，否则，圣人之法就不可改易。后世统治者只要完全依据圣人之法行事，国家就太平兴旺；即使粗略地依据圣人之法行事，也可以补救种种弊端，不至于导致天下大乱。这一结论，是经过历代统治经验和社会面貌充分证明了的。但是，如果只是空疏地拘泥于古代圣人之法，而不能随时变通，使圣人之法作用于当今之世，或者只是为了追求圣人之法之名，而废弃圣人之法之实，都是陋儒浅薄之见的表现，怎么有资格谈论治理国家之道呢？然而，倘若认为今天人的思想、情感等等已与古人不同，古代先王治国方略，已不能在今天得以再现，于是只考虑眼前利益，抛弃了追求天下大治的宏远目标，恐怕也不是有远大理想、大有作为的人的观点。这种人，当然就不能解决当今社会种种流弊了。”

原文 9·4 伊川上疏曰：“三代之时，人君必有师、傅、保之官。师，道之教训，傅，傅之德义，保，保其身体。后世作事无本，知求治而不知正君，知规过而不知养德。傅德义之道，固已疏矣，保身体之法，复无闻焉。臣以为傅德义者，在乎防见闻之非，节嗜好之过。保身体者，在乎适起居之宜，存畏慎之心。今既不设保傅之官，则此责皆在经筵[①]。欲乞皇帝在宫中言动服食，皆使经筵官知之。有翦桐之戏[②]，则随事箴规，违持养之方，则应时谏止。”

注释 ①经筵：帝王为研读经史而特设的御前讲席。古已有之，宋时始称经筵。

②翦桐之戏：《史记·晋世家》：“成王与叔虞戏，削桐叶为珪以与叔虞，曰：‘以此封若。’史佚因请择日立叔虞。成王曰：‘吾与之戏耳。’史佚曰：‘天子无戏言。言则史书之，戏成之，乐歌之。’于是遂封叔虞于唐。”

译文 程颐上疏说："夏、商、周三代时，天子都设有太师、太傅、太保三公之官职。太师协助天子教训仁道，太傅辅佐天子推行德义，太保保护天子的身心健康。后世人臣，做事缺少对本质问题的关注。他们只知道要寻求社会安定，却不知道问题的关键在于君主首先应该做到人格端正；只知道规劝君主的过失，却不知道根本要害在于君主培养德行。因此，所谓辅佐君主推行德义，就谈不上了，而保护君主的身心健康，同样也就说不上了。臣以为，所谓辅佐君主推行德义，关键在于匡助君主防止非礼的言行举止，节制过分的嗜欲好恶。所谓保护君主的身心健康，关键在于让君主饮食起居要有规律，同时使君主在这方面保持敬畏审慎之心。如今朝廷既然不再设太傅、太保之类的官职，那么，过去太傅、太保的责任就落在经筵官身上。臣乞请皇上在宫中的言行举止、饮食起居都应该让经筵官知道，如皇上有戏谑之举，经筵官应该随时进行劝告；如皇上的行为违背了持身养身之法，应该随时谏止。"

原文 9·5 伊川看详三学[①]条制云："旧制公私试补[②]，盖无虚月。学校礼义相先之地，而月使之争，殊非教养之道。请改试为课[3]，有所未至，则学官召而教之。更不考定高下，制尊贤堂以延天下道德之士，及置待宾吏师斋[4]，立检察士人行检等法。”

又云：“自元丰[5]后，设利诱之法，增国学解[6]额至五百人，来者奔凑，舍父母之养，忘骨肉之爱，往来道路，旅寓他土，人心日偷[7]，士风日薄。今欲量留一百余人，余四百人，分在州郡解额窄处，自然士人各安乡土，养其孝弟之心，息其奔趋流浪之志，风俗亦当稍厚。”又曰：“三舍[8]升补之法，皆案文责迹，有司之事，非庠序育材抡秀之道。盖朝廷授法必达乎下，长官守法而不得有为，是以事成于下，而下得以制其上，此后世所以不治也。或曰：长贰[9]得人则善矣，或非其人，不若防闲[10]详密，可循守也。殊不知先王制法，待人而行，未闻立不得人之法也。苟长贰非人，不知教育之道，徒守虚文密法，果足以成人才乎？”

注释

①三学：唐以国子学、太学、四门学为三学，隶属国子监。宋以太学之外舍、内舍、上舍为三学。

②补：奖励。

③课：考查，考核。

④待宾吏师斋：张伯行《集解》："四方之士有行能可敬者，宾而待之，有通于治道可为吏之师者，馆而隆之，故于尊贤堂而外，更置待宾吏师二斋，以广其教。"

⑤元丰：宋神宗年号。

⑥解（jiè）：举进士者皆由地方发送入试，称为解。

⑦偷：浇薄，不厚道。

⑧三舍：即三学。参见本节注①。

⑨长贰：长，官长。贰，佐贰，即作为副职的官员。

⑩防闲：防，堤，用以制水；闲，栏，用以制兽。引申为防备和禁阻。

译文 程颐详细阅读三学条例后说："旧体制规定，无论公学私学，每月进行一次考试，并对成绩优秀者给予奖励。但学校是争相推崇礼义的地方，每月让学生在学习成绩上竞争名次，就完全背离了教育培养学生的原则。因此，应该把考试改为考查，如果学生成绩不够理想，学官就应该对他进行教育。改变以考试成绩界定学生高下优劣的做法；建立尊贤堂，以延聘天下有德之士。此外设置待宾吏师二斋，以广纳教育人才；建立检察制度，以检查士人的道德行为规范。"

又说："自从元丰以后，朝廷取士，以利禄诱引士子，国学解士名额多达五百人，致使士人趋之若鹜，奔竞斗争。他们舍弃对父母的赡养，忘却对骨肉同胞的爱心，风尘仆仆于长途跋涉之中，寄居遥远的异乡。由于士人受到利禄的导引，结果导致人心浇薄，士风日下。基于此，国学解额五百人中，只留一百名，其余四百名，分散在解额较少的各州郡。这样，士人自然各安乡土，孝弟之心就可以得到养育；追名逐利，不惜奔波劳累的心态就会得到抑制；世风就会渐渐趋于朴厚。”又说“三舍生员升级补缺，依据的是词章之学与行为表现，但这是官吏的事，而不是学校培养人才挑选人才的原则。朝廷取士，制定一定的法规，下达至各州县。地方长官只能依据法规行事，不得随意变通。于是依据法规取士便在各地成为铁律，人们便可以依据铁律挟制上司，这就是后世贤能匮乏，国家不安定的原因。有人说，官吏如果贤明，出于公心选拔人才，不是很好吗？如果官吏不贤明，反不如有法规作保证，使之具有防备与禁阻作用，详明而周密，让不贤明的官吏也不得不依据法规行事？这种说法站不住脚。殊不知先王制定法规，是要人来执行的，从来就没有听说过先王制订过不要人来执行的法规。官吏如果不贤明，不懂教育之道，那么，就只能徒然固守空虚的条文与详密的法规，怎么能够培养人才，造就人才呢？”

原文 9·6《明道行状》云：“先生为泽州晋城[①]令，民以事至邑者，必告之以孝弟忠信，入所以事父兄，出所以事长上。度乡村远近为伍保[②]，使之力役相助，患难相恤，而奸伪无所容。凡孤茕残废者，责之亲戚乡党，使无失所，行旅出于其途者，疾病皆有所养。诸乡皆有校，暇时亲至，召父老与之语；儿童所读书，亲为正句读，教者不善，则为易置；择子弟之秀者，聚而教之。乡民为社会，为立科条，旌别[③]善恶，使有劝有耻。”

注释 ①泽州晋城：泽州，州，府名。治所在丹川（今山西晋城东北）。晋城，县名。

②伍保：伍保之法。五家为伍，五伍为保。

③旌别：识别。

译文 程颐撰写的《明道行状》说：“程颢在泽州晋城当县令时，只要老百姓有事需要他解决，程颢总是告诫他们，在家必须尽孝悌之道，为人必须存忠信之心，在家要事奉父兄，在外要遵从师长。程颢依据村落的分布，以伍保形式就近把乡村家庭组织起来，使他们能够在需要人力物力时相互帮助，遇到患难时相互抚恤，从而让奸邪诈伪者无藏身之地。对于鳏寡孤独者、老弱残废者，程颢责成他们的亲戚或乡里邻居故旧赡济他们，使他们有所依靠。对于行旅在乡间不幸生病的人，则要乡民对他们进行照顾，使他们能得到调养。晋城县各乡都有学校，程颢有空总时常到学校查看，并常与父老乡亲交谈。对于儿童读的书，程颢亲自为他们校正句读。对于不称职的教师，程颢则把他们更换，用称职者取代。对于优秀学生，程颢则把他们挑选出来，聚集在一起进行教育。乡民汇聚在一起构成社会，程颢为乡民社会制定乡规民约，以甄别善恶，使百姓努力向善，戒免邪恶。"

原文 9·7《萃》[①]："王假有庙[②]。"伊川《易传》曰："群生至众也，而可一其归仰。人心莫知其乡[③]也，而能致其诚敬；鬼神之不可度也，而能致其来格[④]。天下萃合人心总摄众志之道非一，其至大莫过于宗庙。故王者萃天下之道至于有庙，则萃道之至也。祭祀之报，本于人心，圣人制礼以成其德耳，故豺獭[⑤]能祭，其性然也。”

注释

①《萃》：六十四卦卦名之一。

②王假有庙：语出《易经·萃》卦辞。假，至。有，高享《周易大传今注》：“有犹于也。”

③乡：通“向”。方向。

④来格：降临。格，至。

⑤獭（tǎ）：水獭。

译文

《萃》卦说：“王到宗庙举行祭祀。”程颐《易传》说：“立宗庙可以统一天下众生万民的信仰。人心飘浮不定，通过祭祀，就能让人心诚敬；鬼神不可测度，通过祭祀，能够让鬼神降临。天下聚合人心总摄众志的途径并非只有一种，而最根本最有效最有影响的途径莫过于宗庙祭祀。因此帝王才把天下聚集人心的种种途径汇聚在宗庙祭祀中，这样聚合人心，当然就能达到最完满的结果。通过祭祀报告神灵，本于人心的内在希望。圣人之所以制定祭祀礼仪，是为了让人恪守诚敬之心。并非只有人有祭祀愿望，动物亦有这种愿望。因此豺狼水獭都会祭祀，这是本性使然。”

原文 9·8 伊川曰："古者戍役再期[①]而还。今年春暮行，明年夏代者至，复留备秋，至过十一月而归。又明年中春遣次戍者，每秋与冬初，两番戍者皆在疆圉[②]，乃今之防秋也。"

注释 ①再期：两周年。

②圉（yǔ）：边陲。

译文 程颐说："古时候，边境戍卒任期两年，方可还乡。具体说，今年暮春三月戍卒起程，第二年夏天替换者达到边境，但被替换者还要留在边境，以防备秋时之警，一直要到十一月过后，被替换者才可启程还乡。第三年仲春之际，又再派遣新的戍卒。这样，每年秋季与冬季，两批戍卒都在边境守防。今天的秋防，正是从古代继承下来的。"

原文 9·9 伊川曰："圣人无一事不顺天时，故至日闭关[①]。"

注释 ①至日闭关：语出《易经·复·象》："先王以至日闭关。"至日，冬至之日。张伯行《集解》："冬至一阳复生，其气甚微，未可以有为，先王以此日闭其关塞，安静以养之。”

译文 程颐说：“圣人做任何一件事都依据天意，因此在冬至之日关闭城门。”

原文 9·10 伊川曰：“韩信多多益办[①]，只是分数明[②]。”

注释 ①多多益办：语出《汉书》。《史记》作“多多益善”。《史记·淮阴侯列传》：“上（汉高祖）问曰：‘如我将几何?’（韩）信曰：‘陛下不过能将十万。’上曰：‘于君何如?’曰：‘臣多多而益善耳。’”

②分数明：意谓法度分明，管理有方。

译文 程颐说：“韩信对汉高祖说：‘我统帅兵马，越多越好。’韩信如此自信，因为他彰明法度，能够做到令行禁止，使任何事情都有条不紊。”

原文 9·11 伊川曰：“管辖人亦须有法，徒严不济事。今帅千人能使千人依时及节得饭吃，只如此者，亦能有几人？尝谓军人夜惊，亚夫[①]坚卧不起。不起，善矣。然犹夜惊何也，亦是未尽善。”

注释 ①亚夫（？—前143）：即周亚夫，西汉名将。沛县（今属江苏）人，周勃子。景帝时，任太尉，平定吴楚七国之乱，迁为丞相。

译文 程颐说："统管军人，必须有法度，仅仅依赖严酷的禁令，往往无济于事。一个统帅一千人的将领，能够使全军将士在规定的时间和要求内吃饭，就不容易。当今之世，能做到这一点者，能有几人？西汉七国反叛时，有一次，汉军营帐半夜一片惊慌，周亚夫却一直躺着不起床。周亚夫遇变不慌，镇静自如，值得称赞。然而为什么遇到敌军侵扰就导致一片混乱呢？这显然是周亚夫治军有不足之处造成的。"

原文 9·12 伊川曰："管摄天下人心，收宗族，厚风俗，使人不忘本，须是明谱系，收世族，立宗子法。"

译文 程颐说："欲统摄天下人心，收拾宗族恩爱之情，使风俗朴厚，使人不忘本，就必须修明谱系，收聚世族，确立宗法宗子制度。"

原文 9·13 伊川曰："宗子法坏，则人不自知来处，以至流转四方，往往亲未绝，不相识。今且试以一二巨公之家行之，其术要得拘守得，须是且如唐时立庙院，仍不得割分了祖业，使一人主之。”

译文 程颐说：“宗子制度一旦毁弃，那么，人就不可能知道自己家族宗派变迁由来，以至于流落他乡，即令遇到同宗的血缘亲戚，也只能视如路人。眼下只能以一二公卿世家来推行宗子制度，权且作为一种尝试。其方法是：如若要拘守宗子制度，就必须像唐朝惯例那样，建立世族宗庙，子孙不得分割祖上产业，选出宗族中有才能者主管其事。”

原文 9·14 伊川曰：“凡人家法，须月为一会以合族。古人有花树韦家宗会法，可取也。每有族人远来，亦一为之；吉凶嫁娶之类，更须相与为礼，使骨肉之意常相通。骨肉日疏者，只为不相见，情不相接尔。”

译文 程颐说：“大凡家法，应该每月让族人聚会一次。古人传说有花树韦家宗族聚会制度，十分可取。只要有族人远道而来，全体族人就要聚会一次。如若遇到吉凶嫁娶之类的大事，族人更应该依据礼仪表示祝贺或给予安慰，以达到情亲骨肉之情相互沟通。情亲骨肉之间，之所以日益疏远，原因在于彼此不相往来，情感得不到交流。”

原文 9·15 伊川曰：“冠[1]婚丧祭，礼之大者，今人都不理会。豺獭皆知报本，今士大夫家多忽此，厚于奉养而薄于先祖，甚不可也。某尝修《六礼大略》，家必有庙，庙必有主[2]。月朔必荐新[3]，时祭[4]用仲月，冬至祭始祖，立春祭先祖[5]，季秋祭祢[6]，忌日迁主祭于正寝[7]。凡事死之礼，当厚于奉生者。人家能存得此等事数件，虽幼者可使渐知礼义。”

注释 ①冠：冠礼。古代男子成年时举行加冠的礼仪。

②主：供奉死者的牌位。

③荐新：进献新出的瓜果等祭品。

④时祭：春秋夏冬四季之祭祀。

⑤先祖：张伯行《集解》：“始祖而下，高祖而上，非一人也。”

⑥季秋祭祢（nǐ）：季秋，秋季第三个月，即农历九月，祢，父死在宗庙中立主曰祢。这里指父亲。

⑦忌日：父母死亡之日禁饮酒作乐，叫忌日。正寝：正室。

译文 程颐说："冠礼、婚礼、丧礼、祭祀，是重大的礼仪活动，但如今人们都不理解这些礼仪的意义。豺狼水獭都知道以祭祀报本，如今士大夫之家却往往给忽略了。他们看重对活着的人的奉养，轻视对先祖的祭祀，是很不应该的。我曾撰有《六礼大略》一书，其要旨是：每家必须有宗庙，庙中必须有死者的牌位；每月朔日必须进献新的祭品；春夏秋冬每季仲月必须祭祀；冬至之日祭祀始祖；立春之日祭祀先祖；季秋之月祭祀父亲；忌日必祭，但必须把父母牌位迁入正室；凡有关死亡丧葬的礼仪，都应当举行得比敬奉活着的人的礼仪隆重。家庭只要能够诚敬地做好上述之事，那么，即令是家中幼小无知的孩童，也会使他们渐渐知晓礼义。"

原文 9·16 伊川曰："卜[①]其宅兆，卜其地之美恶也。地美则神灵安，其子孙盛。然则曷谓地之美者？土色之光润，草木之茂盛，乃其验也。而拘忌者惑以择地之方位，决日之吉凶；甚者不以奉先为计，而专以利后为虑，尤非孝子安厝[②]之用心也。惟五患者不得不慎，须使异日不为道路，不为城郭，不为沟池，不为贵势所夺，不为耕犁所及。"

注释 ①卜：选择；估量。

②安厝（cùo）：安置；安葬。

译文 程颐说："所谓选择墓宅，即要鉴别地土的好坏。地土好，则神灵心安，子孙兴旺。然而怎样才能算地土好呢？土色光润，草木茂盛，就是地土好的证据。然而心态拘忌的人，由于受到世俗之见的迷惑，考虑的是选择墓地的方位坐向，占决日辰的吉凶，以决定舍取。更有甚者，他们考虑的不是怎样安奉先人的体魄，而是活者的利益。这确实不是孝子安葬先人应有的用心。选择墓宅，有五种隐患不得不慎重考虑。第一是墓地往后不会变成路，第二是不会为人修城郭之用，第三是不会为人开沟池之用，第四是不会被权贵豪门侵夺，第五是不会因犁田而受到损毁。"

原文 9·17　正叔①云："某家治丧，不用浮图②。在洛亦有一二人家化③之。"

注释 ①正叔：见1·3条注①。

②浮图：佛，和尚。

③化：改变。

译文 程颐说："我家办理丧事，不要和尚念经。在洛阳乡村，也有一二人家办理丧事时，不要和尚念经。"

原文 9·18 伊川曰："今无宗子，故朝廷无世臣。若立宗子法，则人知尊祖重本；人既重本，则朝廷之势自尊。古者子弟从父兄，今父兄从子弟，由不知其本也。且如汉高祖欲下沛[①]时，只是以帛书与沛父老，其父兄便能率子弟从之。又如相如使蜀，亦移书责父老，然后子弟皆听其命而从之。只有一个尊卑上下之分，然后顺从而不乱也。若无法以联属之，安可？且立宗子法，亦是天理。譬如木必有从根直上一干，亦必有旁枝；又如水虽远必有正源，亦必有分派处，自然之势也。然而又有旁枝达而为干者，故曰：古者天子建国，诸侯夺宗云[②]。"

注释 ①沛：沛县，在今江苏省。

②天子建国，诸侯夺宗：张伯行《集解》："古者天子建立侯国，则天子为一宗，诸侯既主其国，则诸侯亦得别自为宗。"

译文 程颐说："当今之世，没有宗子，因此朝廷就没有世臣。如若建立宗子法，人就知道尊敬祖先敬重本根；

人只要敬重本根，朝廷的权威自然崇高。古时候，子弟顺从父兄，如今则是父兄顺从子弟。如此错位，原因在于人不知道敬重本根。过去汉高祖准备攻取沛县时，只是写了一封书信给沛县乡亲父老，沛县父兄便率领子弟跟从汉高祖。司马相如出使蜀地时，也只是下书督责蜀中父老，随后蜀中子弟皆降心听命，归从朝廷。因此，只要有一个尊卑上下的秩序，人人就会遵从尊长，就不会导致混乱无序。如若无法度可依，怎么能保证社会的有序运转呢？因此，建立宗子法，是天理的必然要求。正如树木必有一枝从根直上的主干，也必有若干分枝；又如河水虽然流得很远，但必有源头，也必有分流，都是自然的发展趋势。当然，一棵树的小枝也可以长成枝干，但它依然是主干派生出来的。因此才可说：天子建立诸侯国，各诸侯分管封地，自然就各自为宗。”

原文 9·19 邢和叔叙明道先生事云：“尧舜三代帝王之治，所以博大悠远，上下与天地同流者，先生固已默而识[①]之。至于兴造礼乐制度文为[②]，下至行师用兵战阵之法，无所文讲[③]，皆造其极。外之各国情形山川道路之险易，边鄙防戍城寨斥候控带[④]之要，靡不究知。其吏事操决，文法簿书，又皆精密详练，若先生可谓通儒全才矣。”

注释

①识（zhì）：记。

②文为：文，彩色交错。为，变成，制成。这里指各种法令条文。

③文讲：阐明。文，善。

④斥候控带：斥候，放哨，斥，远；候，侦察。控，控制。带，引导。

译文

邢和叔叙述程颢事迹时说：“尧、舜、禹、商汤、文王的治法道法，博大悠远，与天地同流，程颢先生已经融合默契，牢记在心。以至上起礼乐制度法令条文，下至统领兵马，运用兵法，营划战阵之术，程颢无不精通，几乎都达到至极的高度。另外如各国的地理状况、山川道路的分布及地形的复杂性，以及境内边境的防戍、营寨的分布、哨所的作用、区域的控制等要害问题，程颢无不一一研究思考过。程颢为官，无论是吏治之事的裁决，还是法令条文的运用，官署文书的处理，都能做到精细、周密、谙练。像程颢先生这样的人，真可称得上通儒全才。”

原文 9·20 伊川曰："介甫言律[1]是八分书，是他见得。"

注释 ①律：刑法条文。

译文 程颐说："王安石认为律书在道理上并不完满，还有几分欠缺，这种看法是很正确的。"

原文 9·21 横渠曰："兵谋师律，圣人不得已而用之。其术见三王方策、历代简书。惟志士仁人为能识其远者大者，素求预备而不敢忽忘。"

译文 张载说："运用兵法谋略，运用法令治军，对于圣人来说，都是出于不得已。这些权谋策略可以在夏禹、商汤、周文王、周武王的方策和历代简书中见到。只有志士仁人，才能认识到这些计谋法令的深远价值，因此，他们平时才会潜心探求这方面的学问，以预先戒备，不敢轻易忽视遗忘。"

原文 9·22 横渠曰："肉辟[1]于今世死刑中取之，亦足宽民之死，过此当念其散之之久。"

注释 ①肉辟：古代墨、劓、剕、宫、大辟等肉刑的总称。

译文 张载说："用肉刑而不用死刑来惩罚犯有死罪的人，今天足以说是一种宽容的策略。但如若实行宽容的政策也不能改变人们普遍违法犯罪这一事实，那就只能归结于统治者教化无方，民心久已涣散这一原因。"

原文 9·23 吕与叔撰《横渠行状》曰："先生慨然有意三代之治。论治人先务，未始不以经界为急。尝曰：'仁政必自经界始[①]'。贫富不均，教养无法，虽欲言治，皆苟而已。世之病难行者，未始不以亟[②]夺富人之田为辞。然兹法之行，悦之者众，苟处之有术，期以数年，不刑一人而可服。所病者特上之人未行耳。乃言曰，纵不能行之天下，犹可验之一乡。方与学者议古之法，共买田一方，画为数井[③]，上不失公家之赋役，退以其私正经界，分宅里，立敛法，广储蓄，兴学校，成礼俗，救灾恤患，敦本抑末，足以推先王之遗法，明当今之可行，此皆有志未就。"

注释 ①仁政必自经界始：语出《孟子·滕文公上》。

②亟（jí）：急切。

③井：古制，八家一井。

译文 吕与叔撰写的《横渠行状》说："张载慨然有复兴夏、商、周三代理想社会之志。张载认为，统治人民，首先要做的，未尝不以划定土地田沟的界线为关键所在。孟子曾所过：'施行仁政，一定要从划定土地田沟的界线入手。'在贫富不均、教养无法的情况下，谈所谓的治理国家，无非是苟且说说而已。社会上有人责备说，井田制难以推行。其理由是：要推行井田制，势必要侵夺富人的田产，由此必然遭到富人的抗拒。然而结果并非如此。一旦推行井田制，拥护者必然居多数，如果有适当的手段处理推行过程中的种种问题，在数年之内，不用刑罚一人，便可让人们对井田制心悦诚服。因此，应该责备的只是那些上层官吏不愿推行井田制。张载坚信：纵然井田制不能推行于天下，也可以在乡村进行试验。基于此，张载和一些有识之士商议古代井田制的推行计划：共同出钱买一块田地，分为数井让数十家耕种，首先不延误国家的赋税差役，其次划定各家田界，各自经营自己的田地，划分每家的住宅范围，建立收敛制度，扩大储备，兴办学校，建构礼俗文明，救助灾患，重本抑末，这样，就完全能够推行先王遗法。从而让人们明白，当今之世，实施井田制，是可行的。遗憾的是，张载虽然有复兴井田制的宏大志向，然而在未完成这一事业时，却赍志以没。”

原文 9·24 横渠先生为云岩[①]令，政事大抵以敦本善俗为先。每以月吉[②]具酒食，召乡人高年会县庭，亲为劝酬，使人知养老事长之义。因问民疾苦，及告所以训戒子弟之意。

注释 ①云岩：县名，在今陕西宜川境内。熙宁七年（1074）废。

②月吉：月朔，农历每月初一。

译文 张载在云岩县当县令时，对于政事的处理，首先考虑的往往是教育人民奉行孝弟，遵从传统礼俗。每月初一，张载摆上酒食，邀请乡间老年人在县庭内聚会，亲自为他们敬酒，以使人们知道应该尊敬老人。张载还常常通过探问百姓疾苦，以此告诫年轻人，孝弟是立身之本，不可须臾松懈。

原文 9·25 横渠曰：“古者有东宫，有西宫，有南宫，有北宫，异宫而同财，此礼亦可行。古人虑远，目下虽似相疏，其实如此乃能久相亲。盖数十百口之家，自是衣服饮食难为得一。又异宫乃容子得伸其私，所以避子之私也。子不私其父，则不成为子。古之人曲尽人情。必也同宫，有叔父伯父，则为子者何以独厚于其父，为父者又乌得而当之？父子异宫，为命士①以上，愈贵则愈严。故异宫犹今世有逐位②，非如异居也。”

注释 ①命士：指最低一级的官。命，官阶。

②逐位：依次排列的位置。

译文 张载说：“古代大家族的居室，有东屋、西屋、南屋、北屋之分，而财产则不分。这种以礼为根据的布局和规定，在今天也可以推行。古人考虑问题，看得远。表面上看，似乎这种格局造成了各家的相互疏离，其实只有如此才能保证整个家庭长久相亲相爱、和睦相处。一个几十上百人的大家族，各家日常生活的具体安排，自然难以统一。再者，各家分屋而居，就为子女私自表达对父母的特有情感提供了可能并且也可以避免其他亲戚看见这私自的情感。子女不私自偏爱父母，就不成其为子女。古人分屋而居，巧妙地满足了人间亲情的内在要求。如若整个大家族都居住在一起，有伯父有叔父，子女怎么能只偏向自己的父亲呢？而作为父亲，又怎么能担当得起呢？儿子成为官吏以后，父子就要分屋而居，儿子的地位愈高，分屋而居的种种规定愈细愈严。因此，所谓分屋而居，就如同今天依据社会地位高低排列各家的房屋位置，并不是指在异地居住。”

原文 9·26 横渠曰：“治天下不由井地，终无由得平。周道[①]止是均平。”

注释 ①周道：《诗经·小雅·大东》：“周道如砥，其直如矢。”

译文 张载说：“治理天下如若不实行井田制，最终将无法达到天下太平。周朝圣王的治国原则，只是要达到田产均平。”

原文 9·27 横渠曰：“井田卒归于封建[①]，乃定。”

注释 ①封建：古代帝王把爵位、土地赐给诸侯，在封定的区域内建立邦国。

译文 张载说:“要推行井田制，最终只有以封建制为根据，才有确定的保证。”

政事第十

（凡六十四条）[①]

此卷论临政处事。盖明乎治道而通乎治法，则施于有政矣。凡居官任职，事上抚下，待同列，选贤才，处世之道具焉。

说明　朱熹说："此卷论临政处事。盖明乎治道而通乎治法，则施于有政矣。""治体"是本，"治法"是目，"政事"是行。三者是统一的，但逻辑有先后。现实政治运作需要人来执行，否则，"治体"就无法彰显，"治法"就会落空，不啻一纸空文。在这个意义上，政治的清明与腐败，决定于国家官吏，至少在传统社会如此。

做官以做人为前提。只有做好人，才能做好官。这是儒家道德修身论的原理，在儒家任何典籍里屡见不鲜。因此，当刘安礼问如何管治官吏时，程颢回答说："正己以格物。"

但不是人人都能做官。官吏是一种职业身份，自然有其特定的职业规范。农夫可以自由自在，他闲散他勤快决定于他自己，别人不能强制，他没有非如此不可的义务。因为他无论闲散还是勤快都是他自己的事，不会对他人造成影响。政治事物则不然，属于公共领域，与每个人的利益息息相关。官吏懈怠，政事荒疏，白拿国家俸禄，是寄生虫；更重要的是，拖延对社会事务的解决，必然打乱民众正常的生活秩序，导致不应有的社会危机。农夫闲散，依然是农夫；官吏懈怠，就不配做官吏。因此，尽职尽责是做官的应然之理，当然之义。程颐说：

“周公乃尽其职耳。”

“君子之于议狱，尽其忠而已。”

道理非常清楚，忠于职守是为官的本分。职责是崇高的，因为它是公共性的。程颢做县令时，凡住座之处都写有“视民如伤”四字，是为了时时告诫自己，为官责任重大，应克尽职守，不可稍有疏忽，愧对百姓。

履行职责是动机与效果的统一。张载说：“意思齷齪，无由作事。”程颢说：“欲当大任，须是笃实。”又说：“职事不可以巧免。”没有光明磊落的心态，没有笃信踏实的作风，就失去了履行职责的起码资格。

“通世务”是履行职责的必要条件之一。不学无术，缺乏管理政治事务的才能与经验，不谙政治运作的程序与规则，不是腐儒，就是庸吏，不能真正有效地履行职责。

慎重与轻率相反。处理政事之所以要慎重，因为慎重是责任的内在要求。只有把责任视如儿戏，才可能满不在乎，随意行事。

官吏履行责任就是把事情做好，让人们心悦诚服。责任是本卷的主题。宋儒所讲的公正、廉洁、才能、恭敬、威严、气量、策略等等，都是围绕着责任展开的。

政治运作的本质是权力。权力不受制约，必然导致滥用权力，必然腐败。中国历史上，皇帝的权力不受制约，虽然儒家传统有“道统”高于“政统”之说，但并未落实为技术操作层面的权力监督机制。因此，面对帝王的所作所为，宋儒只能“潜思存诚，觊感动于上心”而已。

注释 ①底本条目实为六十三条。

原文 10·1 伊川上疏曰：“夫钟，怒而击之则武，悲而击之则哀，诚意之感而入也。告于人亦如是，古人所以斋戒而告君也。臣前后两得进讲，未尝敢不宿斋豫戒，潜思存诚，觊①感动于上心。若使营营于职事，纷纷其思虑，待至上前，然后善其辞说，徒以颊舌感人，不亦浅乎？”

注释 ①觊：希望。

译文 程颐上疏说："人怀着怒气击钟，钟就会发出洪亮之声；人怀着悲心击钟，钟就会发出哀惨之声。这是人的真诚实意之感影响了钟的缘故。对人说话，道理也一样。因此古人总是先进行斋戒，然后才禀告皇帝。我前后两次在陛下面前言讲，从未敢不先进行斋戒，收敛思虑，守存诚敬之心，就希望能感动陛下。如若事前忙于处理各种政务，造成思绪纷乱，待到在陛下面前进讲时，凸现的无非是能言善辩而已。这种只想以表面的形容言辞打动他人的伎俩，不是很浅陋吗？"

原文 10·2 伊川答人示奏稿①书云："观公之意，专以畏乱为主。颐欲公以爱民为先，力言百姓饥且死，匄②朝廷哀怜，因惧将为寇乱可也。不惟告君之体当如是，事势亦宜尔。公方求财以活人，祈之以仁爱，则当轻财而重民，惧之以利害，则将恃财以自保。古之时得邱民③则得天下。后世以兵制民，以财聚众，聚财者能守，保民者为迂。惟当以诚意感动，觊其有不忍之心而已？"

注释 ①奏稿：奏牍。

②匄（gài）：乞求。

③邱民：乡民，国民。

译文 一同僚请程颐评阅他写给皇帝的奏章。程颐于是给他回了一封信。信中说："看了你的信，知道你所主要关注的是，担心老百姓的饥馑状况会导致社会动乱不安。我认为，你考虑问题应该以爱民为出发点，首先尽力向皇帝呈述百姓饥馁困苦、朝不保夕的危急状态，乞请朝廷同情百姓疾苦。然后你再说，百姓的疾苦得不到解决，就会导致社会动荡，盗贼蜂起。这样，你向皇帝禀告民情，不但基于仁义爱民之本，完全站得住脚，而且就事理情势而言，也考虑到了先后缓急，是合宜合理的。你在奏章中请求朝廷散财——以让百姓继续生活下去，不如祈请朝廷以仁爱为心。从仁爱出发，朝廷自然就会轻视钱财，重视民生。如若只是从害怕动乱这一利害关系考虑问题，那么朝廷必将恃财聚财，以图自保。古时候，得民心就可以得天下。后世则不然，往往以暴力压制人民，而要压制人民，就必须以钱财为资本，聚集军队。于是顺理成章的是：能够聚积钱财，就能守护天下；而所谓爱民保民，自然就成了迂腐之见。基于此，我们唯一所应当做的，是以真诚之心感动皇帝，希望皇帝能有不忍之心而已。”

原文 10·3 明道为邑[①]，及民之事多，众人所谓法所拘者，然为之未尝大戾[②]于法，众亦不甚骇。谓之得伸其志则不可，求小补，则过今之为政者远矣。人虽异之，不至指为狂也；至谓之狂，则大骇矣。尽诚为之，不容而后去，又何嫌乎？

注释 ①邑：邑宰；县令。

②戾：违戾。

译文 程颢当县令时，对民事的处理往往与众人拘泥的法度观念相左。但程颢依然自行其是，结果从未过分违背法度，众人也不感到特别骇异。程颢如此果决，如若说他得以施展自己的抱负则不可；如若就他对国家的贡献而言——哪怕是稍许贡献，却是当今的官吏不可企及的。人们虽然也可能对程颢所作所为持有异议，但不至于认为他狂妄；如若认为他狂妄，那他肯定会惊骇不安的。为政只是竭尽真诚职责而已，如若不容于世，自当弃官而去，又何必怨恨呢？

原文 10·4 明道曰："一命[①]之士，苟存心于爱物，于人必有所济。"

注释 ①一命：最低一级的官。

译文 程颢说："为官者，官位再低，也必须守存善心，泛爱万物，济助民众。"

原文 10·5 伊川曰："君子观天水违行之象，知人情有争讼之道，故凡所作事必谋其始[①]。绝讼端于事之始，则讼无由生矣。谋始之义广矣，若慎交结明契券之类，是也。"

注释 ①君子三句：《易经·讼·象》："天与水违行，讼。君子以作事谋始。"

译文 程颐说："君子观望天水相背而行之象，就知道人与人之间存在着矛盾与冲突，必然引起争讼纷起，因此凡在做事时，必须首先慎重思考。因此，如若把争讼的端倪杜绝在肇起之时，争讼就无从产生。需要在事情开始时进行仔细思考的事无以数计，例如谨慎地交友、辨明契约内容等等即是。”

原文 10·6 伊川曰：“《师》之九二[①]：为师之主，恃专则失为下[②]之道，不专则无成功之理，故得中为吉。凡师之道，威和并至则吉也。”

注释 ①《师》之九二：《师》，六十四卦卦名之一。九二，指九二爻辞：“在师中，吉，无咎。王之锡命。”

②为下：主帅为君王之臣，故说“为下”。

译文 程颐说：“《易经·师》九二爻辞的含义是：作为军中的主帅，恃权专断，就背离了人臣卑逊的本分；不专断，就不能指挥部队取得胜利。因此，取中庸之道，才会吉利。大凡统领军队，威严与柔和并用，就能吉利。”

原文 10·7 伊川曰：“世儒有论鲁[①]祀周公以天子礼乐，以为周公能为人臣不能为之功，则可用人臣不得用之礼乐，是不知人臣之道也。夫居周公之位，则为周公之事，由其位而能为者皆所当为也，周公乃尽其职耳。”

注释 ①鲁：春秋诸侯国名。周武王封其弟周公于鲁。

译文 程颐说："关于鲁国以奉祀天子的礼乐奉祀周公一事，俗儒认为，周公因为建立了人臣不能建立的功勋，因此周公可以享用人臣不得享用的礼乐。这种看法，是不懂人臣之道的谬见。在周公的位置上，就做周公这个位置做的事。由其位置决定所能做的事，都是应该做的事。周公无非是尽职尽责而已。"

原文 10·8《大有》[①]之九三曰："公用亨[②]于天子。小人弗克[③]。"伊川《易传》曰："三[④]当大有之时，居诸侯之位，有其富盛。必用亨通于天子，谓以其有为天子之有也，乃人臣之常义也。若小人处之，则专其富有以为私，不知公己奉上之道。故曰：小人弗克也。"

注释 ①《大有》：六十四卦卦名之一。古语称年谷丰收为"大有"，谓筮遇此卦，将得丰年也。

②亨：贡献。

③弗克：不能。克，能。

④三：指九三爻。

译文 《易经·大有》九三爻辞说："公侯把一切都奉献给天子，小人则做不到。"程颐《易传》说："九三一爻正处于丰年之时，又居诸侯之位，富贵兴盛自不待言。纵然如此，诸侯必定会把自己的一切财富、荣誉奉献给天子，这意味着自己的一切所有都属于天子。只有如此，才是人臣的本分。如若小人处在贵富显赫的位置上，小人必然只会把一切财富窃为己有；小人绝不会有公心，绝不可能做到恭己奉上。因此《易经·大有》九三爻辞才说：'小人没有公心。"

原文 10·9 伊川曰："人心所从，多所亲爱者也。常人之情，爱之则见其是，恶之则见其非。故妻孥之言，虽失而多从；所憎之言，虽善为恶也。苟以亲爱而随之，则是私情所与，岂合正理？故《随》[①]之初九：出门而交，则有功也[②]。"

注释 ①《随》：六十四卦卦名之一。

②出门而交，则有功也：《易经·随》初九为"出门交有功"。

译文 程颐说："人往往顺从自己亲爱的人。常人的情感倾向表现为：爱一个人就总是看见他好的地方，恨一个人则总是看见他不好的地方。因此，对自己妻子儿女说的话，即使说得不对，往往也会附和；而对自己所憎恶的人说的话，即使说得对，往往也会厌恶。如果只是因为对方是自己所爱的人，就无原则地顺从他，那种顺从，表达的无非是私情，岂能合符正理？因此《易经·随》初九爻辞说：'为人处世能够超越狭隘的好恶，就能获得成功。'"

原文 10·10《随》九五之象曰："孚于嘉[①]，吉，位正中也[②]。"伊川《易传》曰："《随》以得中为善，《随》之所防者过也。盖心所悦随，则不知其过矣。"

注释 ①孚于嘉：孚，信用。这里为动词。嘉：善，美，指中正之道。

②位正中：依爻象、爻位之说，九五为阳爻，居上卦中位，是谓得位。

译文 《易经·随》九五之《象》说："信守中正之道，诸事吉利。因为九五之爻居上卦中位，像人守中正之道。"程颐《易传》说："《随》卦的指向是：守持中正之道，即是善；《随》卦防止的是'过'。因此，人出于喜悦之情而附和顺从他人，自然就不知道自己的言行偏过不正。”

原文

10·11《坎》[1]之六四曰：“樽酒簋贰用缶[2]，纳约自牖[3]，终无咎。”伊川《易传》曰：“此言人臣以忠信善道，结于君心，必自其所明处，乃能入也。人心有所蔽，有所通。通者，明处也，当就其明处而告之，求信则易也。故云‘纳约自牖’。能如是则虽艰险之时，终得无咎也。且如君心蔽于荒乐，唯其蔽也故尔，虽力诋其荒乐之非，如其不省，何必于所不蔽之事推而及之，则能悟其心矣。

自古能谏其君者，未有不因其所明者也。故讦直强劲者，率多取忤，而温厚明辨者，其说多行。

非惟告于君者如此，为教者亦然。夫教必就人之所长，所长者心之所明也；从其心之所明而入，然后推及其余，孟子所谓成德达财[4]是也。”

注释

①《坎》：六十四卦卦名之一。

②樽酒簋（guǐ）贰用缶（fǒu）：樽：盛酒的器皿，酒壶。簋：盛饭的器皿，饭盒。贰：高亨《周易大传今注》：“贰当作资，形似而误。资借为粢，米饭也。”缶：瓦器。

③纳约自牖：纳：引进；纳入。约：张伯行《集解》："所谓约也，喻人之忠信善道也。"牖：窗，喻明白处。

④成德达财：《孟子·尽心上》："孟子曰：'君子之所以教者五：有如时雨化之者，有成德者，有达财者……'"财，通"材"。

译文 《易经·坎》六四爻辞说："用瓦器盛酒，用瓦器盛饭，质朴之极。从别人明白的地方阐述忠信之道，最终不会有危险。"程颐《易传》说："此爻的意思是说，人臣如若要君主奉守忠信之道，就必须从君主明白的地方开导他，这样，君主才能够接受人臣的劝谏。人会被遮蔽，同样人也会开通。所谓'通'，即是明白的地方。因此，劝告君主，应当从君主明白的地方劝告他，这样君主就容易相信并接受劝告。《易经·坎》六四爻辞说'纳约自牖'，其道理正在这里。如若人臣依据这一原则行事，即令出现种种曲折凶险，最终也不会获咎。例如，君主受私欲蒙蔽，耽于荒乐；而耽于荒乐，正是私欲蒙蔽的结果。作为人臣，虽然应该尽力对君主的荒乐行为进行诋谏，但如果君主不知省悟，不如从君主未受到蒙蔽的事情上开导他，然后推及开来，指出追求佚乐的种种恶果，这样，庶几就能使君主幡然悔悟。

自古以来，凡是能够使君主接受自己的劝谏的，没有不是从君主明白的地方劝谏的。因此，强劲有力的诤诤直言，往往忤逆君主；而温柔深厚的明辨之言，则往往被君主接受。

非但劝告君主应当如此，教诲他人亦然。教育人，必须从人的长处启发他。所谓长处，就是明白处。教育应该从人明白处入手，然后再推及到其他方方面面。孟子所说的‘成就人的品德，培养人的才能’，正是这个意思。”

原文

10·12《恒》①之初六曰：“浚恒②，贞凶。”《象》曰：“浚恒之凶，始③求深也。”伊川《易传》曰：“初六居下，而四为正应。四以刚居高，又为二三所隔，应初之志异乎常矣，而初乃求望之深，是知常而不知变矣。世之责望故素而至悔咎者④，皆浚恒者也。”

注释

①《恒》：六十四卦卦名之一。

②浚恒：浚：索取。恒：久。

③始：高亨《周易大传今注》：“始，疑借为殆。”《说文》：“殆，危也。”

④故素：故交，老友。

译文 《易经·恒》初六爻辞说："不断索取，卜问凶险。"《象》说："不断索取之所以凶险，就在于一味求索，不知禁止。"程颐《易传》说："初六一爻居下位，而九四一爻照理与之相应。但九四属刚性，又居于高位，难以接应初六；并且九二、九三两爻隔在中间。因此，九四接应初六的志趣已与常态不同，而初六仍不断地对九四寄予深厚的期望。这种求索，属于只知常理而不知权变之列。世人之所以责备那些对老朋友要求太高，期望太高的人，就是因为他们不断地向老朋友索求。"

原文 10·13《遁》之九三曰："系遁①，有疾厉。畜臣妾②，吉。"伊川《易传》曰："系恋之私恩，怀小人女子之道也，故以畜养臣妾则吉。然君子之待小人，亦不如是也。"

注释 ①系遁：系：拘系，拖累。系遁：犹言被拖累而不能退隐。

②臣妾：古称男奴隶为臣，女奴隶为妾。

译文 《易经·遁》九三爻辞说："被拖累而不能隐退，如同身染重病，情形危险。在这种情况下，蓄养奴婢是吉利的。"程颐《易传》说："以私恩为念，骨子里怀有的无非是小人女子式的狭隘心态。因此，对于这样的人来说，蓄养奴婢或许是吉利的。但是，君子对待小人，则完全不以小恩小惠为念。"

原文 10·14《睽》[①]之《象》曰："君子以同而异[②]。"伊川《易传》曰："圣贤之处世，在人理之常莫不大同，于世俗所同者，则有时而独异。不能大同者，乱常拂理之人也，不能独异者，随俗习非之人也，要在同而能异耳。"

注释 ①《睽》：六十四卦卦名之一。《序卦》："睽，乖也。"

②君子以同而异：睽（䷥）卦为异卦相叠。上卦为离，离为火；下卦为兑，兑为泽。张伯行《集解》："睽之象上火下泽，水火同体而性不同。君子观火泽之象，凡事不故为立异，而亦不能混然从同，故以同而异。"

译文 《易经·睽》之《象》说："君子遵从'道'的普遍法则，同时也保持自己独立的个性。"程颐《易传》说："圣贤处世为人，遵奉伦常日用之理，一言一行莫不与天理一致；但在世俗的时尚面前，则保持独立不羁的品格，决不随波逐流。不能遵从普遍的天理，必然扰乱纲常，拂逆义理；不能特立独行，必然顺随流俗，听任谬误。因此，圣贤之道，关键在于既要遵从普遍法则，又要保持独立人格。”

原文 10·15 伊川曰：“《睽》之初九[①]：当睽之时，虽同德者相与，然小人乖异者至众，若弃绝之，不几尽天下以仇君子乎？如此则失含宏之义，致凶咎之道也，又安能化不善而使之合乎？故必见恶人则无咎也。古之圣王，所以能化奸凶为善良，革仇敌为臣民者，由弗绝也。”

注释 ①初九：指初九爻辞：“悔亡，丧马，勿逐，自复。见恶人无咎。”

译文 程颐说：“《易经·睽》初九爻辞的意思是：当冲突到来之时，虽然君子相互支持，团结一致，然而乖异小人人多势众，如若绝弃他们，不就是几乎让整个天下人都仇视君子吗？这样做，就丧失了君子宽宏的气量，必然导致小人加害于君子。又怎么能感化小人，使他们最终能合于正道呢？因此，君子必须以宽容的态度对待恶人，就不会有灾祸。古代圣王之所以能把奸凶者感化为善良的人，把仇敌改造成臣民，原因在于圣王没有绝弃他们。”

原文 10·16 伊川曰：“《睽》之九二[①]：当睽之时，君心未合，贤臣在下竭力尽诚，期使之信合而已。至诚以感动之，尽力以扶持之，明义理以致其知，杜蔽惑以诚其意，如是宛转以求其合也。遇非枉道逢迎也，巷非邪僻由径也，故《象》曰：‘遇主所巷[②]，未失道也。’”

注释 ①九二：指九二爻辞：“遇主于巷，无咎。”

②巷：张伯行《集解》：“巷者，乃委婉曲折以相通，非偏邪险僻由乎小捷之径也。”所，当作“于”。

译文 程颐说：“《易经·睽》九二爻辞的意思是：当危机出现之时，君心不合仁德，身居下位的贤臣就应该竭其股肱之力，尽其忠敬之诚，从而使君主之心最终合于仁德。奉至诚之心以感动君主；尽勤敏之力以扶持君主；阐明义理，使君主一一能知晓；杜绝蔽惑，使君主恪守诚意；贤臣如能以上述之职宛转行事，庶几可望君心合于仁德。所谓'遇'，并非指枉道苟合，采取逢迎邪媚的手段；所谓'巷'，亦非指邪险偏私的机巧。因此《象》说：'遇主于巷，未失道也。'"

原文 10·17《损》之九二曰："弗损，益之。"伊川《易传》曰："不自损其刚直，则能益其上，乃益之也。若失其刚贞而用柔说，适足以损之而已。世之愚者，有虽无邪心，而惟知竭力顺上为忠者，盖不知'弗损，益之'之义也。"

译文 《易经·损》九二爻辞说："没有受到损伤，反而有益。"程颐《易传》说："人臣不肯自我贬损，保持自己刚毅、正直的品格，就能对君主有利。人臣不贬损自己，正是为了有益于君主。如若人臣丧失了刚毅、正直的人格，以谄媚君主为能事，那就只会对君主造成损害。有些愚蠢的人，虽不一定有什么邪念，但他们只知道一味盲目顺从君主，并认为这才是尽忠的表现。这样的人失之于不懂不贬损自己的人格，才能真正有益于君主这一道理。"

原文 10·18《益》[1]之初九曰："利用[2]为大作，元吉，无咎。"《象》曰："元吉，无咎，下不厚事也。"伊川《易传》曰："在下者本不当处厚事。厚事，重大之事也，以为在上所任。所以当大事，必能济大事而致元吉，乃为无咎。能致元吉，则在上者任之为知人，己当之为胜任。不然，上下皆有咎也。"

注释 ①《益》：六十四卦卦名之一。

②利用：利于。用：于。

译文 《易经·益》初九爻辞说："有利于大有作为，大吉大利，无灾祸。"《象》说："大吉大利，无灾祸，因为地位低下的人不承担重大责任。"程颐《易传》说："地位低下的人本不应当承担重大责任。所谓'厚事'，即是责任重大的事，只能由地位高的人承担。因此能担当重大责任的人，必须能成就大事，把事情做得完满吉利，毫无任何指责可言；要把事情做得顺利完满，承担重大责任的人就必须有知人之明，而受命者应当胜任自己的职责。不然，无论上司或下属都要受到责备。"

原文 10·19 伊川曰："革[①]而无甚益，犹可悔也，况反害乎？古人所以重改作也。"

注释 ①革：革命，改革。本节为程颐对《易经·革》彖辞的阐释。

译文 程颐说："改革没有带来多少益处，已经让人痛悔了，更何况改革反而带来灾害呢？因此，古人对改革持慎重态度。"

原文 10·20 《渐》[①]之九三曰："利御寇。"伊川《易传》曰："君子之与小人比[②]也，自守以正，岂惟君子自完其己而已乎？亦使小人得不陷于非义，是以顺道相保，御止其恶也。"

注释 ①《渐》：六十四卦卦名之一。

②比：相近。

译文 《易经·渐》九三爻辞说："利于抵御敌寇。"程颐《易传》说："君子与小人待在一起，君子自然恪守正道。君子这样做，难道仅仅是做到自我完善吗？不，君子同时还要以自己的道德人格影响小人，使小人不至于背弃义理，从而达到以义理之道相互保全，共同御止邪恶的目的。”

原文 10·21《旅》[①]之初六曰：“旅琐琐[②]，斯其所取灾。”伊川《易传》曰：“志卑之人，既处旅困，鄙猥琐细，无所不至，乃其所以致悔辱，取灾咎也。”

注释 ①《旅》：六十四卦卦名之一。

②琐琐：琐屑。

译文 《易经·旅》初六辞说：“旅人琐屑，这正是他自取灾祸的原因。”程颐《易传》说：“志向卑微的人，一旦在旅途中遇到困境时，处处显得鄙猥琐细，而这正是导致他悔吝羞辱，自取灾祸的根源。”

原文 10·22 伊川曰：“在旅而过刚自高，致困灾之道也。”

译文 程颐说：“人在旅途中过于刚愎自傲，就会招致困厄灾祸。”

原文 10·23《兑》[①]之上六曰：“引[②]兑”《象》曰：“未光

也。”伊川《易传》曰：“说既极矣，又引而长之。虽说之之心不已，而事理已过，实无所说。事之盛则有光辉，既极而强引之长，其无意味甚矣，岂有光也？”

注释 ①《兑》：六十四卦卦名之一。《彖辞》说：“兑，说也。”说，即悦。

②引：引导。

译文 《易经·兑》上六爻辞说：“引导他人喜悦。”《象》说：“着意牵引，德行未必光明。”程颐《易传》说：“喜悦之情已到极限，还要不断引伸，不断增长。虽然对事物的喜悦之情不肯停止，但就事理而言，让人喜悦的事情已经过去，实在没有什么值得喜悦的。事情盛大时，光辉普现。而达到极限时，还要强勉引伸，使之不断增长，这就太没有意味了，怎么可能还有光亮呢？”

原文 10·24《中孚》[①]之《象》曰：“君子以议狱缓死。”伊川《易传》曰：“君子之于议狱，尽其忠而已；于决死，极于恻[②]而已。天下之事，无所不尽其忠，而议狱缓死，最其大者也。”

注释 ①《中孚》：六十四卦卦名之一。

②恻：恻怛；恻隐。

译文 《易经·中孚》之《象》说："君子审议讼狱，不轻易用死刑。"程颐《易传》说："君子审议讼狱，只是尽职尽忠而已；君子裁决死罪，只是竭尽恻隐之心而已。天下一切事情，无不要求尽职尽忠；而关于讼狱的审议，死刑的裁决，尤其如此。"

原文 10·25 伊川曰："事有时而当过，所以从宜。然岂可甚过也？如过恭过哀过俭[①]，大过则不可。所以小过为顺乎宜也，能顺乎宜，所以大吉。"

注释 ①过恭过哀过俭：《易经·小过》之《象》曰："山上有雷，小过。君子以行过乎恭，丧过乎哀，用过乎俭。"

译文 程颐说："事情有时候有所过头，因此应该权宜为之。然而难道可以太过头吗？如过于恭谦，过于哀伤，过于节俭，都是小过，大过则不可。因此，对于小过，只要顺从时宜即可。能顺从时宜，就能大吉大利。"

原文 10·26 伊川曰："防小人之道，正己为先。"

译文 程颐说："要防止小人的侵害，首要的是端正自己。"

原文 10·27 伊川曰："周公至公不私，进退以道，无利欲之蔽。其处也，夔夔[1]然存恭畏之心；其存诚也，荡荡然无顾虑之意；所以虽在危处之地，而不失其圣也。《诗》曰：'公孙硕肤，赤舄几几[2]。'"

注释 ①夔夔：戒谨恭顺貌。

②公孙硕肤，赤舄（xì）几几：语出《诗经·国风·狼跋》。硕肤：心广体胖之象。赤舄：以金为饰的鞋。几几：《广雅》："盛也。"以状盛服之貌。

译文 程颢说："周公大公无私，无论进退，都以'道'为依归，毫无任何私欲之蔽。周公处世为人恭顺谨慎；周公心志真诚，坦然自如，毫无任何顾虑之心。因此，他虽然处在危险的境地，却依然不失圣人气象。《诗经》说：'周公心宽体胖，仪表庄严高贵。'"

原文 10·28 伊川曰："采察求访，使臣之大务。"

译文 程颐说："采察风土人情，求访贤人君子，是使臣的重大责任。"

原文 10·29 明道先生与吴师礼谈介甫之学错处。谓师礼曰："为我尽达诸介甫，我亦未敢自以为是。如有说，愿往复。此天下公理无彼我，果能明辨，不有益于介甫，则必有益于我。"

译文 程颢和吴师礼在一起谈论王安石学问的差错之处。程颢对吴师礼说："你可以把我的看法全部告诉王安石，就说我不敢自以为我的观点绝对正确。如果王安石要辩论，我们可以继续辩论。天下公理独立于个人见解之上，如果通过辩论，能够讲明是非曲直，那么，最终不是有益于王安石，就必定会有益于我程颢。"

原文 10·30 天祺在司竹①，常爱用一卒长。及将代，自见其人盗笋皮，遂治之无少贷②。罪已正③，待之复如初，略不介意，其德量如此。

注释 ①司竹：管理竹林的官吏。

②贷：饶恕。

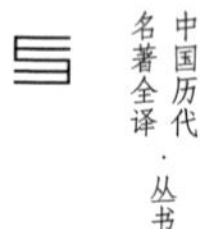

③正：治罪。

译文 张天祺在任司竹期间，喜欢一位卒长，也器重他。到张天祺要离任交代工作时，发现这位卒长偷笋皮，于是张天祺毫不留情地对他进行处罚。这位卒长被治罪以后，张天祺依然像从前一样对待他，毫无介意之感。张天祺德行之高，气量之大，由此略见一斑。

原文 10·31 明道因论“口将言而嗫嚅[①]”云：“若合开口时，要他头也须开口，须是听其言也厉。”

注释 ①嗫嚅（niè rú）：想说而又吞吞吐吐不敢说的样子。此句出自唐韩愈名篇《送李愿归盘谷序》

译文 程颢就有的人想说什么又吞吞吐吐不敢说的样子这一现象时说：“如果应该开口说话，即使砍头也要说。必须让别人知道，说出来的话是严厉的。”

原文 10·32 明道曰：“须是就事上学。《蛊》[①]：‘振民育德。’然有所知后，方能如此。何必读书，然后为学。”

注释 ①《蛊》，振民育德：语出《易经·蛊·象》：“山下有风。《蛊》：君子以振民育德。”

译文 程颢说：“应该从实践中学习。《易经·蛊·象》说：‘君子振救万民，施行德教。’然而必须先有真知，才能做得到。为什么定要读书才叫学习呢？”

原文 10·33 明道先生见一学者忙迫，问其故。曰：“欲了几处人事。”曰：“某非不欲周旋人事者，曷常似贤急迫？”

译文 程颢看见一位读书人急促匆忙的样子，问他为何如此。这位书生说：“因为要处理几件事。”程颢说：“我并非没有事情要处理，何尝像你这样急促？”

原文 10·34 明道曰：“安定之门人，往往知稽古①爱民矣，则于为政也何有？”

注释 ①稽古：研考儒家经典。

译文 程颢说：“胡瑗的学生大都通晓儒家经典，关爱百姓。

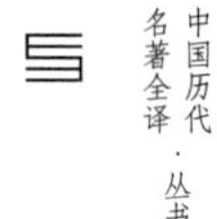

这样的人为政做官，何难之有?”

原文 10·35 门人有曰:“吾与人居，视其过而不告，则于心有所不安，告之而人不受，则奈何?”明道曰:“与之处而不告其过，非忠也。要使诚意之交通，在于未言之前，则言出而人信矣。”又曰:“责善之道，要使诚有余而言不足，则于人有益，而在我者无自辱矣。”

译文 程颢的学生说:“我与人相处，看见他有过失而不劝告他，于心不安;而劝告他，他又不接受。应该怎么办呢?”程颢说:“与人相处而不指出他的过错，是不忠。交友之道，关键在于使诚意相互沟通，话未出口彼此早已契合通融，话一出口别人就会信服。”程颢又说:“劝善之道，要做到真诚之意多而劝诫之言少，这样，对接受者而言则有益，对自己而言则无自辱之虞。”

原文 10·36 明道曰:“职事不可以巧免。”

译文 程颢说:“不可以机巧逃避应尽的职责。”

原文 10·37 明道曰:“居是邦[1]不非其大夫,此理最好。”

注释 ①邦:国。这里指行政区域。

译文 程颢说:“在一个地方居住,不要随便非议本地朝廷命官。这一准则完全在理。”

原文 10·38 明道曰:“克勤[1]小物最难。”

注释 ①勤:张伯行《集解》:“勤,犹言谨也。”

译文 程颢说:“人最难做到的是在日常小事上保持谨慎态度。”

原文 10·39 明道曰:“欲当大任,须是笃实。”

译文 程颢说:“只有志向笃实者,才能承担重任。”

原文 10·40 明道曰:“凡为人言者,理胜则事明,气忿则招怫[1]。”

注释 ①怫（fú）：愤怒。

译文 程颢说："大凡与人论辩，讲道理，事情就容易明白。如果气急败坏，非争个输赢不可，结果只会招致对方愤怒反抗。"

原文 10·41 明道曰："居今之时，不安今之法令，非义也。若论为治，不为则已，如复为之，须于今之法度内，处得其当，方为合义。若须更改而后为，则何义之有？"

译文 程颢说："生活在今天的时代，不守现行的法令，是不义。如若就为政做官而言，不当官则罢了，如果再出来做官，就应该在遵循现行法度的前提下，灵活得当地依法行事，才可以说符合义。如果一定要更改现行的法令制度，自行其是，那还有什么义可言呢？"

原文 10·42 明道曰："今之监司[①]，多不与州县一体。监司专欲伺察州县，州县专欲掩蔽。不若推诚心与之共治，有所不逮，可教者教之，可督者督之，至于不听，择其甚者去一二，使足以警众可也。"

注释 ①监司：监察地方属吏之官。

译文 程颢说："如今的监司往往不能与地方州县官员合作。监司只欲窥伺、暗察州县官吏，而州县官吏则一味掩饰、遮蔽。鉴于此，监司不如对州县官吏推心置腹，以期协作共同整肃吏治。对官吏中有尽职不足者，可以教育者进行教育，可以督责者严格监督，至于对那些不听指挥，无视监督的人，拿一二个情节恶劣、气焰嚣张者开刀，罢免其官职，就完全可以达到警诫其他官吏的目的。"

原文 10·43 伊川曰："人恶多事，或人悯之。世事虽多，尽是人事，人事不教人做，更责谁做?"

译文 程颐说："人往往对各种事务缠身感到厌恶，这一点，不少人有同情之感。然而，世事虽然繁多杂乱，却都是与人相关的事，人自己的事不叫人去做，叫谁去做?"

原文 10·44 伊川曰："感慨杀身者易，从容就义者难。"

译文 程颐说："慷慨捐躯易，从容就义难。"

原文 10·45 人或劝伊川以加礼近贵。先生曰："何不见责以尽礼，而责之以加礼。礼尽则已，岂有加也？"

译文 有人劝程颐在权贵面前要加倍恪守礼。程颐说："为什么不要求人们应该尽心守礼，反而要求人们应该加倍守礼？礼只要求尽心恪守，岂有加倍之说？"

原文 10·46 或问："簿①佐令者也，簿所欲为，令或不从，奈何？"伊川曰："当以诚意动之。今令与簿不和，只是争私意。令是邑之长，若能以事父兄之道事之，过则归己，善则惟恐不归于令。积此诚意，岂有不动得人？"

注释 ①簿：主簿。

译文 有人问："主簿是协助县令工作的官，主簿想要做的事，县令不同意，怎么办？"程颐说："应当以真诚打动县令。县令与主簿不和，无非是个人意气之争造成的。县令是一县的行政长官，主簿如果能像敬重父兄那样敬重县令，有过错，自己承担，有政绩则惟恐不归功于县令。能够恪守诚意如此，岂有不打动人之理。”

原文 10·47 问：“人于议论多欲直己，无含容之气，是气不平否？”

伊川曰：“固是气不平，亦是量狭。人量随识长，亦有人识高而量不长者，是识实未至也。大凡别事，人都强得，惟识量不可强。今人有斗筲之量[①]，有釜斛[②]之量，有钟鼎之量，有江河之量。江河之量亦大矣，然有涯，有涯亦有时而满。惟天地之量则无满。故圣人者天地之量也。圣人之量，道也；常人之有量者，天资也。天资有量须有限，大抵六尺之躯，力量只如此，虽欲不满，不可得也。

如邓艾[③]位三公，年七十，处得甚好，及因下蜀有功，便动了。谢安闻谢玄[④]破苻坚，对客围棋，报至不喜。及归，折屐齿[⑤]，强终不得也。更如人大醉后益恭谨者，只益恭谨，便是动了。虽与放肆者不同，其为酒所动一也。又如贵公子位益高，益卑谦，只卑谦便是动了。虽与骄傲者不同，其为位所动一也。

然惟知道者量自然宏大，不勉强而成。今人有所见卑下者，无他，亦是识量不足也。”

注释

①斗筲（shāo）之量：斗和筲都是很小的容器，此喻气量狭小。

②釜斛（hú）：均为量器。釜容量为六斗四升，斛容量为十斗。

③邓艾（197—264）：三国魏棘阳（今河南新野东北）人。字士载。魏国大将，同钟会分兵灭蜀，官至太尉。后因钟会诬他谋反，被杀。

④谢玄（343—388）：东晋名将。字幼度，谢安侄。为淝水大捷功臣之一。

苻坚（338—385）：十六国时期前秦皇帝。字永固，一名文玉，氐族，略阳临渭（今甘肃秦安东南）人。淝水大败后，为羌族首领擒杀。

⑤折屐（jī）齿：《晋书·谢安传》：“（谢）玄等既破（苻）坚，有驿书至，安方对客围棋，看书既竟，便摄放床上，了无喜色，棋如故……既罢还内，过户限，心甚喜，不觉屐齿之折，其矫情镇物如此。”屐齿：木鞋的齿。

译文

有人问：“常见一些人讨论问题时，往往固执己见，毫无宽容可言，这是否是心气不平呢？”

程颐说：“固然是心气不平，同时也是器量狭小。人的度量大小，往往决定于见识多寡。有的人见识似乎也很广，但器量依然不大，究其源，只能归结于并没有获得真正的见识。大凡人间事务，人都可以勉强为之，唯独见识与器度，是不可强求的。人的器量有大小之别，有斗筲之量，有釜斛之量，有钟鼎之量，有江河之量。器量如江河，已经是大器量了，然而依然有限。有限就有溢满的时候。只有天地之量才会永不溢满。因此圣人的器量是天地的器量。圣人的器量，是‘道’的体现。常人的器量大小不一，是天性使然。天生的器量，必然是有限的。大抵一个人的才识与器量，都是有限的，只能如此。虽然不满足于有限的才识与器量，也只有无可奈何。

邓艾位极人臣，又得高寿，应该说左右逢源，一帆风顺。但却因灭蜀有功，便居功自傲，飘飘然起来。谢安听到谢玄大破苻坚的消息后，仍旧和客人下围棋，毫无喜形于色的样子。等他回屋时，屐齿已被折断。由此可见，一个人的器量如何，最终是不可强求的。又如，人大醉之后，却做出更加恭谨的样子，只要有心这样做，便是着意矜持。虽然这种模样与酒后放肆截然不同，但都为喝酒而引起心动则毫无区别。又如贵家公子地位愈高，则做出愈加卑谦的样子，只要有心这样装扮，便是矫情虚伪。虽然卑谦与骄傲不可同日而语，但都为显赫地位而心动则完全一样。因此，只有了解‘道’，把握‘道’的人，器量才能自然宏大，无须刻意强求就能成就宏大器量。今天之所以有一些人显得品格低下，其原因无非是他们见识浅短、器量狭小而已。”

原文 10·48 伊川曰：“人才有意于为公，便是私心。昔有人典选[①]，其子弟系磨勘[②]，皆不为理，此乃是私心。人多言古时用直，不避嫌得，后世用此不得。自是无人，岂是无时？”

注释 ①典选：主管选举。古代选举，兼指举士举官。自隋以来，分为二途，举士属礼部，包括考试与学校。举官属吏部，掌管铨选与考绩。

②磨勘：唐宋时定期勘验官员政绩，以定升迁，称为磨勘。

译文 程颐说：“人只要有意克己奉公，便是私心作怪。过去有一位官吏负责选举，只要他的学生属于考核之列，他都以避嫌为由，一概推脱回避，这就是私心作怪。人们往往说古代的人直率，做事不避嫌也行得通，如今不避嫌就行不通。我认为，这只能归结为如今无人秉公做事，岂能说是没有秉公做事的时机？”

原文 10・49 君实尝问先生云：“欲除一人给事中[1]，谁可为者？”先生曰：“初若泛论人才却可。今既如此，颐虽有其人，何可言？”君实曰：“出于公口，入于光耳，又何害？”先生终不言。

注释 ①给（jǐ）事中：官名。常在皇帝左右侍从，备顾问应对等事。隋唐以后为门下省之要职，在侍中及门下侍郎之下，掌驳正政令之违失。

译文 司马光曾问程颐说：“眼下要找一个称职的人，授他为给事中，你看谁能胜任？”程颐说：“当初如果只是一般性地讨论人才问题，我可以直抒己见。现在既然问题已经如此明确，我虽然有可以推荐的人选，怎么可以明说呢？”司马光说：“话出于你的口，进入我的耳，他人无从知晓，说出来又有何害处呢？”程颐最终没有发表自己的看法。

原文 10・50 伊川云：“韩持国[1]服义最不可得。一日，颐与持国、范夷叟泛舟于颍昌[2]西湖。须臾客将云：‘有一官员上书谒见大资[3]。’颐将为有甚急切公事，乃是求知己。颐云：‘大资居位，却不求人，乃使人倒来求己，是甚道理？’夷叟云：‘只为正叔太执。求荐章，常事也。’颐云：‘不然，只为曾有不求者不与，来求者与之，遂致人如此。’持国便服。”

注释 ①韩持国：名维，韩琦之子。北宋门下省侍郎。

②颍昌：府名。宋元丰三年（1080）升许州置，治所在长社（今河南许昌）。

③大资：张伯行《集解》：“大资者，持国官职之尊称也。”

译文 程颐说：“门下省侍郎韩持国对义理心悦诚服的境界，极为罕见。一天，我与韩持国、范夷叟泛舟颍昌西湖。不一会儿有人传话说：‘有一位官员上书，要谒见韩侍郎。’我起先以为是有紧急公务。后来才知道来人乞望通过上书，使韩侍郎对自己有所了解。我说：‘韩侍郎身居高位，非但不求访贤才反而要人来自我荐举，这成何道理！’范夷叟说：‘程颐过于拘执了。如今上书请他人荐举，是很平常的事。’我说：‘不然。就是因为不求者不推荐，来求者就推荐，才导致人们争相求官。’韩持国听后，心服口服。”

原文 10·51 先生因言："今日供职，只第一件便做他底不得，吏人押申转运司状①，颐不曾签。国子监自系台省②，台省系朝廷官。外司有事，合③行申状，岂有台省倒申外司之理？只为从前人只计较利害，不计较事体，直得恁地④。须看圣人欲正名处，见得道名不正时，便至礼乐不兴⑤，是自然住不得。"

注释 ①押：在文书上签名或画记号，表示负责。状：文体的一种。向上级陈述事实的文书。

②台省：汉尚书治事之地为中台，在禁省中，故称台省。唐宋时尚书省称中台，门下省称东台，中书省称西台，统称台省。

③合：应该。

④恁（rèn）地：如此。

⑤名不正时，便至礼乐不兴：《论语·子路》："子曰：'名不正则言不顺，言不顺则事不成，事不成则礼乐不兴。"

译文 程颐说："我如今在国子监供职，仅第一件事就不能做。国子监有的官吏轻率地在层层向上申报的地方官署文书上签押，我没有签。国子监系京都台省衙门，台省官吏是朝廷内官。地方官署有事，应该向台省递交申报文书，岂有反倒要台省向地方官署申报之理？究其源，无非是因为官吏们只计较利害，不遵奉事体，才做出了如此不成体统的事情。大家应该认真体会一下圣人关于'正名'的教诲。如果理解孔子关于名分不正最终将导致礼乐秩序混乱的道理，那么，对于违背名分的事，就知道自然做不得。"

原文 10·52 伊川曰："学者不可不通世务。天下事譬如一家，非我为则彼为，非甲为则乙为。"

译文 程颐说："学者不可以不通晓人间事务。天下的事情就如同一家人的事情一样，不是该我做就是该他做，不是该甲做就是该乙做。"

原文 10·53 伊川曰："'人无远虑，必有近忧[①]'。思虑当在事外。"

注释 ①人无远虑，必有近忧：孔子语。见《论语·卫灵公》。

译文 程颐说："孔子说：'人无远虑，必有近忧。'我的理解是：关于重大人生问题的思考，应该超越种种人事利弊得失的干扰。”

原文 10·54 伊川曰：“圣人之责人也常缓，便见只欲事正，无显人过恶之意。”

译文 程颐说：“圣人责备人，态度总是和缓宽容。从这里可以看到，圣人希望的是把事情做好，做得正当，决无显露他人过错的念头。”

原文 10·55 伊川曰：“今之守令，唯制民之产[①]一事不得为，其他在法度中甚有可为者，患人不为耳。”

注释 ①制民之产：《孟子·梁惠王上》：“（孟子）曰：‘是故明君制民之产，必使仰足以事父母，俯足以畜妻子，乐岁终身饱，凶年免于死亡，然后驱而之善，故民之从之也轻。”“制民之产”是孟子的基本经济思想，其实质是划田界，实行井田制，让人民拥有自己的耕地。

译文 程颐说：“如今的太守、县令等地方官，除了‘制民之产’这件事由于时代条件限制不能做以外，其他在法律容许的范围内大有作为的事不可数计，令人担忧的是官员们不做，不愿做。”

原文 10·56 明道先生作县，凡坐处皆书“视民如伤”[①]四字。尝曰：“颢常愧此四字。”

注释 ①视民如伤：语出《左传·哀公元年》。意谓爱民心切，爱惜老百姓如同爱惜自己的伤口。

译文 程颢当县令时，凡住座之处都写有‘视民如伤’四字。程颢曾说：“我常常感到有愧于这四个字。”

原文 10·57 伊川每见人论前辈之短，则曰：“汝辈且取他长处。”

译文 程颐每当看见人们议论年辈尊长者的短处时，总这样批评说：“你们应该取他的长处。”

原文 10·58 刘安礼[①]云：“王荆公执政，议法改令，言者攻之甚力。明道先生尝被旨赴中堂[②]议事，荆公方怒言者，厉色待之。先生徐曰：‘天下之事，非一家私议，愿公平气以听。’荆公为之愧屈。”

注释 ①刘安礼：刘立之，字安礼。刘立之早孤，几岁时就在二程家育养，后娶二程叔父之女。曾在山西晋城做官。

②中堂：宰相的别称，因宰相在中书省内的政事堂办公而得名。

译文 刘安礼说："王安石执政时，主张推行新法，改革律令，并就此与同僚讨论，遭到许多人猛烈攻击。一次程颢奉命到宰相府参与讨论改革之事，正碰到王安石对持反对意见者大发雷霆，并不顾应有的礼节，用严厉的神色对待程颢。程颢从容地说：'讨论天下大事不同于讨论一家的私事，希望你能心平气和地倾听大家的意见。'王安石听到此话后，感到自己理亏，十分惭愧。"

原文 10·59 刘安礼问临[①]民。明道曰："使民各得输其情。"问御吏。曰："正己以格物。"

注释 ①临：统管，治理

译文 刘安礼问当官应该怎样管理百姓。程颢说："应该要让百姓都能把自己的困苦、冤屈等等情况原原本本地表达出来。”问应该怎样统治官吏。程颢说：“首先端正自己，以身作则，就能带领下属尽职尽责，从而达到政治清明。”

原文 10·60 横渠曰：“凡人为上则易，为下则难。然不能为下，亦未能使下，不尽其情伪也，大抵使人，常在其前已尝为之，则能使人。”

译文 张载说：“大凡地位高贵的人做事总觉得容易，地位低下的人做事总觉得困难。然而不能接受自己低下地位的人，也就不能指使地位低下的人，因为这样的人没有充分了解人情世故的种种真伪曲折窘迫之处。大抵指挥别人的人，往往过去都有这方面的经验，因此能有效地指挥他人。”

原文 10·61 横渠曰：“《坎》：维心亨，故行有尚[①]。外虽积险，苟处之心亨不疑，则虽难必济而往有功也。今水临万仞之山，要下即下，无复凝滞之在前。惟知有义理而已，则复何回避，所以心通。”

注释 ①《坎》：维心亨，故行有尚：《易经·坎·彖》：“习坎，重险也。水流而不盈。行险而不失其信。维心亨，乃以刚中也。行有尚，往有功也。”维：同“惟”。尚：同“赏”。

译文 张载说：“《易经·坎·彖》说：‘《坎》卦象困难重重，但只要心亨美，出行必得赏。’外在环境虽然充满险阻，如果能泰然处之，保持内在精神的通达开阔，再大的困难也能克服，从而无往而不胜。江河面对高山峻岭的阻挡，倾流直下，决不会凝滞不前。人的价值只在于知晓义理。有义理牵引，人在困难面前就不再有迟疑回避可言，因为人心通达义理，就可以无往而不通畅。”

原文 10·62 横渠曰：“人所以不能行己者，于其所难者则惰，其异俗者虽易而羞缩。惟心宏则不顾人之非笑，所趋义理耳，视天下莫能移其道。然为之人亦未必怪，正以在己者义理不胜。惰与羞缩之病，消则有长，不消则病常在。意思齷齪，无由作事。在古气节之士，冒死以有为，于义未必中，然非有志概者莫能。况吾于义理已明，何为不为？”

译文 张载说：“大凡不能自行其是的人，遇到难做的事则懈惰不前，对于与习俗相异的事——虽然容易做，总显得羞惭畏缩的样子，不愿做。只有心胸宏大的人才能不顾世人的非议嘲笑，一切以义理为转移，纵然天下议论纷纷，也不能改变他们的行为选择。就前者而言，如果他们真的敢作敢为，人们未必就会非议责怪。他们之所以怠惰、害羞、畏缩，根源在于他们不能依据义理行动。消除怠惰、羞怯、畏缩，内在的义理就会呈现出来；反之，上述种种弊害就会长久盘亘在胸。一个人精神龌龊，行为就不可能光明磊落。古代有气节的人，冒着生命危险也要有所作为，虽然他们的选择未必符合义理，但没有气概的人不可能做到如此豪迈慷慨。更何况对于明白义理的人来说，有什么可以畏惧的呢？又有什么不可以担当的呢？"

原文

10·63 伊川曰："《姤》①初六：'羸豕孚蹢躅②。'豕方羸时，力未能动，然至诚在于蹢躅，得伸则伸矣。如李德裕③处置阉官，徒知其帖息④咸伏，而忽于志不忘逞，照察少不至，则失其几⑤也。"

注释

①《姤》(gǒu)：六十四卦卦名之一。

②羸(léi)豕孚蹢躅：羸：弱，瘦。豕：猪。孚：通"浮"，

显露。蹢躅：徘徊。

③李德裕（787—850）：唐大臣。出身世家，字文饶，赵郡（治今河北赵县）人。唐武宗时居相位，是牛李党争中李派首领。

④帖息：安静平息。

⑤几：通“机”，机会。

译文 程颐说：“《易经·姤》初六爻辞说：‘瘦弱的猪徘徊不定。’猪瘦弱之时，体力虚弱，不能过度奔走，但它一心想通过慢慢徘徊，待体力恢复可以奔走时，就会毫不犹豫地奔走。例如李德裕处置宦官，只知道要他们俯首帖耳，却忽略了他们骨子里时刻企图有朝一日专权逞狂。以致后来对他们的监察稍有疏忽之处，就丧失了制服他们的机会。”

教学第十一

（凡二十二条）[①]

此卷论教人之道。盖君子进则推斯道以觉天下，退则明斯道以淑其徒，所谓得英才而教育之，即新民之事也。

说明 儒家教育思想自成体系，源远流长。历史上的儒学大师，差不多都是教育家。孔子无论也。孟子、荀子、董仲舒是教育家。周敦颐、张载、程颢、程颐是教育家。陆九渊、王阳明是教育家。教育在儒家文化中的位置，由此可见。

本卷讲教育。教育有教育的方法。宋儒关于教育方法正反两方面的经验，就很有启发性。例如张载论“《学记》曰：‘进而不顾其安……’”一段，译成今天的话来说，大意如下：

学生在难以承受过多功课压力的情况下，还要增加新的负担；在一个问题未弄懂之前，又提出新的问题——只能让学生无所适从。教师传授知识，如若不能让学生发挥自己的潜能，不考虑学生学习的承受力，不管学生的知识水平和接受能力，这样的教育，无疑是愚妄的。

几乎像是针对现今教育状况而发的。这是反面的例子，当然是宋儒所否定的。

再看正面的例子。程颐说：

“孔子教人‘不愤不启，不悱不发’。盖不待愤悱而发，则知之不固，待愤悱而后发，则沛然矣。学者须是深思之，思而不得，然后为他说便好。初学者须是且为他说，不然，非独他不晓，亦止人好问之心也。”

机械式的教条式的灌输不是事倍功半就是适得其反，而循序渐进的启发性开导则是正确有效的方法。

宋儒强调幼儿教育，主张“先传以小者近者，而后教以大者远者”。程颢认为，儿童早晚吟诵浅显通俗的诗歌，有助于儿童明白洒扫、应对、事长等日常生活道理。百年树人，教育不可能一蹴而就，亦离不开一时一事的学习与实践；教育应注意受教育者的兴趣指向，应在潜移默化中牵引受教育者走向正确的人生道路。教师应该为人师表，高尚的人格对他人具有范导作用。教学相长，教育的过程也是学习的过程，反复传授知识本身可以加深教师对知识的全面详尽的理解，铭记教师的责任感可以减少自己的各种失误，不至误人子弟。宋儒的说法很平实，但千万不可等闲视之。

儒家的教育主要是道德教育，教育的根本目的是培养有道德的人。周敦颐说：“圣人立教，俾人自易其恶，自至其中而止矣。”但宋儒同样也重视实际技能的培养，如治民、治兵、水利、算数等等。总之，在儒家的价值体系内，宋儒的教育思想是方法论与目的论的统一，最典型的表述是程颢所说的“古之教人，莫非使之成己；自洒扫应对上，便可到圣人事。”

注释 ①底本为二十一条，似误。据原文条目改。

原文 11·1 濂溪曰：“刚善为义，为直，为断，为严毅，为干固[①]。恶为猛，为隘，为强梁。柔善为慈，为顺，为巽。恶为懦弱，为无断，为邪佞。惟中也者和也，中节也，天下之达道也，圣人之事也。故圣人立教，俾人自易其恶，自至其中而止矣。”

注释 ①干固：干练而坚定。

译文 周敦颐说：“刚具有善恶两方面的性质：其善表现为仗义、正直、果断、严峻而坚毅、干练而坚定；其恶表现为凶猛、偏狭、强暴。柔亦具有善恶两方面的性质：其善表现为仁慈、温和、谦逊；其恶表现为懦弱、寡断、邪佞。唯有兼取刚柔两者之善，得无过无不及之‘中’，才是‘和’，才符合常理，才是贯通天下的自然法则，才是圣人人格和境界的完满实现。

因此圣人教化的终极目的，就是使人们不断克服、排除自身种种恶的因素，从而达到至善之‘中’的最高境界。”

原文 11·2 伊川曰：“古人生子，能食能言而教之。大学之法，以豫为先。人之幼也，知思未有所主，便当以格言至论日陈于前，虽未晓知，且当薰聒使盈耳充腹，久自安习若固有之，虽以他说惑之，不能入也。若为之不豫，及乎稍长，私意偏好生于内，众口辨言铄[①]于外，欲其纯完，不可得也。”

注释 ①铄（shuò）：消损。

译文 程颐说：“古人在孩子能吃东西能说话时就对他们进行教育。大学的教育原则，以预防为先。人幼小时，知识、思想差不多是一片空白，说不上什么主见与偏好。此时，应该每时每刻用圣贤的格言、宏论启发、教育他们。虽然他们一时未必懂得这些东西的含义，但只要不断地对他们进行熏陶，反复地对他们进行启发，使他们听到的是圣贤的思想，接受的消化的是圣贤的思想，久而久之，他们就会心安于、熟习于圣贤的思想，如同天然固有的东西一样。到了这种程度，即令有种种异端邪说的诱惑，也不能影响他们的精神指向。如若在孩子小时预先不对他们进行道德启蒙，等到他们长大后，私欲、偏好聚汇在心中，外面又受到各种邪说淫词的侵扰，此时，若要他们依据纯正、完满的人格标准行事，是完全不可能的了。”

原文 11·3《观》①之上九曰：“观其生，君子无咎。”《象》曰：“观其生，志未平②也。”伊川《易传》曰：“君子虽不在位，然以人观其德，用为仪法，故当自慎省，观其所生，常不失于君子，则人不失所望而化之矣。不可以不在于位，故安然放意，无所事也。”

注释 ①《观》：六十四卦卦名之一。

②志未平：张伯行《集解》：“言不可忘戒惧也。”

译文 《易经·观》上九爻辞说：“观察君子的生平事迹，君子没有过错。”《象》说：“观察君子的生平事迹，君子无时无刻不警诫自己。”程颐《易传》说：“君子虽然没有官位，然而人们通过观察君子的德行，就知道君子人格可以成为楷模。因此君子应当时刻慎省自己，使自己的言行举止，不失君子形象。这样，人们就不会丧失希望，自然向君子看齐，为君子所感化。君子绝对不可因为没有官位，就随意放肆自己，不求克己自律，无所作为。”

原文 11·4 伊川曰：“圣人之道如天然，与众人之识，甚殊邈也。门人弟子既亲炙而后，益知其高远，既若不可及，则趋望之心怠矣。故圣人之教，常俯而就之。事上临丧，不敢不勉，君子之常行。不困于酒，尤其近也，而以己处之者，不独使夫资之下者，勉思企及，而才之高者，亦不敢易乎近矣。”

译文 程颐说：“圣人的智慧浑然天理，常人的一己之见与圣人天然的智慧相比，相去甚远。孔子的学生弟子亲身受到孔子的教诲后，更加体会到孔子思想的博大精深。如若圣人的智慧不可企及，那么，常人的进取心就会丧失，就会懈怠不前。事实上，圣人的教诲，俯仰之间就可以体悟。侍奉父母，办理丧事，不敢不尽心尽责，因为这是君子应然之常。不为酒所困扰，这种事很容易做到。但反躬自问，为什么自己就做不到呢？这样的反省意义在于：它不只是要求才资低下的人勤于思考，努力上进，同时也要才智高的人，不敢轻易忽视容易做到的事。”

原文 11·5 明道曰：“忧子弟之轻俊者，只教以经学念书，不得令作文字。子弟凡百玩好皆夺志。至于书札，於儒者事最近，然一向好著，亦自丧志。如王虞颜柳[①]辈，诚为好人则有之，曾见有善书者知道否？平生精力，一用于此，非惟徒废时日，于道便有妨处，足知丧志也。”

注释 ①王虞颜柳：指王羲之、虞世南、颜真卿、柳公权四位书法家。

译文 程颢说：“性格轻狂、才智出众的弟子是令人担忧的。对于这样的人，只能教导他们读经书，习经典，不能让他们写文章。但凡玩乐嗜好，都可以夺人之志。至于书法笔札，与儒生日常生活最为贴近。然而如一味沉溺其中，也会导致志向的丧失。例如王羲之、虞世南、颜真卿、柳公权之流，确实可以算是好人，但谁见过擅长书法者了解‘道’呢？一生精力，专用在诸如书法等嗜好技艺上，不但只会荒废时光，并且还会妨碍学‘道’悟‘道’，足以导致丧失志向。”

原文 11·6 明道曰：“胡安定在湖州[1]，置治道斋，学者有欲明治道者，讲之于中，如治民治兵水利算数之类。尝言刘彝[2]善治水利，后累为政，皆兴水利有功。”

注释 ①湖州：州名。治所在乌程（今浙江吴兴）。

②刘彝：福州人，字执中，胡瑗学生。庆历进士第，为朐山令。

译文 程颢说：“胡瑗在湖州做官时，设置治道斋，学者如想就‘治道’阐明自己的观点，可以在治道斋进行演讲，此外，演讲内容还包括治民、治兵、水利、算数等等。胡瑗曾说刘彝擅长管理水利，后来刘彝多次出仕做官，都以兴修水利有功于世。”

原文 11·7 明道曰：“凡立言欲涵蓄意思，不使知德者厌，无德者惑。”

译文 程颢说：“凡著书立说，应该含义深厚，意味悠远，不至于使有思想的人感到厌倦，单纯的人感到困惑。”

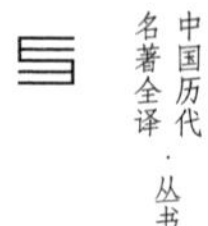

原文 11·8 明道曰："教人未见意趣，必不乐学，欲且教之歌舞。如古诗三百篇，皆古人作之，如《关雎》之类，正家之始，故用之乡人，用之邦国，日使人闻之。此等诗其言简奥，今人未易晓。欲别作诗，略言教童子洒扫应对事长之节，令朝夕歌之，似当有助。"

译文 程颢说："教育人，如果不能让受教育者对所学的东西有兴趣，他们当然不愿学。古人教育儿童诵诗学乐，并伴以舞蹈，就是为了培养他们的学习兴趣。例如《诗经》三百篇，都是古人的作品，其中如《关雎》这一类的诗篇，是正家的关键所在，当时小到村落，大到邦国，吟诵这一类的诗歌蔚然成风。但这些古诗言词简约而意思深奥，今天的人难以体会。因此，基于现实需要考虑，应该创作一些浅显通俗的诗歌，通过诗歌让儿童明白洒扫、应对、事长等日常生活的道理，让他们早晚吟诵，这样，也许对他们的成长有所帮助。"

原文 11·9 明道曰："子厚以礼教学者，最善，使学者先有所据守。"

译文 程颢说：“张载以礼教育学生，最为正确，因为学习了礼，学生就有了守持之本。”

原文 11·10 明道曰：“语学者以所见未到之理，不惟所闻不深彻，反将理低看了。”

译文 程颢说：“如果急促地向学生灌输一时难以明白的道理，不但学生无法深入体会，而且反而把道理看低了。”

原文 11·11 明道曰：“舞射便见人诚。古之教人，莫非使之成己。自洒扫应对上，便可到圣人事。”

译文 程颢说：“舞蹈、射箭等日常事情可以反映人是否做到了‘诚’。古人教育的目的，就是为了使人做到‘诚’，从而成就自己的人格。把‘诚’的精神落实在日常洒扫应对等日常生活中，不断向上，就可以达到圣人境界。”

原文 11·12 明道曰：“自幼子常视毋诳以上[①]，便是教人以圣人事。”

注释 ①视：同示。诳：欺妄。

译文 程颢说："教育儿童，要他们守持'诚'，毫无任何妄念，即是圣人教育原则的要求。"

原文 11·13 明道曰："先传后倦[①]，君子教人有序。先传以小者近者，而后教以大者远者；非是先传以近小，而后不教以远大也。"

注释 ①先传后倦：《论语·子张》："子游曰：'子夏之门人小子，当洒扫应对进退，则可矣，抑末也。本之则无，如之何？'子夏闻之，曰：'噫！言游过矣！君子之道，孰先传焉？孰后倦焉？譬诸草木，区以别矣。君子之道，焉可诬也？有始有卒者，其惟圣人乎！'"倦：不倦地教诲。

译文 程颢说："先传授什么，后讲述什么，对于君子教导他人来说，是有一定次序的。其次序是：先传授日常生活方面的知识，要求学生从小事从周围的具体事情做起，在此基础上，引导他们树立远大的人生理想；并非只先传授日常生活、事务方面的知识，而后对怎样做人，怎样提升理想人格等重大人生问题，却不再对学生进行教诲、引导。”

原文 11·14 伊川曰：“说书必非古意，转使人薄。学者须是潜心积虑，优游涵养，使之自得。今一日说尽，只是教得薄，至如汉时说下帷讲诵①，犹未必说书。”

注释 ①下帷：放下室内悬挂的帷幕。《史记·董仲舒传》：“下帷讲诵，弟子传以久次相授业，或莫见其面，盖三年董仲舒不观于舍园，其精如此。”

译文 程颐说：“今人讲授经典，必然曲解经典原意，反而使听者变得浅薄。因此，学者要了解经典，就必须潜心钻研，反复思考，并以自在悠然的心态，玩索涵养，深入体会，这样就能够使自己获得实在的心得、体会。如今一天就把经典的精微之处说尽，无非是肤浅地讲授经典而已。汉代董仲舒下帷讲诵经典，与今天的人讲授经典并不是一回事。”

原文 11·15 伊川曰：“古者八岁入小学，十五入大学，择其才可教者聚之，不肖者复之农亩。盖士农不易业，既入学则不治农，然后士农判。在学之养，若士大夫之子，则不虑无养，虽庶人之子，既入学则亦必有养。古之士者，自十五入学，至四十方仕，中间自有二十五年学，又无利可趋，则所志可知须去趋善，便自此成德。后之人，自童稚间已有汲汲趋利之意，何由得向善？故古人必使四十而仕，然后志定，只营衣食却无害，惟利禄之诱最害人。”

译文 程颐说：“古时候儿童八岁进入小学读书，十五岁进入大学。大学依据择优录取的原则，把品学兼优、可以教育者挑选出来在大学继续深造；德行不肖者，则回家务农。士农分属两种不同的职业，彼此不能改换。进入大学读书，就不再务农，这样，士与农的界线就划分确定了。至于在大学读书的供养问题，士大夫的子弟，自然不必考虑，普通老百姓的孩子，既然已经进入大学，必然也会在供养上有所保障。古时候的读书人，十五岁进入大学，四十岁时才开始入仕做官，中间有二十五年读书时间，并且又无利禄可趋使，志向自然坚定，自然趋向于善，最终必定可以成就自己的人格。后世则不然，儿童从小就已经受到时尚的影响，汲汲于功名富贵，唯利是趋，怎么能够向善靠拢呢？因此古代制度规定，士子必须四十岁方能出仕做官，这样才能保证读书人心志坚定。读书若只是为今后衣食生计考虑，并无多大危害，如若一心为利禄所趋，那是最害人的。”

原文 11·16 伊川曰：“天下有多少才，只为道不明于天下，故不得有所成就。且古者兴于诗，立于礼，成于乐①，如今人怎生会得？古人于诗，如今人歌曲一般，虽闾巷童稚，皆习闻其说而晓其义，故能兴起于诗。后世老师宿儒，尚不能晓其义，怎生责得学者；是不得兴于诗也。古礼既废，人伦不明，以至治家皆无法度，是不得立于礼也。古人有歌咏以养其性情，声音以养其耳目，舞蹈以养其血脉，今皆无之，是不得成于乐也。古之成材也易，今之成材也难。”

注释 ①兴于诗，立于礼，成于乐：语出《论语·泰伯》，为孔子语。

译文 程颢说：“天下多少人才，就因为天道没有得到彰显，最终都无所成就。孔子说：‘兴于诗，立于礼，成于乐’，这三句话，如今的人们怎么能够体会？《诗经》对于古人，就像歌曲对于今人一样，即令是闾巷的孩童，都熟习它，都了解它的含义。因此古人听到《诗经》会感到振奋。后世的老师宿儒尚且不能理解《诗经》的含义，况且普通学子，怎么能够要求他们理解呢？现在的人对《诗经》无动于衷，原因正在这里。古代的周礼已经废止，人伦秩序一片混乱，以至于治家无法度可依，今人不能依据礼在社会上立足，原因不言自明。古人以歌咏养育自己的性情，以声音养育自己的耳目，以舞蹈养育自己血脉，如今这一切都消失了。今人不能通过音乐完成人格修养，原因自不待言。古时候成才容易，如今成才不容易，令人慨叹啊！”

原文

11·17 伊川曰：“孔子教人‘不愤不启，不悱不发[①]’。盖不待愤悱而发，则知之不固，待愤悱而后发，则沛然矣。学者须是深思之，思而不得，然后为他说便好。初学者须是且为他说，不然，非独他不晓，亦止人好问之心也。”

注释

①不愤不启，不悱（fěi）不发：语出《论语·述而》。愤：心求通而未搞通。启：开导。悱：口欲言而又不能表达。发：启发。

译文 程颐说："孔子教导学生的原则是：'不到他想要把问题搞通而还没有搞通的时候，不去开导他；不到他想要说出而又说不出来的时候，不去启发他。'如果缺少上述两个前提条件，一味开导、启发学生，那么，学生学到的东西不会牢固。只有在具备上述两个前提条件的情况下，开导、启发学生，学生的思想才会豁然开朗。学生应该首先深入思考问题，如果思考之后仍无法领会，此时老师再去开导他，有利于学生真正学到东西。但对初学者又另当别论。对于初学者，老师应该首先对他们进行启蒙教育，使他们具有一定的学问基础。如果把上述教育原则机械地强加于初学者，那么，他们在知识一片空白的情况下，不但不知道如何思考问题，表述见解，而且也阻止了他们向老师提问的可能。"

原文 11·18 横渠曰："恭敬撙节退让以明礼[①]，仁之至也，爱道之极也。己不勉明，则人无从倡，道无从宏，教无从成矣。"

注释 ①恭敬撙（zǔn）节退让以明礼：见《礼记·曲礼》。撙：郑玄注曰："撙犹趋也。"

译文 张载说："恭敬而不怠慢，约束自己而不放肆，谦让而不怨争，都是礼的彰显，是仁道、爱心的完满体现。不努力学礼，不明礼守礼，那么，人就无所适从，就不能弘扬天道，就不能成就教化。"

原文 11·19 横渠曰："《学记》曰：'进而不顾其安，使人不由其诚，教人不尽其材。'人未安之又进之，未喻之又告之，徒使人生此节目；不尽材，不顾安，不由诚，皆是施之妄也。教人至难，必尽人之材，乃不误人，观可及处然后告之。圣人之明，直若庖丁之解牛，皆知其隙，刃投余地，无全牛矣[①]。

人之才足以有为，但以其不由于诚，则不尽其材，若曰勉率而为之，则岂有由诚哉？"

注释 ①庖丁之解牛四句：见《庄子·养生主》。

译文 张载说："《礼记·学记》说：'如今教育存在三大弊端：一是不断向学生灌输种种知识，不考虑学生是否能承受；二是不考虑学生实际知识水平，只顾自己教，不管学生懂不懂，能否接受；三是不能因材施教，不能充分使学生发挥潜力。'学生在难以承受过多功课压力的情况下，还要增加新的负担；学生在一个问题未弄懂之前，又提出新的问题，只能让学生无所适从，狼狈不堪。教师传授知识，如若不能让学生充分发挥自己的才能，不考虑学生学习的承受力，不管学生的知识水平和接受能力，这样的所谓教育，只能在愚妄之列。教人极难，老师只有通过教育让学生充分发挥自己的才能，才不至于误人子弟。通过观察，依据学生的具体知识水平进行切实的教育，才有教育之功。圣人睿明无比，洞察秋毫，其对事物的了解与把握，如同《庄子·养生主》中善于解牛的庖丁。庖丁完全把握了牛的自然的生理结构，他解剖牛，顺着牛骨骼间的缝隙处下手，游刃有余。因此，牛在他眼中，不是完整的牛。

人各有才，完全可以有所作为。但是，一个人无论做什么事，如果没有诚实的态度，就不能使自己潜在的才能全部发挥出来，如果只图勉强草率，怎么说得上是诚实的态度呢？”

原文 11·20 横渠曰："古之小儿，便能敬事。长者与之提携，则两手奉长者之手；问之，掩口而对[①]。盖稍不敬事，便不忠信。故教小儿且先安详恭敬。"

注释 ①长者与之提携，则两手奉长者之手；问之，掩口而对：语出《礼记·曲礼上》。问之，原文作“负剑辟咡诏之”。

译文 张载说：“古时候，孩童从小就知道孝敬长辈。《礼记·曲礼上》说：‘长辈领着小孩走路，小孩一定会双手捧着长辈的手；长辈问他话，他一定会用手捂口。’孩童只要稍有一点不孝敬长辈的苗头，将来就很可能违背忠信之道。因此，教育儿童，首先就要要求他们做到安详恭敬。”

原文 11·21 横渠曰：“孟子曰：‘人不足与適也，政不足与间也，唯大人为能格君心之非①。’非唯君心，至于朋游学者之际，彼虽议论异同，未欲深较，惟整理其心，使归之正，岂小补哉！”

注释 ①人不足与適也，政不足与间也，唯大人为能格君心之非：语出《孟子·离数上》。適（zhé），通“谪”，谴责；责备。间，评论；批评。

译文 张载说：“孟子说：‘人不值得去责备，政治事务也不值得去批评，只有堂堂正正的大人才能够矫正君主的错误思想。’我认为，孟子的说法不只限于君主。朋友之间相互交流学习，各人的立论观点各各不同，不必深究；唯一重要的是整顿、清理思想，使本心回归到正道上来。能达到这样的结果，难道可以说收益不大吗?”

原文 11·22 横渠曰:“人教小童，亦可取益。绊己不出入，一益也；授人数数，己亦了此文义，二益也；对之必正衣冠，尊瞻视，三益也；常以因己而坏人之才为忧，则不敢堕，四益也。”

译文 张载说:“人教育儿童，也可以获得种种益处。既是教育者，就要受责任制约，自然就不能经常出入种种社交应酬之中，可以免除种种琐屑无味，这是第一种益处；反复不断地传授书中的知识，自然也就加深了自己对所传授的知识全面详尽的理解，这是第二种益处；面对学生，自己必须要做到衣冠端正，面目严肃，这样，自然就使自己庄严起来，这是第三种益处；常常担忧因自己的失误，导致误人子弟的恶果，于是，时时警醒自己，不敢颓堕，这是第四种益处。”

警戒第十二

（凡三十三条）

此卷论戒谨之道，修己治人，尝存警省之意，不然，则私欲易萌，善日消而恶日积矣。

说明 社会是人的社会，错综复杂而事理昭明。社会有社会的规律，是非有是非的标准，祸福有祸福的原因，人生有人生的道路。“警戒”之所以必要，从道理上说，因为人可能悖理而行，可能被物欲诱惑，可能受假象左右，可能得意忘形可能执迷不悟，而这一切，必然给人带来损害带来恶果。

因此，人必须时时警醒自己。

贪图安逸大概是人之常情，但程颐则警告说：“处豫不可安且久也，久则溺矣。”对待逸乐，明智的态度是适可而止。因为逸乐隐含着危机。逸乐表面上是一种福，但福完全有转化为祸的可能。耽于安逸，必然眼界狭隘，心志昏聩，必然不思克己，不图创造，其结果，安逸的状况最终会走向反面。程颐说：“人君致危亡之道非一，而以豫为多。”贪图安逸导致国破家亡，身败名裂者在经验世界中不胜枚举，不吸取历史教训，必然重蹈覆辙。

骄傲似乎也是常人的通病。当然，骄傲有骄傲的本钱：功名是一种本钱，权势是一种本钱，富贵是一种本钱。概言之，一切功利价值都可以成为骄傲的本钱。但有本钱并不意味有理由，因为骄傲是个人私欲的膨胀，没有正当性。故程颢说："富贵骄人固不善，学问骄人，害亦不细。"从效果上看，骄傲有害无益。程颐把鲧治水失败归于居功自傲的结果，有根有据。"骄兵必败"是战争的经验总结，具有规律性普遍性。没有人对盛气凌人的心态、举止表示满意，不管他是什么人。傲视他人潜藏种种恶果，可以想见。

骄傲之不可取，在于骄傲本身不符合儒家做人的道理，不待其结果如何。

过于独特就会变得乖戾而难以与人相处，过于刚烈则会变得暴躁而不公正，过于精明只会变得苛察而多疑。程颐如是说。凡事过犹不及，做人应以此为鉴。

人难免过失，但能够像子路那样闻过则喜就十分难能可贵。周敦颐之所以对子路大加赞扬，就是告诫人们要勇于正视自己的错误，讳疾忌医只会导致更大的过错。

"警戒"作用于生活的方方面面。以警省为法，可以明辨是非，可以减少祸害。在这方面，宋儒不乏深刻之见：

"虽舜之圣，且畏巧言令色。说之惑人易入，而可惧也如此。"

"虽公天下事，若用私意为之，便是私。"

"阅机事之久，机心必生。盖方其阅时心必喜，既喜则如种下种子。"

如此等等，属于经验之谈，但常人往往失于疏忽大意，因此往往也只能徒然后悔。

"警戒"从属儒家修身范畴，其主旨是通过得失、荣辱、利弊、是非的界说高扬义利之辨。因此，"警戒"的根本目的是成全人格，本质上不同于民间种种以趋利避害为指归的纯粹功利取向。

原文 12·1 濂溪曰："仲由喜闻过，令名无穷焉。今人有过不喜人规，如护疾而忌医，宁灭其身而无悟也。噫！"

译文 周敦颐说："子路闻过则喜，因此美名千古流传。今人则不然，有了过失，却不愿接受别人的规劝。这种人的心态正如讳疾忌医者一样，宁愿疾病缠身最终导致死亡也毫无悔悟之意。可悲啊。"

原文 12·2 伊川曰："德善日积则福禄日臻。德逾于禄，则虽盛而非满。自古隆盛，未有不失道而丧败者也。"

译文 程颐说："日日修德积善，则福禄日臻厚大。德行超过福禄，生活优厚也不会奢侈。自古以来，隆盛富贵之家，没有不因为丧失'道'而衰败的。"

原文 12·3 伊川曰："人之于豫[①]乐，心说之故迟迟，遂至于耽恋不能已也。《豫》之六二[②]：以中正自守，其介如石，其去之速，不俟终日，故贞正而吉也。处豫不可安且久也，久则溺矣。如二，可谓见几而作者也，盖中正故其守坚，而能辨之早，去之速也。"

注释 ①豫：安乐。

②六二：指《易经·豫》六二爻辞："介于石，不终日，贞吉。"其《象》曰："不终日，贞吉，以中正也。"

译文 程颐说："人若置身于安乐之境，喜悦不已，往往迟迟不肯离去，乃至于沉溺其间不能自拔。《易经·豫》六二爻辞的意思是：此爻居下卦中位，像人得中正之道，足以持立自守。他坚如磐石，但对于不可留恋的地方，迅速离去，决不拖延，因此卜问吉利。处安乐之境，不可心安理得，亦不可长久置身其中，长久置身其中就会执迷不悟。如六二爻辞所言，可谓看准时机就有所作为。中正当然可以坚定地守操自己，而能够尽早地看清安乐所蕴含的危机，就可以毅然立刻离开不可久留之地。”

原文 12·4 伊川曰：“人君致危亡之道非一，而以豫为多。”

译文 程颐说：“导致君主危亡的原因不止一种，但大多是贪图逸乐造成的。”

原文 12·5 伊川曰：“圣人为戒，必于方盛之时。方其盛而不知戒，故狃安富则骄侈生①，乐舒肆则纪纲坏，忘祸乱则衅孽萌，是以浸淫不知乱之至也。”

注释 ①狃（niǔ）：贪。

译文 程颐说：“必须在事业成功、兴旺发达之时居安思危，以警诫人心，这是圣人英明所在。事业兴旺之时不知警诫，于是，贪图安乐富贵，从而走向骄奢淫逸；乐于散漫放肆，从而导致纪纲败坏；忘却祸乱的历史教训，不加预防，从而导致叛乱四处滋生。因此，不知警诫，就必然不懂各种祸患因素的渐渐侵蚀最终将导致天下大乱这一道理。”

原文 12·6 伊川曰：“《复》之六三①：以阴躁处动之极②，复之频数而不能固者也。复贵安固，频复频失，不安于复也。复善而屡失，危之道也。圣人开其迁善之道，与其复而危其屡失，故云‘厉，无咎。’不可以频失而戒其复也，频失则为危，屡复何咎？过在失而不在复也。”

注释 ①六三：指六三爻辞：“频复，厉无咎。”其《象》曰：“频复之厉，义无咎也。”

②以阴躁处动之极：六三一爻以阴爻居阳位，不中不正，故为阴躁。《复》卦下卦为震，震为阳为动，六三一爻处下卦之上位，故为处动之极。

译文 程颐说：“《易经·复》六三爻以阴爻居阳位，且居于《震》之上位，处于动的极端状态，频频不断往返，无法固守自己的位置。回返的价值在于找到一个安稳固定的位置。屡次返回又屡次丧失，原因在于不安于自己的归宿。屡次向善回归，又屡次抛弃善，就危险了。圣人开创了一条指引人们走向善的光明大道，告诫人们要持久不断地努力向善回归，即令危难重重，屡屡失败，也不气馁。因此《易经·复》六三爻辞说：‘纵然前进路上充满危难，却无罪咎可言。’决不能因为屡屡失守，就放弃对善的不断追求回归。屡屡失守，固然危险，但不断追求，又何咎之有？过错在于失守而不在于追求回归。”

原文 12·7 伊川曰：“睽①极则咈②戾而难合，刚极则躁暴而不详，明极则过察而多疑。《睽》之上九，有六三之正应实不孤，而其才性如此③，自睽孤也。如人虽有亲党，而多自疑猜，妄生乖离，虽处骨肉亲党之间，而常孤独也。”

注释 ①睽：不合。

②咈（fú）：乖戾。

③才性如此：上九一爻处《睽》卦之终，故为睽极；九为阳刚，处刚之终，故为刚极；《睽》卦上卦为《离》，离为明，九处明之上，故为明极。

译文 程颐说：“过于独特就会变得乖戾而难以与人相处，

过于刚烈则会变得躁暴而不公正，过于精明只会变得苛察而多疑。《睽》之上九一爻，有六三一爻正相呼应，应该说并不孤独，然而此爻处于乖戾、躁暴、精明的极限，自然摆不脱孤独的命运。例如，对于亲人、同事、朋友，动辄怀疑猜忌，无端滋生种种乖离之感，置身其间，岂能不孤独？”

原文 12·8《解》[①]之六三曰：“负且乘，致寇至，贞吝。”伊川《易传》曰：“小人而窃盛位，虽勉为正事，而气质卑下，本非在上之物，终可吝也。若能大正则如何？曰：大正非阴柔所能也，若能之，则是化为君子矣。”

注释 ①《解》：六十四卦卦名之一。

译文 《易经·解》六三爻辞说：“背着许多财富乘车而行，将招致盗寇劫夺，卜问有灾祸之象。”程颐《易传》说：“小人窃据高位，虽然欲尽力做一些正当的事，但由于气质卑下，本来就没有资格做大官，因此，最终必将获咎。但如果小人能光明正大做事，又怎样呢？回答说：光明正大不是阴柔的小人能做得到的。若小人能做到这一点，那么，小人就已变化成了君子。”

原文 12·9《益》[1]之上九曰：“莫益之，或击之。”伊川《易传》曰：“理者天下之至公，利者众人所同欲。苟公其心，不失其正理，则与众同利，无侵于人，人亦欲与之。若切于好利，蔽于自私，求自益以损于人，则人亦与之力争。故莫肯益之，而有击夺之者矣。”

注释 ①《益》：六十四卦卦名之一。

译文 《易经·益》上九爻辞说：“无人助益他，有人攻击他。”程颐《易传》说：“天下至公者是理，众人同欲者是利。如果做事出于公心，不失理，则所作所为与大众利益一致，就不会侵害他人，他人也就必然会为共同的利益效力。如果急切地谋取个人利益，受私欲蒙蔽，只贪求自己的利益并损害他人，那么，他人也就必然会与他争夺。《易经·益》上九爻辞说‘没有人帮助他，有人攻击他’，原因不言而喻。”

原文 12·10《艮》之九三曰：“艮其限[1]，列其夤[2]，厉，薰心[3]。”伊川《易传》曰：“失止道贵乎得宜。行止不能以时而定于一，其坚强如此，则处世乖戾，与物睽绝，其危甚矣。人之固止一隅，而举世莫与宜者，则艰蹇[4]忿畏，焚挠其中，岂有安裕之理？‘厉，薰心’，谓不安之势，薰烁其中也。”

注释

①艮其限：艮：顾。限：腰。

②列其夤（yín）：列：本作裂，谓皮肉裂开。夤：本作膑，夹脊肉，即背上肉。

③薰心：心中迷乱。

④蹇（jiǎn）：不顺利。

译文

《易经·艮》九三爻辞说：“只顾腰，不顾背，因而背肉裂开，其危害显而易见，乃是由于心中迷乱所致。”程颐《易传》说：“过失难免，关键在于应在适当的时机阻止它。什么时候应该行动，什么时候应该停止，都要依时机而定。如果不以时机作根据，相反，而以一种固定的方式做出选择，是固执己见。固执己见者处世必然乖戾，必然绝弃人情物理，其处境当然就十分危险了。人若固执地把自己封闭起来，不与外部世界合作、协调，那么，艰阻之感、乖蹇之念、忿怒之情、畏惧之心汇集一处，如欲火在心中燃烧。试问，在这样的心境下，他还能保持心理平静、精神开阔吗？九三爻辞所谓‘厉，薰心’，无非是说，种种忧惧、忿恨等紊乱因素如燎原之势，弥漫在胸，熏烤、煎熬着人心。”

原文 12·11 伊川曰：“大率以说而动，安有不失正者。”

译文 程颐说：“大凡受快感牵引而感情冲动者，其行动没有不丧失正当根据的。”

原文 12·12 伊川曰：“男女有尊卑之序，夫妇有倡随之义，此常理也。若徇情肆欲，惟说是动，男牵欲而失其刚，妇狃说而忘其顺，则凶而无所利矣。”

译文 程颐说：“男尊女卑，夫唱妇随，是常理。如若徇情肆欲，一切以感性满足为转移，男人受情欲牵引而丧失刚强，女人贪图快乐而丧失柔顺，那结果只会有害，决不会有利。”

原文 12·13 伊川曰：“虽舜之圣，且畏巧言令色[①]，说之惑人易入，而可惧也如此。”

注释 ①巧言令色：花言巧语和伪善的面貌。《论语·学而》：“子曰：‘巧言令色，鲜矣仁。’”

译文 程颐说：“即使像舜这样的圣人，也畏惧巧言令色，可见花言巧语之容易迷惑人，确实可怕。”

原文 12·14 伊川曰：“治水，天下之大任也，非其至公之心，能舍己从人，尽天下之议，则不能成其功。岂方命圮族[①]者所能乎？鲧[②]虽九年而功弗成，然其所治，固非他人所及也。惟其功有叙，故其自任益强，咈戾圮类益甚，公议隔而人心离矣，是其恶益显，而其功卒不可成也。”

注释 ①方命圮（pǐ）族：方：违命。圮：毁坏。见《尚书·尧典》。②鲧（gǔn）：传说中原始时代部落首领。居于崇，号崇伯。由四岳推举，奉尧命治水。九年未治平，被舜杀死在羽山。

译文 程颐说：“治水是天下最重要的事情。没有大公无私的精神，没有舍己从人的胸怀，不让天下有识之士发表关于治水的见解，集思广益，择善而从，就不能取得治水的成功。治水这一崇高使命，岂是违抗圣命、败坏族类的人所能担当的呢？鲧治水，虽然历经九年未见成功，但他治水的本领，却非他人所能企及。正因为鲧有能力，有一定治水功绩，因此他更加自行其是，乖戾无惮，侵害族类，致使公议隔离，人心离散，其恶果日益显示出来，最终导致治水彻底失败。”

原文 12·15 伊川曰：“君子敬以直内，微生高①所枉虽小而害直则大。”

注释 ①微生高：《论语·公冶长》：“子曰：‘孰谓微生高直，或乞醯焉，乞诸其邻而与之。”杨伯峻《论语译注》：“《庄子》《战国策》诸书载有尾生高守信的故事，说这人和一位女子相约，在桥梁之下见面。到时候，女子不来，他却老等，水涨了都不走，终于淹死。‘微’‘尾’古音相近，字通，因此很多人认为微生高就是尾生高。”

译文 程颐说：“君子保持恭敬，以恪守人格正直。微生高的欺骗行为，事情虽小，但对正直的伤害，却十分严重。”

原文 12·16 伊川曰:“人有欲则无刚,刚则不屈于欲。”

译文 程颐说:“人有私欲则无刚直可言,人若刚直,就不会屈从私欲。”

原文 12·17 伊川曰:“人之过也各于其类。君子常失于厚,小人常失于薄;君子过于爱,小人伤于忍。”

译文 程颐说:“人的过失,依其类别而各各不同。君子往往过于宽厚,小人往往过于刻薄;君子往往过于慈爱,小人往往过于残忍放肆。”

原文 12·18 明道曰:“富贵骄人固不善,学问骄人,害亦不细。”

译文 程颢说:“炫耀富贵,固然属于浅薄之列,但炫耀学问,其危害亦不容忽视。”

原文 12·19 明道曰:“人以料事为明,便骎骎入逆诈亿不信去也[1]。”

注释 ①骎骎：疾迷，急迫。逆：逆料，诈：无法确定的事。亿：预料。

译文 程颢说："人若认为能够预料事物的发展变化，就有所谓的先见之明，那么，他便会急不可耐地把时间浪费在揣测、逆料不可预测的荒唐可笑的事情上。"

原文 12·20 明道曰："人于外物奉身者，事事要好，只有自家一个身与心，却不要好。苟得外面物好时，却不知道自家身与心，却已先不好了也。"

译文 程颢说："有的人只追求外在的声色利货，处处要求得到满足，而对自己的身心性命，却满不在乎。如果一旦他真的满足于这方面的欲求时，他却不知道，他的人格精神已经先堕落了。"

原文 12·21 明道曰："人于天理昏者，是只为嗜欲乱著他。庄子言'其嗜欲深者，其天机浅①'，此言却最是。"

注释 ①其嗜欲深者，其天机浅：语出《庄子·大宗师》。天机：天赋的悟性。

译文 程颢说："人之所以不明白天理，原因在于受嗜欲侵扰。庄子说：'执迷于感性欲望的人，其天机必然浮浅'。这句话完全正确。"

原文 12·22 伊川曰："阅机事之久，机心必生[①]。盖方其阅时心必喜，既喜则如种下种子。"

注释 ①机事、机心：《庄子·天地》："有机心者必有机事，有机事者必有机心。"机事，机巧之事。机心，智巧变诈的心计。

译文 程颐说："人机巧之事见多了，看惯了，必然就会有机心。看见种种机巧之事，喜悦油然而起；既然喜悦，就在心中种下了机心的种子。"

原文 12·23 伊川曰："疑病者，未有事至时，先有疑端在心；周罗事者，先有周事之端，在心皆病也。"

译文 程颐说："怀疑自己有病的人，疾病还未出现，就先疑心四起；周罗事情的人，事情还没有出现，就先凭空周罗。这两种可笑的事，都是因心病所致。”

原文 12·24 伊川曰：“较事大小，其弊为枉尺直寻[1]之病。”

注释 ①枉尺直寻：《孟子·滕文公下》：“陈代曰：且《志》曰：‘枉尺而直寻’，宜若可为也。”八尺为一寻，屈一尺而得伸直八尺，指小有所屈而大有所获。

译文 程颐说：“凡事从利着眼，计较利的大小，其指向必然表现为所谓‘屈缩一尺而伸展八尺’，病弊自不待言。”

原文 12·25 伊川曰：“小人小丈夫，不合小了他，本不是恶。”

译文 程颐说：“境界狭小的人，是小丈夫。他之显得渺小，源于他不求进取，缺少廓然豪迈的精神，并非因为他本性邪恶。”

原文 12·26 伊川曰：“虽公天下事，若用私意为之，便是私。”

译文 程颐说："为公共的利益做事，倘若私意掺杂其间，即是追求私利。"

原文 12·27 伊川曰："做官夺人志。"

译文 程颐说："出仕做官，汲汲乎富贵功名者，无人格可言。"

原文 12·28 伊川曰："骄是气盈，吝是气歉。人若吝时，于财上亦不足，于事上亦不足，凡百事皆不足，必有歉歉之色。"

译文 程颐说："骄矜者神气十足，悭吝者心气萎靡。小气的人，钱财上显得吝啬，做事总缩手缩脚，如此等等，不一而足，整个儿就是一副猥琐模样。"

原文 12·29 伊川曰："未知道者如醉人，方其醉时，无所不至，及其醒也，莫不愧耻。人之未知学者，自视以为无缺，及既知学，反思前日所为，则骇且惧矣。"

译文 程颐说："不了解'道'的人，如同喝醉酒的人一样，当醉的时候，跌跌撞撞，四处乱走，等他酒醒时，羞愧之感就会油然而起。不学习的人，总是自以为是，一旦通过学习了解义理之后，再反思自己过去的所作所为，恐惧感就会涌上心头。”

原文 12·30 邢恕云：“一日三点检。”明道曰：“可哀也哉！其余时理会甚事？盖仿三省之说[①]错了，可见不曾用功，又多逐人面上说一般话。”明道责之。邢曰：“无可说。”明道曰：“无可说便不得不说。”

注释 ①三省之说：《论语·学而》：“曾子曰：‘吾日三省吾身：为人谋而不忠乎？与朋友交而不信乎？传不习乎？”

译文 邢恕说：“我一天三次检查自己。”程颢说：“你这样说就可悲了。其余的时间你做什么？思考什么呢？你模仿曾子‘三省’之说错了。可见你平常没有用功，只是喜欢在别人面前说套话。”程颢随即要邢恕解释一下“三省”的含义。邢恕说：“没有什么可说的。”程颢说：“正因为你说不出什么，所以不得不说清楚。”

原文 12·31 横渠曰：“学者舍礼义，则饱食终日无所猷[①]为，与下民一致，所事不踰衣食之间，燕游[2]之乐耳。”

注释 ①猷（yóu）：计划，谋略。

②燕游：宴饮游乐。

译文 张载说：“学者不讲礼义，必然饱食终日无所作为，与普通百姓没有什么区别，所关心的无非是衣食娱乐的满足而已。”

原文 12·32 横渠曰：“郑卫之音悲哀，令人意思留连，又生怠惰之意，从而致骄淫之心。虽珍玩奇货，其始惑人也亦不如是切，从而生无限嗜好，故孔子曰必放之[1]。亦是圣人经历过，但圣人能不为物所移耳。”

注释 ①孔子曰必放之：《论语·卫灵公》：“子曰：‘放郑声，远佞人。郑声淫，佞人殆。”放：抛弃。

译文 张载说：“郑国、卫国的乐曲弥漫着悲哀。人听后，足以令人流连不舍，随后让人滋生怠惰之情，最后导致人产生骄淫之心。这种乐曲对人的诱惑，远甚于珍玩奇货，可以让人产生种种非分的嗜欲。因此孔子

说，必须抛弃它，禁绝它。显然，孔子也听过这类乐曲，但这种靡靡之音对孔子毫无影响。”

原文　12·33　横渠曰：“孟子言反经特于乡原之后者①，以乡原大者不先立，心中初无作，惟是左右看，顺人情，不欲违②一生如此。”

注释　①孟子言反经特于乡原之后者：事见《孟子·尽心下》。反经：朱熹《四书集注》：“反，复也；经，常也，万世不易之常道也。”乡原：伪君子。

②不欲违：一味取悦于人，不能特立独行。

译文　张载说：“孟子之所以在告诫人们要返回到常道上来之前，要先批判乡原的伪善欺世行为，就是因为乡原没有确立做人的终极根据，没有原则，一味只是察言观色，左顾右盼，以取悦于人，一生都不敢越出人情世故一步。”

辨异端第十三

（凡十四条）

此卷辨异端，盖君子之学虽已至，然异端之辨，尤不可以不明。苟于此有毫厘之未辨，则贻害于人心者甚矣。

说明 分辨真理与谬误，抨击以佛老为代表的种种异端邪说，是本卷的要害。

在宋儒看来，孔孟之道统摄整全真理。因此，所谓异端，是以儒家观念体系为真理标准而界说的，代表宋的价值论立场。限于本卷十四条，宋儒所说的异端，指申韩、杨墨、佛老。但五家（申不害、韩非均为法家）的危害有大小轻重之别。程颢认为，申韩的思想浅陋，不值一驳；杨朱的“为我”、墨子的“兼爱”遭到孟子的批驳后，已销声匿迹；唯一仍在危害世道人心的只剩两种邪说，一是佛教，二是道家与道教。这里须说明，以老子为代表的道家与道教有密切联系，但两者不能简单等同。道家是哲学，而道教则是宗教。本卷所谓“老”，指老子或道家，而神仙飞升之说，是道教。宋儒不加区分，把两者等同划一。

宋儒否定道教神仙说，认为导引之功无非是“保形炼气以延年益寿”而已，而白日飞升、长生不死则是彻头彻尾的无稽之谈。

老子说：“天下万物生于有，有生于无。”（《老子》四十章）道家的本体论，是其思想体系的基石。对此，宋儒予以否定。其根据如张载说：“大《易》不言有无。言有无，诸子之陋也。”

这就是宋儒在本卷对道家、道教批判的基本内容。应该说，宋儒过于简单化了。

宋儒对异端的批判主要集中在佛教上。其基本立论是：以儒家道器一元论反对佛教的空幻说。

程颢说：“道之外无物，物之外无道。”“道”非虚无，“道”是实存之“一”，“物”是实有之“多”。“一”存在于“多”之中，“多”是“一”之“多”。“一”是“多”的本体，“多”是“一”的现象显现。概言之，“形而上者为之道，形而下者为之器。”（《易·系辞上》）万事万物都是“道”的具体外化。因此，佛教所谓“四大皆空”，否定了万事万物的实有性，流入虚妄。而佛教鼓吹的“出家”，背弃纲常伦理，悖于“天道”。因为依据道器一元论，人伦秩序是“道”的体现，是人，就绝不能游离于这一秩序之外。

宋儒认为，佛教只讲上达超越境界，不讲下学功夫，割裂了

"道"与"器","理"与"事","上达"与"下学"的统一性，道理不通，因此必然落空。佛教不懂"阴阳、昼夜、死生、古今"之理，脱离万事万物的运行变化空谈"形而上"，自然遁入空无。佛教的所谓"了生死"，不懂儒家"万物一体"的道理，蔽于小我私欲，自然与"道"格格不入。总之，在宋儒看来，佛教代表邪恶，代表荒谬。用张载的话说：自古以来，种种异端邪说沆瀣一气，四处泛滥，影响长达一千五百年之久，而罪魁祸首，则是佛教。

儒道释是中国传统文化的主干，各有其博大智慧，有其超越一般的价值。宋儒站在儒家价值立场上对佛道的批判，凸现了不同的价值体系的相互对立。但平心而论，宋儒对佛教的批判，有精彩之处。但总的来说，则显得攻击有余，说理不足，有失于武断之虞。

原文 13·1 明道曰："杨墨之害，甚于申韩[①]；佛老之害，甚于杨墨。杨氏为我疑于仁，墨氏兼爱疑于义。申韩则浅陋易见。故孟子只辟杨墨，为其惑世之甚也。佛老其言近理，又非杨墨之比，此所以为害尤甚。杨墨之害，亦经孟子辟之[②]，所以廓[③]如也。"

注释 ①申韩：指申不害和韩非。申不害（约前385—前337），战国时法家，郑国人。主张法制，尤重视“术”，曾任韩昭侯的相十五年。《汉书·艺文志》著录《申子》六篇，现仅存辑录《大体》一篇。韩非（约前280—前233），战国末哲学家，法家主要代表人物。出身韩国贵族。受秦王政邀请出使秦国，不久因李斯等陷害，自杀于狱中。著作有《韩非子》。

②孟子辟：《孟子·滕文公下》：“孟子曰：‘杨氏为我，是无君也；墨氏兼爱，是无父也。无父无君，是禽兽也。……杨墨之道不息，孔子之道不著，是邪说诬民，充塞仁义也。仁义充塞，则率兽食人，人将相食。吾为此惧，闲先圣之道，距杨墨，放淫辞，邪说者不得作。’”

③廓：清除。

译文

程颢说：“杨朱、墨子的危害，超过申不害、韩非；佛陀、老子的危害，超过杨朱、墨子。杨朱主张‘为我’，背弃了‘仁’，墨子主张‘兼爱’，背离了‘义’。申不害、韩非的思想极为浅陋，入眼可见。孟子之所以只批驳杨朱、墨子，就是因为他们的思想严重地造成了社会价值观念的混乱。佛陀、老子的言论似乎有一定道理，来得比杨朱、墨子高明。正因为如此，佛陀、老子的危害更大。杨朱、墨子的谬论，遭到孟子的批驳之后，已经销声匿迹。”

原文 13·2 伊川曰："儒者潜心正道，不容有差。其始甚微，其终则不可救。如'师也过，商也不及[1]'，于圣人中道，师只是过于厚些，商只是不及些。然而厚则渐至于兼爱，不及则便至于为我，其过不及同出于儒者，其末遂至杨墨。至于杨墨，亦未至于无父无君，孟子推之便至于此，盖其差必至于是也。"

注释 ①师也过，商也不及：《论语·先进》："子贡问：'师与商也孰贤？'子曰：'师也过，商也不及。'"师，子张。商，子夏。

译文 程颐说："儒者潜心恪守正道，不容许有丝毫偏离。只要开始有一点点偏差，最终就会导致背离正道，不可救药。孔子评价子张、子夏时说：'师也过，商也不及。'对于圣人所体现的中正之道来说，子张过于加厚了一点，子夏则略有不及之处。然而过于宽厚就会渐渐流于'兼爱'，稍有不及就会渐渐趋向'为我'。虽然孔子所说的'过'和'不及'都发生在儒者身上，但其危险在于：两者的末流都有走向异端，演变为杨朱'为我'、墨子'兼爱'的可能。就杨朱、墨子而论，他们未必就真的主张无君无父。但从逻辑上说——正如孟子的推理那样，'为我''兼爱'走向极端，必然导致无君无父。这是由于微小的差别必然导致的逻辑结果。”

原文 13 · 3 明道曰：“道之外无物，物之外无道，是天地之间，无适而非道也。即父子而父子在所亲，即君臣而君臣在所严，以至为夫妇，为长幼，为朋友，无所为而非道，此道所以不可须臾离也。然则毁人伦、去四大[①]者，其外于道也远矣。故‘君子之于天下也，无适也，无莫也，义之与比[②]’。若有适有莫，则于道为有间，非天地之全也。彼释氏之学，于敬以直内，则有之矣，义以方外，则未之有也。故滞固者入于枯槁，疏通者归于恣肆，此佛之教所以为隘也。吾道则不然。率性而已，斯理也，圣人于《易》备言之。”

注释 ①四大：佛教以地、水、火、风为四大。

②君子之于天下也，无适也，无莫也，义之与比：语出《论语 · 里仁》。

译文 程颢说：“道之外无器，器之外无道。天地之间，无处不是道。道体现在父子上，就是亲，体现在君臣上，就是严，乃至于夫妇、长幼、朋友等等，无处不是道的体现。因此，道是不可须臾背离的。佛教毁弃人伦秩序，认为四大皆空，当然就离道很远了。孔子说：‘君子对于天下的事情，没规定要怎样做，也没规定不要怎样做，而是怎样做合理恰当，就怎样做。’如果人为地规定一定要怎样做，一定不要怎样做，就背离了道的原则，就背离了天地普遍、自然的法则。佛教的观念，与儒家经典《易经·坤·文言》上说的‘敬以直内’有相同之处，但与‘义以方外，则格格不入。因此，佛教徒往往走向两种极端：拘滞固执者，形容枯槁，不近人情；疏旷圆通者，放纵恣肆，毁侮天理；可见佛教思想的狭隘性。儒家学说则不然，它主张遵循人的本性——即遵循道而行动，而这一博大精深的理论体系，圣人早已在《易经》一书中全面详尽地阐述过了。”

原文

13·4 明道曰：“释氏本怖死生为利，岂是公道！惟务上达而无下学[①]，然则其上达处，岂有是也！元不相连属，但有间断，非道也。孟子曰：‘尽其心者，知其性也[②]。’彼所谓识心见性是也，若存心养性一段事，则无矣。彼固曰出家独善，便于道体自不足。”

或曰："释氏地狱之类，皆是为下根之人设此怖，令为善。"先生曰："至诚贯天地，人尚有不化，岂有立伪教而人可化乎？"

注释

①惟务上达而无下学：孔子说："下学而上达"（《论语·宪问》）。只有通过下学功夫，才能上达天道，程颢认为，佛教只讲顿悟、上达，不讲下学，割裂了两者的内在统一性。

②尽其心者，知其性也：语出《孟子·尽心上》。

译文

程颢说："佛教的主张本质上贪生怕死，满足的是一己之利，岂有公道可言！佛教只讲上达超越境界，不讲下学功夫，然而这样的超越境界终究是落空的。不讲下学只讲上达，就否定了两者的统一性，人为地把两者割裂开来，道理上说不通。孟子说：'尽其心者，知其性也'。佛教所说的'明心见性'与孟子的说法大致相同，但儒家关于'存心养性'的切实功夫的要求，在佛教那里都是欠缺的。佛教主张出家独善其身，是对天道本体缺乏认识的产物。"

有人说："佛教关于天堂地狱、轮回报应之类的说法，作为一种预设，就是为了让根器低下的人产生恐惧心理，由此产生向善动机。"程颢说："绝对的'诚'贯穿在天地宇宙间，纵然如此，也还有人不化于‘诚’，佛教作为一种伪宗教，岂能奢谈感化人!”

原文 13·5 明道曰:“学者于释氏之说，直须如淫声美色以远之，不尔，则骎骎然入于其中矣。颜渊问为邦，孔子既告之以二帝三王之事，而复以放郑声远佞人。曰:郑声淫，佞人殆[①]。彼佞人者，是他一边佞耳，然而于己则危，只是能使人移，故危也。至于禹之言曰:‘何畏乎巧言令色[②]。’直消言畏，只是须著如此戒慎，犹恐不免。释氏之学，更不消言常戒，到自家自信后，便不能乱得。”

注释 ①颜渊问为邦五句:《论语·卫灵公》:“颜渊问为邦。子曰:‘行夏之时，乘殷之辂，服周之冕，乐则《韶》《舞》。放郑声，远佞人。郑声淫，佞人殆。’”二帝三王之事泛指尧、舜、禹、汤、周文王、周武王时代的礼乐文化、典章制度。

②何畏乎巧言令色:语出《尚书·皋陶谟》。

译文 程颢说:“学者对于佛教的思想学说，应当像对待淫声美色一样，远离它。否则，这些异端邪说就会渐渐地腐蚀你。颜渊曾问孔子应该怎样治理国家。孔子说，应该遵循二帝三王所制订的礼乐文化、典章制度。随后孔子又说，必须禁绝郑国的乐曲，远离小人。因为郑国的乐曲淫秽，小人危险。表面上看，小人谗佞，那是他的事，与你无关，然而你不远离它，就会给你带来危害。正是因为花言巧语能影响人的道德立场，所以才危险。禹说，巧言令色不足畏！因为只要有畏惧心理，就只能时时持戒备、谨慎态度，但即令如此，恐怕也难免受到损害。对于佛教邪说，更不消持警诫心理，只要通过修身，获得坚定的人生信念，任何错误的东西自然就不可能扰乱自己的精神方向。”

原文 13·6 明道曰：“所以谓万物一体者，皆有此理。只为从那里来，生生之谓易[①]。生则一时生，皆完此理。人则能推，物则气昏推不得，不可道他物不与有也。人只为自私，将自家躯壳上头起意，故看得道理小了。他底放这身来，都在万物中一例看，大小大快活。

释氏以不知此去他身上起意思，奈何那身不得，故却厌恶，要得去尽根尘[②]，为心源不定故，要得如枯木死灰，然没此理。要有此理，除是死也。释氏其实是爱身放不得，故说许多。譬如负贩[3]之虫，已载不起，犹自更取物在身；又如抱石投河，以其重愈沉，终不道放下石头，惟嫌重也。”

注释

①生生之谓易：语出《易经·系辞上》。

②根尘：佛教以眼耳鼻舌身意为六根，色声香味触法为六尘。

③负贩：负荷。

译文

程颢说："之所以说天地万物一体，乃是因为万物都有存在的合理根据。万物从何而来？来源于生生不已、变易无穷的自然之道。万物应时而生，都是'理'的完满体现。人是万物之灵，故能把'理'推及一切；物则由于'气'的阻塞，故不能有此功能。但不能由此认为物不是以'理'为存在根据的。人只是因为自私，在自己躯壳上妄起意念，才把博大的天理看小了。人若把自己的躯壳私念放下，把自身置于天地万物中的一个具体存在看待，就会发现一切都是天理流行的表现，那么，人就会达到超越一切大小、得失、荣辱的大喜悦境界。

佛教不懂万物一体的道理，一味要抛弃肉身。但肉身又无法抛弃，由此对肉身产生厌恶之感，要除尽根尘。但由于本心不定，无法除尽根尘，因此又要人心如枯木死灰。然而佛教说法是没有道理的。除非肉身死灭，人心不会寂灭。其实，佛教正因为执著肉身太爱肉身放不下肉身，才反复不断论证无法自圆其说的所谓舍身理论。这里，可以用例证说明佛教理论的矛盾。例如，小虫已无法负荷它身上背的东西，然而却还要把另外的东西加在身上，只能越背越重，岂能轻松？又如，抱石投河，石头愈重，沉得愈快。但奇怪的是，既不肯放下石头，却又嫌石头太重。如此矛盾的行为，岂能轻松自如？”

原文 13·7 人有语导气①者，问先生曰：“君亦有术乎？”明道曰：“吾尝夏葛而冬裘，饥食而渴饮，节嗜欲，定心气，如斯而已矣。”

注释 ①导气：即导引，一种养生术。指呼吸俯仰，屈伸手足，使血气流通，促进身体健康。

译文 有一个信奉导引延年之术的人问程颢说：“先生有延年益寿之术吗？”程回答说：“我只是夏天穿单衣，冬天穿棉衣，饿了就吃饭，渴了就喝水，节制欲望，保持心气平静而已。”

原文 13・8 明道曰：“佛氏不识阴阳昼夜死生古今，安得谓形而上者与圣人同乎？”

译文 程颢说：“佛陀不懂阴阳、昼夜、死生、古今都是自然规律的表现，怎么能够说佛教关于形而上的理论与儒家圣人的形而上体系是一致的呢？”

原文 13・9 伊川曰：“释氏之说，若欲穷其说而去取之，则其说未能穷，固已化而为佛矣。只且于迹上考之，其设教如是，则其心果如何，固难为取其心不取其迹。有是心则有是迹。王通言心迹之判，便是乱说。故不若且于迹上断定，不与圣人合，其言有合处，则吾道固已有，有不合者，固所不取，如是立定却省易。”

译文 程颐说：“如若要先穷究佛教思想然后再决定其取舍，那么，恐怕在还未彻底了解它之前，就已经被它降服了。因此，应该把考查的基点放在佛教所产生的效果上。佛教的教义如果是正确的，那么，创立这种教义的动机究竟怎样呢？不从效果上看问题，是很难把握动机的。有什么样的动机，就有什么样的结果。王通关于动机与效果的判别，是一派胡言。因此，我们不妨从效果上进行考察，根据佛教所产生的效果，可以断定，佛教思想与孔子为代表的儒家思想格格不入。如果佛教思想有与儒家思想相一致的地方，儒家早已有精辟的阐述，而与儒家思想不一致的地方，毫不犹豫地给予否定。只有依据这一原则，才能简单明白地确定是非。”

原文 13·10 问："神仙之说有诸？"明道曰："若说白日飞升之类则无，若言居山林间，保形炼气以延年益寿，则有之。譬如一炉火，置之风中则易过，置之密室则难过，有此理也。"又问："扬子言圣人不师仙，厥术异也。圣人能为此等事否？"曰："此是天地间一贼，若非窃造化之机，安能延年？使圣人肯为，周孔为之矣。"

译文 有人问程颢说："有神仙之说吗？"程颢说："如果说指所谓白日飞升之类的事，绝对是无稽之谈；如果说指隐居山林，通过吐纳导引，保形炼气以达到延年益寿，则是可能的。例如一炉火，放在风中就容易燃尽，而放在房屋中就不容易燃尽，这个道理应该是明白的。”又问：“扬雄曾经说过，圣人不屑于学神仙，因为神仙术异于圣人之道。圣人会不会学仙求长生呢?”程颢说：“所谓仙人是天地间的一个贼，为了延年长寿，妄窃天地造化之机，狂妄荒唐之极。假如圣人愿意学仙的话，周公、孔子早就学了。”

原文 13·11 谢显道历举佛说与吾儒同处，问伊川先生。先生曰：“恁地同处虽多，只是本领不是，一齐差却。”

译文 谢显道历举佛教思想与儒家思想相同的地方，请程颐评判。程颐说：“表面上两者相同之处虽然不少，但儒佛两家根本原则不同，由此导致佛教整体上的谬误。”

原文 13·12 横渠曰：“释氏妄意①天性，而不知范围②之用，反以六根之微③因缘天地，明不能尽，则诬天地日月为幻妄。蔽其用于一身之小，溺④其志于虚空之大，此所以语大语小，流遁失中。其过于大也，尘芥六合⑤，其蔽于小也，梦幻人世，谓之穷理可乎？不知穷理而谓之尽性可乎？谓之无不知可乎？尘芥六合，谓天地为有穷也；梦幻人世，明不能究其所从也。”

注释

①意：猜测。

②范围：张伯行《集解》：“范围犹裁成也。圣人尽性，故能裁成天地之道。”

③微：虚幻，不真实。

④溺：沉迷不悟。

⑤六合：上下四方。

译文

张载说：“佛教妄断天性，不懂儒家圣人通过穷理尽性，制订礼乐文化制度，从而成就天地之道的作用，反而认为六根因缘天地，没有实相。佛教昧于独断妄见，不能从终极本体意义上把握绝对实在的本质，就欺骗性地断言：天地日月是虚幻的。佛教的危害在于：把人的作用蔽塞在自己有限肉身的范围内，极其偏狭地小看了人的能力；然而又让人的心志沉迷于无限的虚空之中，漫无边际地夸大了人的想象力。总之，佛教关于人的存在与价值的观念，无论从大处着眼还是从小处着眼，都流于极端，与儒家中庸之道格格不入。佛教毫无限制地夸大人的想象力，认为天地四方在无限的虚空中不啻尘埃草芥；佛教狭隘地把人限制在个体肉身范围内，认为人生万物如梦幻泡影，转瞬即逝。佛教的这些说法，难道可以说在终极意义上穷尽了天理，把握了天理吗？佛教不能穷尽天理，又怎么说得上能够完满体认、把握人的本性呢？既然如此，难道佛教说得上包罗一切真理，无所不知吗？佛教把天地四方看成是尘埃草芥，认为天地是有限的；把人生万物看成梦幻泡影，就自然不懂万事万物生灭变化的终极来源了。”

原文 13 · 13 横渠曰：“大《易》不言有无，言有无，诸子之陋也。”

译文 张载说：“《易经》只说阴阳，不说有无；谈有无，正是诸子的浅陋所在。”

原文 3 · 14 横渠曰：“浮图明鬼，谓有识之死，受生循环[①]，遂厌苦求免，可谓知鬼乎？以人生为妄见，可谓知人乎？天人一物，辄生取舍，可谓知天乎？孔孟所谓天，彼所谓道。惑者指游魂为变[②]，为轮回[③]，未之思也。《大学》当先知天德，知天德则知圣人，知鬼神。今浮图剧论要归，必谓死生流转，非得道不免，谓之悟道可乎？

自其说炽传中国，儒者未容窥圣学门墙，已为引取，沦胥[④]其间，指为大道。乃其俗达之天下，致善恶智愚、男女臧获，人人著信。使英才间气[⑤]，生则溺耳目恬习[⑥]之事，长则师世儒崇尚之言，遂冥然被驱，因谓圣人可不修而至，大道可不学而知。故未识圣人心，已谓不必求其迹；未见君子志，已谓不必事其文。此人伦所以不察，庶物所以不明[⑦]，治所以忽，德所以乱。异言入耳，上无礼以防其伪，下无学以稽其弊。

自古诐淫邪遁之辞[⑧]，翕然[⑨]并兴，一出于佛氏之门者千五百年。向非独立不惧[⑩]，精一自信，有大过人之才，何以正立其间，与之较是非计得失哉？”

注释

①受生循环：指佛教所谓生死轮回说。

②游魂为变：《易经·系辞上》：“精气为物，游魂为变，是故知鬼神之情状。”

③轮回：佛教术语，亦称“六道轮回”。佛教认为，众生各依所作善恶业因，一直在所谓天、人、阿修罗、地狱、饿鬼、

畜生等六道中生死相续，循环不已，有如车轮旋转不停。

④沦胥：犹言相互牵连而受害。

⑤间气：古谶纬之说以五行附会人事，谓帝王臣民各受五行之气以生。正气为若木，得之以生为帝；间气乃‘不包不行’之气，得之以生为臣。

⑥耳目恬习：听惯看惯，不以为然。

⑦人伦所以不察，庶物所以不明：语本《孟子·离娄下》："舜明于庶物，察于人伦。"

⑧诐（bì）淫邪遁之辞：《孟子·公孙丑上》"诐辞知其所蔽，淫辞知其所陷，邪辞知其所离，遁辞知其所穷。"诐，不正。遁，躲闪。这里泛指种种秽言邪说。

⑨翕（xī）然：协调一致。

⑩向：向令；假如。

译文

张载说："佛教自以为明白鬼是怎么回事：认为人死后，精神不散；可以通过寄寓其他形体再生，生生死死循环不已。于是，人们厌恨死生之苦，企求永远免除这一折磨。佛教的这种说法，难道可以说了解鬼的真相吗？佛教认为人生是虚幻的，难道可以说了解人的存在吗？天人一体，佛教却把两者割裂开来，主张舍弃人生，追求所谓超越的‘道’，难道可以说了解天的本质吗？孔孟所说的天，即佛教所说的道。受佛教迷惑的人，把游魂的变动不定说成是佛教的生死轮回，其原因在于他们缺少思考。大学之道，首先应当了解天德，了解天德就可以了解圣人，从而了解鬼神。而佛教却强词夺理地认为，生死流转不已，不得‘道’就不能避免轮回的命运。这种说法，难道可以说体悟了天道的真谛吗？

自从佛教传入中国，就渐渐呈现炽盛兴旺之势，儒者还未来得及窥视圣学之门，就已经先被诱惑蒙蔽，不能自拔——竟而认为佛教指引的是一条人生终极解脱的光明大道。结果造成崇尚佛教之风弥漫天下，致使无论是善良的人、凶恶的人，还是聪明的人、愚笨的人，也无论是男人、女人，还是奴仆、婢女，人人迷信佛教。即使有英才出世，但他们从小就处在佞佛氛围的重重包围之中，看惯听惯，习以为常；他们长大后，学到的无非是俗儒们挂在嘴边的不切实际、空洞浮华的佛教说教。于是，他们糊里糊涂地成了被时尚驱使的对象，认为圣人境界不通过修身就可以达到，终极真理不通过学习就可以把握。他们之所以不了解圣人的精神，是因为他们认为不必探究圣人的事迹；他们之所以不了解君子的志向，是因为他们认为无须从事礼乐文化的研究。结果导致人伦秩序得不到彰显，事物次第界线不明，社会治理无人过问，道德操守紊乱不堪。怪异之言任意漫延，上层官吏却不能看出它们的欺骗性，因为他们不懂圣人之礼；而下层士人也不能审查它们的危害性，因为他们不学圣人之道。

自古以来，种种异端邪说沆瀣一气，四处泛滥，影响长达一千五百年之久，而罪魁祸首则是佛教。如果一个人没有独立无畏的精神、坚定自信的品格、非凡超绝的才能，怎么能够在一片恶浊嚣张的氛围中正义凛然呢？又怎么能与佛教针锋相对，与佛教论辩是非得失呢？”

观圣贤第十四

（凡二十六条）

此卷论圣贤相传之统，而诸子附焉。断自唐虞尧舜禹汤文武周公，道统相传，至于孔子，孔子传之颜曾，曾子传之子思，子思传之孟子，遂无传焉。楚有荀卿，汉有毛苌、董仲舒、扬雄、诸葛亮，隋有王通，唐有韩愈，虽未能传斯道之统，然其立言立事，有补于世教，皆所当考也。迨于宋朝，人文再辟，则周子唱之，二程子张子推广之，而圣学复明，道统复续，故备著之。

说明

本卷二十六条，大致由三部分组成。第一部分评价儒家圣贤；第二部分评说历史上儒家著名人物；第三部分介绍宋儒四子事迹与精神。兹按顺序概述如下：

宋儒认为，尧、舜、禹、汤、文、武虽有微妙差异，但都是圣人；而孔子，则无以伦比，“仲尼无所不包”，因为他是天地精神的化身，如浑然天成的元气。在儒家，这一评价自是当然。

孟子是“亚圣”，宋儒对孟子的推崇之情溢于言表。孟子如凛冽秋风，刚毅而严峻；孟子气象高迈，像高山一样傲然矗立；孟子是雄辩大师。如此等等的评价，同样在在有根有据。

荀子、毛苌、董仲舒、扬雄、诸葛亮、王通、韩愈是历史上著名的儒家人物。朱熹认为，他们“立言立事，有补于世教”，但“未能传斯道之统”。不言而喻，他们是有历史功绩的，但他们算不上真正的大儒，不能承传儒家真精神。因此，宋儒对上述七人的评价，或肯定或否定，或褒扬或贬斥，符合朱熹的观念。试看宋儒的评价：

“荀卿才高其过多，扬雄才短其过少。”

荀子主张“性恶论”，与孟子“性善论”相对。同为儒家，孟子代表正统，荀子过失之远，自不待言。毛苌、董仲舒“最得圣贤之意，然见道不甚分明”。依然功亏一篑。

至于诸葛亮，程颢说：“诸葛武侯有儒者气象。”但又说：“孔明有王佐之心，道则未尽。”毕竟算不上完满。

王通明晓义理，一部《文中子》，见识毕现，让荀子、扬雄相形见绌；韩愈敏锐坚定，一篇《原道》，首创儒家道统，道前人所未道。两人庶几可观也。但，仍旧不能跻身儒家楷模的神圣殿堂。

《观圣贤》最后几节介绍周敦颐、程颢、程颐、张载的生平事迹、精神人格、思想学问。四子清旷高远的气象、廓然大公的精神、从容平和的心态、坚定刚毅的气质、立人立已的境界、一往无前的勇气、恬淡洒脱的志趣跃然字里行间，当不是溢美之词。而其中，《明道先生行状》与《横渠先生行状》两文具有代表性，几乎就是儒家理想人格的具体写照。

宋儒得儒学真髓，传儒家真学。朱熹认为，尧、舜、禹、汤、文、武、周公、孔子、颜回、曾参、子思、孟子相继承传的儒家道统，自孟子后，已中断千年之久。“迨于宋朝，人文再辟，则周子唱之，二程子张子推广之，而圣学复明，道统复续。”不用说，朱熹这一评价极高，无以复加。正是基于这一评价，宋儒四子在儒家思想史上的地位，差不多可与孟子、颜回比肩。

原文 14·1 明道曰：“尧与舜更无优劣，及至汤武便别。孟子言性之反之①。自古无人如此说，只孟子分别出来，便知得尧舜是生而知之，汤武是学而能之，文王之德则似尧舜，禹之德则似汤武，要之皆是圣人。”

注释 ①性之反之：《孟子·尽心下》：“孟子曰：‘尧舜，性者也；汤武，反之也。’”反，通“返”。犹言经过修身回复本性。

译文 程颢说：“尧与舜无优劣之分，至于汤与周武王，则与尧舜略有区别。孟子认为尧舜天赋有完满的本性，而汤与周武王则是经过修身才回复完满的本性。自古以来，没有人这样说过，只是孟子第一次划分了两者之间的微妙差异。由此我们可以知道：尧舜是生而知之者，汤武是学而能之者；周文王的德性与尧舜相似，禹的德性与汤武相似。概言之，他们都是圣人。”

原文

14·2 明道曰：“仲尼，元气也；颜子，春生也；孟子并秋杀尽见。仲尼无所不包。颜子示不违如愚[①]之学于后世，有自然之和气，不言而化者也。孟子则露其材，盖亦时然而已。仲尼，天地也；颜子，和风庆云[②]也；孟子，泰山岩岩之气象也，观其言皆可见之矣。仲尼无迹，颜子微有迹，孟子其迹著。孔子尽是明快[③]人，颜子尽岂弟[④]，孟子尽雄辨。”

注释

①不违如愚：《论语·为政》：“子曰：‘吾与回言终日，不违，如愚。退而省其私，亦足以发。回也不愚。’”

②庆云：五彩云。

③明快：张伯行《集解》：“明者，心无渣滓，人欲尽而天理见也。快者心无系累，万物一体而因物付物也。所谓气质清明，义理昭然，廓然大公，物来顺应是也。”

④岂弟：和乐平易。

译文 程颢说："孔子如一元之气，浑然天成；颜回如阳春和风，生意盎然；孟子则如凛冽秋风，刚毅而严峻。孔子博大无比，无所不包。颜回给后世学者留下的印象是：从不提出与孔子的见解相违背的看法，像个愚笨的人。然而颜回并不愚笨，他禀赋有一种自然和谐之气，可以贯通一切，因此，颜回不著一言，就可以默默地体悟、把握孔子的思想。孟子充分展示自己的才华，则是时势使然。孔子像天地一样宽广。颜回像和风庆云一样明亮。孟子气象高迈，像高山一样傲然矗立，这一点，只要读一读孟子的著作，就完全可以想见。孔子，人们无法窥视他的踪迹；颜回，人们略微可以窥见他的形迹；而孟子，则处处留下他印迹。孔子无比明快，颜回和乐平易，孟子则是雄辩大师。"

原文 14·3 明道曰："曾子传圣人学，其德后来不可测，安知其不至圣人？如言'吾得正而毙'①，且休理会文字，只看他气象极好，被他所见处大。后人虽有好言语，只被气象卑，终不类道。"

注释 ①吾得正而毙：见7·25条注②。

译文 程颢说："曾参承传圣人之学，功德日臻完善，不可估量，几乎达到了圣人的高度。曾参临死时说：'我死，要死得其所。'我们姑且不对他说的话进行评论，只看他从容自得的气象，就可以感到他境界的博大。后世话说得好听者不乏其人，但由于境界低下，最终与有德者格格不入。"

原文 14·4 明道曰："传经为难，如圣人之后才百年，传之已差。圣人之学，若非子思孟子，则几乎息矣。道何尝息？只是人不由之；道非亡也，幽厉[①]不由也。"

注释 ①幽厉：指周幽王和周厉王。两人历史上均以昏庸、残暴著称。

译文 程颢说："传儒家经典是一件困难的事。例如孔子才去世一百年，经书的承传已出现误差。如果没有子思、孟子两人相继接传，儒家经典几乎已经失传了。然而，天道何尝停息过？只是人不遵循天道而已。天道不会消亡，纵然周幽王、周厉王背道而行。"

原文 14·5 明道曰："荀卿[①]才高其过多，扬雄才短其过少。”

注释 ①荀卿（约前313—前238）：即荀子。战国末思想家、教育家。名况，时人尊而号为“卿”。赵国人。游学于齐，后三为祭酒，继赴楚国，由春申君召用为兰陵令，著书终老其地。韩非、李斯均是他的学生。著作有《荀子》。

译文 程颢说：“荀子才华横溢，然而过错很多；扬雄才智平平，但过失却较少。”

原文 14·6 明道曰：“荀子极偏驳，只一句性恶[①]，大本已失。扬子虽少过，然已自不识性[②]，更说甚道。”

注释 ①一句性恶：荀子主张性恶论，与孟子性善论相对立。《荀子·性恶篇》：“人之性恶，其善者，伪也。”

②自不识性：扬雄认为：“人之性也善恶混，修其善则为善人，修其恶则为恶人。”（《法言·修事》）扬雄认为人性无明确界定，故程颢说他“自不识性”。

译文 程颢说：“荀子的思想极为偏执、驳杂，仅就他说的‘人之性恶’这句话而言，在本原上就彻底错了。扬雄虽然较少过失，然而他在人性善恶问题上的含糊暧昧，决定了他没有资格说‘道’。”

原文 14·7 明道曰：“董仲舒曰：‘正其谊[①]不谋其利，明其道不计其功。’此董子所以度越诸子。”

注释 ①谊：通“义”。合宜的道理、行为。

译文 程颢说：“董仲舒说：‘以‘义’为行动指南，应该做就做，至于利害，不予考虑；指明‘道’，以‘道’为归依，至于功过，无须计较。’仅凭董仲舒这两句话，就表明他的境界高于先秦诸子。”

原文 14·8 明道曰：“汉儒如毛苌[①]、董仲舒，最得圣贤之意，然见道不甚分明。下此即至扬雄，规模又窄狭矣。”

注释 ①毛苌（cháng）：相传是古文诗学“毛诗学”的传授者。西汉赵郡（治今河北邯郸西南）人。据称其诗学传自毛亨，曾任河间献王博士，称为“小毛公”。

译文 程颢说："汉儒如毛苌、董仲舒，最能体悟圣贤的思想，然而他们似乎不能清楚明白地把握'道'。至于后来的扬雄，其境界显得窄狭。"

原文 14·9 明道曰："林希谓扬雄为禄隐[①]，扬雄后人只为见他著书，便须要做他是，怎生做得是。"

注释 ①林希：福州人，字子中。熙宁进士，宋神宗时知太常礼院。卒谥文节。禄隐：张伯行《集解》："道不行而浮沈下位也。"扬雄失身事莽，大节已亏。所谓"禄隐"之说，是对扬雄的开脱。

译文 程颢说："林希认为扬雄虽然身在王莽新朝做官，但心态上却是一个隐士。后人只看见杨雄有著作传世，就肯定他的才华。但对于扬雄这种失身败节的人来说，怎么能够作出肯定的评价呢？"

原文 14·10 明道曰："孔明有王佐之心，道则未尽。王者如天地之无私心焉，行一不义而得天下不为，孔明必求有成而取刘璋[①]。圣人宁无成耳，此不可为也。若刘表子琮[②]，将为曹公所并取，而兴刘氏可也。"

注释 ①刘璋（？—219）：三国江夏竟陵（今湖北潜江西北）人，字季玉。继其父刘焉为益州牧，据有今四川地。后投降刘备。②刘表（142—208）：东汉末山阳高平（今山东鱼台东北）人，字景升。先后为荆州刺史和荆州牧，据有今湖北、湖南某些地方。病死后，其子刘琮降于曹操。

译文 程颢说："诸葛亮志在辅佐刘备，剪除奸凶，匡复汉室，但他的行为并不完全符合'道'。王道是天道大公无私的体现，哪怕做一件不合道义的事就可以得到整个天下，也不会去做。诸葛亮急于在事业上取得成功，置信义于不顾，借协助刘璋攻击张鲁之机，夺取了成都。圣人宁愿事业无成，此不愿做于道义有亏的事。如果诸葛亮在刘表之子刘琮准备投降曹操、拱手奉出荆州之际，出兵占领荆州，以作为刘备复兴汉室的根据地，在道义上就完全站得住脚。"

原文 14·11 明道曰："诸葛武侯有儒者气象。"

译文 程颢说："诸葛亮气象博大，体现了儒者风范。"

原文 14·12 明道曰："孔明庶几礼乐。"

译文 程颢说：“诸葛亮以礼乐治理蜀国，差不多实现了儒家的政治理想。”

原文 14·13 明道曰：“文中子本是一隐君子[①]，世人往往得其议论，附会成书[②]；其间极有格言，荀扬道不到处。”

注释 ①文中子：王通（584—617），隋哲学家。字仲淹，门人私溢曰“文中子”。隐君子：隐士。

②书：指《中说》，亦称《文中子》。

译文 程颢说：“文中子本来是一个隐士，他的学生们把他的思想言论收集起来，汇编成一本名叫《中说》的书。该书有的格言说得极好，不是荀子、扬雄说得出来的。”

原文 14·14 明道曰：“韩愈亦近世豪杰之士，如《原道》[①]中言语虽有病，然自孟子而后，能将许大见识寻求者，才见此人。至如断曰‘孟氏醇乎醇[②]’。又曰荀与扬‘择焉而不精，语焉而不详[③]’。若不是他见得，岂千余年后，便能断得如此分明？”

注释 ①《原道》：韩愈的哲学论文。提出自尧舜至孔孟一脉相承的儒家“道统”说，以攻击当时流行的佛老思想。

②孟氏醇乎醇：语出韩愈《读荀子》。

③荀与扬择焉而不精，语焉而不详：语出韩愈《原道》。

译文 程颢说：“韩愈是近世的豪杰之士。他的《原道》等文虽然在理论阐释上有一些毛病，但自孟子以后，能够在哲学高度上探求儒家思想的核心本质者，只有韩愈一人。例如他裁断说，孟子纯正无比；又如他说，荀子和扬雄选择了儒家的一些观点，但选得不够精；阐述了儒家的一些道理，但说得不够细。如果不是他把握了儒家真精神，那么，一千多年以后，他岂能判断得如此分明？”

原文 14·15 明道曰：“学本是修德，有德然后有言。退之却倒学了，因学文日求所未至，遂有所得。如曰‘轲之死，不得其传[①]’，似此言语，非是蹈袭前人，又非凿空撰得出，必有所见。若无所见，不知言所传者何事。”

注释 ①轲之死，不得其传：语出韩愈《原道》。

译文 程颢说：“所谓‘学’，根本指向是修养自己的德性。德性决定外在表现，换言之，人有什么样的德性，就说什么样的话。但是，韩愈的学习路向恰恰是相反的：他在读书学习的基础上，能不断地思考，以寻求他没有把握的东西，于是他能有所进步，有所心得。例如他说：‘孟子死后，儒家道统就不能往下传了。’像这样的结论，既非因袭前人之说，又非可以凭空杜撰，必须是有所洞见才说得出来的。如果韩愈没有真知灼见，他一定不可能知道儒家一代一代往下传的是什么东西。”

原文 14·16 周茂叔胸中洒落，如光风霁月。其为政精密严恕，务尽道理。

译文 周敦颐心胸洒落自然，仿佛光风霁月，清亮高远无比。他处理政事，既精练又缜密，既严肃又宽厚，在在都完全符合道理。

原文 14·17 伊川撰《明道先生行状》曰：“先生资禀既异，而充养①有道。纯粹如精金，温润如良玉。宽而有制，和而不流。忠诚贯于金石，孝悌通于神明。视其色，其接物也如春阳之温；听其言，其入人也如时雨之润。胸怀洞然，彻视无间。测其蕴，则浩乎若沧溟之无际；极其德，美言盖不足以形容。

先生行己，内主于敬而行之以恕，见善若出诸己，不欲勿施于人[②]，居广居而行大道[③]，言有物而行有常。

先生为学自十五六时，闻汝南[④]周茂叔论道，遂厌科举之业，慨然有求道之志。未知其要，泛滥于诸家，出入于老释者几十年，返求诸《六经》而后得之。

明于庶物，察于人伦[⑤]。知尽性至命[⑥]，必本于孝弟；穷神知化[⑦]，由通于礼乐。辨异端似是之非，开百代未明之惑。秦汉而下，未有臻斯理也。谓孟子没而圣学不传，以兴起斯文为己任。其言曰：'道之不明，异端害之也。昔之害近而易知，今之害深而难辨；昔之惑人也乘其迷暗，今之入人也因其高明。自为穷神知化，而不足以开物成务[⑧]；言为无不周遍，实则外于伦理；穷深极微，而不可以入尧舜之道。天下之学，非浅陋固滞，则必入于此。自道之不明也，邪诞妖异之说竞起，涂生民之耳目，溺天下于污浊。虽高才明智，胶于见闻，醉生梦死，不自觉也。是皆正路之蓁芜[⑨]，圣门之蔽塞，辟之而后可以入道。'

先生进将觉斯人，退将明之书，不幸早世，皆未及也。其辨析精微稍见于世者，学者之所传耳。先生之门，学者多矣。先生之言，平易易知，贤愚皆获其益，如群饮于河，各充其量。

先生教人，自致知至于知止，诚意至于平天下，洒扫应对至于穷理尽性，循循有序。病世之学者舍近而趋远，处下而窥高，所以轻自大而卒无得也。

先生接物，辨而不间，感而能通。教人而人易从，怒人而人不怨。贤愚善恶，咸得其心。狡伪者献其诚，暴慢者致其恭。闻风者诚服，觌[10]德者心醉。虽小人以趋向之异，顾于利害时见排斥，退而省其私，未有不以先生为君子也。

先生为政，治恶以宽，处烦而裕。当法令繁密之际，未尝从众，为应文逃责之事。人皆病于拘碍，而先生处之绰然；众人忧以为甚难，而先生为之沛然。虽当仓卒，不动声色。方监司[11]竞为严急之时，其待先生率皆宽厚，设施之际，有所赖焉。

先生所为纲条法度，人可效而为也；至其道之而从，动之而和，不求物而物应，未施信而民信，则人不可及也。”

注释

①充养：意谓后天的学习与实践。

②不欲勿施于人:《论语·颜渊》:“子曰:‘己所不欲,勿施于人。’”

③居广居而行大道:《孟子·滕文公下》:“孟子曰:‘居天下之广居,立天下之正位,行天下之大道。’”朱熹说:“广居,仁也;正位,礼也;大道,义也。”

④汝南:指汝南郡淮康军。

⑤明于庶物,察于人伦:《孟子·离娄下》:“孟子曰:‘……舜明于庶物,察于人伦,由仁义行,非行仁义也。’”庶物,万物。

⑥尽性至命:《易·说卦》:“穷理尽性而至于命。”

⑦穷神知化:见2·89条注⑱。

⑧开物成务:通晓万物之理,按理办事,得到成功,《易经·系辞上》:“夫《易》,开物成务,冒天下之道,如斯而已者也。”

⑨蓁(zhēn)芜:杂草丛生。蓁:茂盛貌。芜:丛生之草。

⑩觌(dí):见;相见。

⑪监司:监察地方属吏之官。

译文 程颐撰写的《明道先生行状》说:“程颢不但禀赋超群,非同凡响,同时积极进取,在学习实践中时刻以圣人之道鞭策自己,成就斐然。他像真金一样纯粹,像宝玉一样温润。他宽厚而有节度，平和而不随波逐流。他无比忠诚，其精神可以贯穿金石；他恪守孝弟，其完美可以通达神明。他和颜悦色，接人待物给人春光一般温暖；他循循善诱，育人讲学仿佛及时雨一样滋润人心。他胸怀通明，通晓理事，显微无间。他的精神世界无比丰富，如同浩瀚的大海一样无边无际；他的品德极为崇高，以至任何美好的语言都不足以形容。

程颢做人的原则是：以诚敬之心守持自己，以宽容之心对待他人。他把善看成是自己的本分，是应该做的。他真正做到了孔子所说的‘己所不欲，勿施于人。’他达到了仁所体现的以天地万物为一体的境界；他做到了以义为准绳裁定一切是非。他言之有物，朴实无华；他行之有度，恒常不变。

程颢求学始于十五六岁时，听到汝南郡淮康军司理参军周敦颐讲学论道，于是对科举考试极为厌恶，慨然立下了修身求道的志向。由于年青的程颢此时还不了解道的精微所在，于是他试图通过博览群书来达到对道的体悟。他出入于诸子百家之间，广泛阅读道家、佛教等各家各派的著作，前后数十年之久，然而还是没有获得对道的把握。最后，程颢返回到儒家经典上来，通过探究《六经》找到了道。

程颢明白事物的道理，洞察人伦的常情。他熟知要穷究人的本性，把握人的终极目的，就必须以恪守孝弟为本；而要穷究万物的奥秘，通晓万物的变化，就必须通过对礼乐制度的体认。他通过辨别是非真假，揭露了异端邪说似是而非的面目，拨开了历代人们疑惑的迷雾。秦汉以降，还没有谁能像程颢那样达到对天理把握的高度。他明白孟子死后，圣学没有得到承传。因此，他毅然把复兴儒家文化真精神看成是自己的使命。他说：‘道没有得到彰显，是异端邪说的危害造成的。过去杨朱、墨子、申不害、韩非的危害并不深，且容易认识；今天佛教、老子的危害很深，且难以识别。过去杨墨申韩之所以能迷惑人，是因为人们认识糊涂；今天佛教、老子之所以能侵入人心，是因为佛老之言有高明的地方。佛老自以为能穷究世界的奥秘，能通晓万物的变化，然而，佛老并没有揭示事物真象，不足以使万事万物各得其所。佛老自以为其思想体系无所不包，无不周遍，然而却外在于人间纲常伦理。佛老自以为其精神指向无比深远精微，然而与尧舜中正之道格格不入。天下的学者，若不体认《六经》的真精神，自弃自囿于浅陋固滞，必然成为佛老的俘虏。自从天道没有得到彰显以来，邪诞妖异之说纷纷粉墨登场，它们扰乱人们善恶是非的判断力，使整个天下沉溺于混乱昏浊之中。即使那些自诩为才高智明者，由于他们的视野凝聚在感觉经验上，因此才不自觉地陷入醉生梦死之中。而这一切，正是大路杂草丛生、圣门蔽塞的原因。因此，只有扫除荆棘，开辟道路，才能够进入圣学之门，认识圣人之道。'

程颢做官就用仁义之道教育、启发百姓；不做官就著书立说，传播儒家思想。可惜他过早离开人世，这两件事都未能圆满完成。他留存下来的著述，辨析阐释极其精辟微妙，已经成为他的学生们传授学问的范本。程颢门下，学生众多。他的言论，平易近人，容易理解，无论聪明的人还是不够聪明的人都能从他那里获得收益。他知识渊博，仿佛无尽的河水，可以满足每个学生的最大容量。

程颢教书育人依据的是《大学》的原则，即《大学》所讲的格物、致知、诚意、正心、修身、齐家、治国、平天下这一一步一个脚印、一点一点在原有基础上不断进步的原则。换言之，程颢要求学生首先从日常的洒扫应对做起，此基础上不断提升、完善自己，最后达到穷究天理、圆满自我本性的至善状态。这就是程颢循序渐进的教育方法。程颢批评说：不脚踏实地做实践工夫，不从身边的小事做起，好高骛远，企望过高的目标，正是那些轻狂自大的人最终一无所得的根本原因。

程颢接人待物，既分辨是非曲直，又无物我厚薄之见。一切人情事态，他都能够理解，能够驾驭。他教育人，人愿意听从；他怒责人，人却不产生怨恨之感。无论是贤明的人还是愚笨的人，也无论是善良的人还是凶恶的人，都对他博大的胸怀产生崇敬之情。在他面前，狡猾虚伪的人变得诚实，暴戾傲慢的人显得恭敬。听到程颢操守的人，无不心悦诚服；看到程颢德行的人，无不心醉不已。虽然小人的追求与程颢大相径庭，他们汲汲于追名逐利，一有机会就排挤、斥责程颢，然而一旦他们私下里进行反省时，无不都认为程颢是一个真正的君子。

程颢从政做官，以宽容精神处治恶人，以从容态度处理烦杂事务。每当种种烦琐的法令缠身之时，他从不苟且从众，从不敷衍应付逃避责任。同僚们都责怪他过于拘泥法令，妨碍了工作效率，但他却绰然处之。众人都忧心忡忡地认为实施法令是一件棘手难办的事，但他以开阔的心态从容行事。即便遇到紧迫急促的事情，他依然无比镇静，毫无紧张之感。曾几何时，监察官吏纷纷巡察各地，他们苛刻严峻，地方官往往动辄得咎。但他们都对程颢以宽厚相待。但凡有施政计划、行政措施出台，他们都委托给程颢，可见对他的信赖之厚。

程颢作为国家官吏，在他职权范围内制订的作为法定条文的纲领、条目、法令、制度等等，次第井然，人人可以效仿，可以实施。然而，他的超凡之处在于：他以仁爱引导人心，人们就跟从他；他以真诚感动人心，人们就和谐相处；他不求人们响应他，然而人们却自愿顺应他；他不在口头上讲‘信’字，然而百姓却相信他。这一切，远不是常人可以企及的。”

原文 14·18 明道先生曰：“周茂叔窗前草不除。问之，云：与自家意思一般。”

译文 程颢说：“周敦颐不刈除窗前的青草，有人问他何故。周敦颐说，春意盎然，万物发育，合于天理，合于人心。”

原文 14·19 张子厚闻生皇子，喜甚；见饿莩[①]者，食便不美。

注释 ①饿莩（piǎo）：饿死的人。莩，同“殍”。

译文 张载听到皇子降临人间，喜悦不已；看见饿死的人，吃饭时难以下咽。

原文 14·20 伯淳尝与子厚在兴国寺讲论终日，而曰不知旧日曾有甚人，于此处讲此事。

译文 程颢曾与张载终日在兴国寺论学谈道，感慨不知过去何人像他们一样也曾在此孜孜探求。

原文 14·21 谢显道曰：“明道先生坐如泥塑人，接人则浑是一团和气。”

译文 谢显道说：“程颢先生坐时如同一个泥塑人，而接人待物则浑身一团和气。”

原文 14·22 侯师圣云[①]：“朱公掞[②]见明道于汝，归，谓人曰:‘光庭在春风中坐了一个月。’游杨[3]初见伊川,伊川瞑目而坐,二子侍立。既觉,顾谓曰:‘贤辈尚在此乎?日既晚且休矣。’及出门,门外之雪深一尺。”

注释 ①侯师圣:侯仲良,字师圣。程颐学生。

②朱公掞(shàn):朱光庭,字公掞。嘉祐进士。初学于孙复,后为二程弟子,时称洛党之魁。

③游杨:指游酢与杨时。游酢字定夫,二程学生。元丰进士。著作有《易说》《中庸义》等。杨时字中立,二程学生。熙宁进士,官至龙图阁学士。与游酢、吕大临、谢良佐并称程门四大弟子。著作有《龟山集》。

译文 侯师圣说:“朱光庭在汝阳与程颢会见,回来后对人说:‘我和老师在一起一个月,如同沐浴春风。’游酢和杨时第一次拜见程颐时,程颐正在闭目打坐,他们两人就一直侍立在旁。程颐醒觉时,转过头去对他们说:‘你们还站在这里吗?今天已经晚了,就回去休息吧。’等他们出门时,门外的雪已有一尺之深。”

原文 14·23 刘安礼云:“明道先生德性充完,粹和之气盎[1]于面背,乐易多恕,终日怡悦,立之从先生三十年，未尝见其忿厉之容。”

注释 ①盎：洋溢。

译文 刘安礼说：“程颢先生德性完满，一派纯粹中和之气洋溢全身。他快乐，平易，心胸宽广，喜悦自如。我追随先生三十年，从未看见他有忿怒粗厉的时候。”

原文 14·24 吕与叔撰《明道哀词》云：“先生负特立之才[①]，知《大学》之要，博文强识，躬行力究，察伦明物，极其所止，涣然心释，洞见道体。

其造于约[②]也，虽事变之感不一，知应以是心而不穷，虽天下之理至众，知反之吾身而自足。其致于一也，异端并立而不能移，圣人复起而不与易。其养之成也，和气充浃[③]，见于声容，然望之崇深不可慢也，遇事优为[④]，从容不迫，然诚心恳恻，弗之措[⑤]也。其自任之重也，宁学圣人而未至，不欲以一善成名；宁以一物不被泽为己病，不欲以一时之利为己功。其自信之笃也，吾志可行，不苟洁其去就，吾义所安，虽小官有所不屑。”

注释 ①才：通“材”。

②造于约：张伯行《集解》：“先生之学，盖由博以归于约也。”意味通过格物致知工夫，到达对总摄万物之理的把握。约，简明之理。

③浃（jiā）：透；遍及。

④优为：从容。

⑤措：废置，搁置。

译文 吕与叔撰写的《明道哀词》说：“程颢禀赋特立高迈的资质。他通晓《大学》纲要，博闻强记，身体力行，洞察人伦，明白事理。在他的人生实践和道德追求到达终极完满的时候，他已经处于一种涣然冰释，内心一片澄明，洞见天道的境界之中。

程颢达到了对天理本体的把握。因此，虽然事物变化带来的感受各各不同，程颢都以本然之心观照它们，可以无穷尽地对应一切变化而不失中道。虽然天地万物各有其理，不可胜数，程颢通过反求自身，明白理一分殊，万物各有定分，自足其性的道理。程颢达到了对天理之‘一’的把握。因此，任何异端之说不能改变程颢对‘一’的认同。程颢坚信，即使圣人再生，也不会改变天理之‘一’的绝对性和永恒性。程颢自我修养已达到完满状态。他和气充盈，溢于言表，然而他崇高、深邃，令人不可轻慢。他处理事情自如无比，从容不迫，然而他诚心恳切，从不须臾之间搁置废弃'诚'。程颢自觉担当历史重任。他立志学圣人，即使终生达不到圣人境界，他也不愿意以一时的善行成就美名；他宁愿把一事一物不得其所看成是自己的过错，不愿把一时所做的好事看成是自己的功劳。程颢无比自信。他认为，如果儒家理想可以得到推行，就不必以退隐清高自许；如果道义要求退隐，就不屑于出仕做官。"

原文 14·25 吕与叔撰《横渠先生行状》云："康定[1]用兵之时，先生年十八，慨然以功名自许，上书谒范文正公[2]。公知其远器，欲成就之，乃责之曰：'儒者自有名教，何事于兵?'因劝读《中庸》。先生读其书，虽爱之犹以为未足。于是又访诸释老之书，累年尽究其说，知无所得，反而求之《六经》。

嘉祐初[3]，见程伯淳正叔于京师，共语道学之要。先生涣然[4]自信曰：'吾道自足，何事旁求。'于是尽弃异学，淳如也。

晚自崇文移疾，西归横渠[5]，终日危坐一室，左右简编，俯而读，仰而思，有得则识之。或中夜起坐，取烛以书，其志道精思，未始须臾息，亦未尝须臾忘也。学者有问，多告以知礼成性变化气质之道，学必如圣人而后已，闻者莫不动心有进。尝谓门人曰：'吾学既得于心，则修其辞，命辞无差，然后断事，断事无失，吾乃沛然精义入神者，豫而已矣。'

先生气质刚毅，德盛貌严，然与人居久而日亲，其治家接物，大要正己以感人。人未之信，反躬自治，不以语人，虽有未喻，安行而无悔。故识与不识，闻风而畏，非其义也，不敢以一毫及之。"

注释

①康定：宋仁宗年号。

②范文正公：范仲淹。北宋政治家、文学家。

③嘉祐：宋仁宗年号。

④涣然：光亮貌。

⑤晚自崇文移疾，西归横渠：张伯行《集解》："熙宁二年（1069），（张载）被召入对，除崇文院校书，与执政不合，明年移疾西归，居于横渠故地。"移病，作书称病，多为居官者求退的婉辞。

译文

吕与叔撰写的《横渠先生行状》说："宋康定年间，

国家急需军事战备人才。此时张载十八岁，慨然以雄豪自许，欲立功名于疆场，便上书拜谒范仲淹。范仲淹知道张载志向远大，希望成就他的理想，因此责备说：‘儒者自有用武之地，这就是匡护名教，何必在军事上有所作为呢？’于是范仲淹劝张载读《中庸》。张载通过读《中庸》，虽然十分喜爱这部书，但仍感到精神不能得到完全满足。于是他又广泛阅读佛教和道家的著作，多年潜心研究，然而却毫无收获。在这种情况下，他才返回到对《六经》的探求上来。

宋嘉祐初年，张载在京城会见程颢、程颐兄弟，他们一起讨论道学的核心与本质。张载精神振奋，无比自信地说：‘吾道完满自足，无须向外寻求。’于是他彻底抛弃了佛教、道家等种种异端异说，成为一个纯正的儒者。

张载晚年称病离开崇文院，回到故乡横渠镇。他终日正坐室中，四周放满书籍，时而俯首看书，时而仰头思考，一有所得便记下来。有时半夜起来，点燃蜡烛，把心得记录下来。张载志于求道，精心探索，勤于思考，一刻也未停止，一刻也未忘却。学者如来请教，他总是这样劝告他们——要他们知晓礼，成就天地之性，通过道德实践转换自己的气质，以追求圣人人格为最高目标，永不停息。凡受到张载教育启发的人，无不内心感动，无不在读书学习、道德修养上取得进步。张载曾对学生说：'在学习圣人之学的道路上有所心得体会，就应该用文字把它们记录下来，务必使自己的心得与圣人的教诲统一起来，毫厘不差，然后以此为准绳应断事物。应断事物无失无误，就证明学者已把握了圣学的精髓，沛然进入出神入化的境界了。而这一切，都是在循序渐进学习的基础上，长期格物穷理积累起来的结果。

张载气质刚毅，德性盛大，面容庄严。然而，只要人们长期和他在一起，就会日益感到他可亲可爱。张载无论治家还是接人待物，根本原则是正己，以自己的崇高人格影响、感动他人。如果有人对他的精神境界持怀疑态度，他只是反躬自省，从不表白。虽然最终还是有人不明白他的追求与动机，他依然默默地朝着自己的目标走去，无悔无憾。正因为如此，无论认识还是不认识张载的人，听到他的名字都会产生敬畏之情。都不敢对他进行任何丝毫的非议。"

原文 14·26 横渠曰："二程从十四五岁时，便锐然欲学圣人。"

译文 张载说:“程颢、程颐兄弟十四五岁时，就坚决地立下了学圣人的志向。”

附录

《近思录集解·序》

[南宋] 叶采

皇宋受命，列圣传德，跨唐越汉，上接三代统纪。而天僖明道间，仁深泽厚，儒术兴行，天相斯文，是生濂溪周子，抽关发朦，启千载无传之学；既而洛二程子、关中张子，缵承羽翼，阐而大之。圣学湮而复明，道统绝而复续。猗欤盛哉！中兴再造，崇儒务学，遹遵祖武，是以巨儒辈出，沿溯大原，考合诸论。时则朱子与吕成公，采摭四先生之书，条分类别，凡十四卷，名曰《近思录》。规模之大而进修有序，纲领之要而节目详明。体用兼该，本末殚举。至于辟邪说、明正宗，罔不精核洞尽。是则我宋之一经，将与四子并列，诏后学而垂无穷者也。尝闻朱子曰："四子,《六经》之阶梯;《近思录》，四子之阶梯。"盖时有远近，言有详约不同，学者必自近而详者，推求远且约者，斯可矣。采年在志学，受读是书，字求其训，句探其旨，研思积久，因成《集解》。其诸纲要，悉本朱子旧注，参以《升堂纪闻》。及诸儒辩论，择其精纯，刊除繁复，以次编入。有阙略者，乃出臆说，朝删暮辑，逾三十年。义稍明备，以授家庭训习。或者谓寒乡晚出，有志古学，而旁无师友，苟得是集观之，亦可创通大义，然后以类而推，以观四先生之大全，亦近思之意云。淳祐戊申长至日，建安叶采谨序。

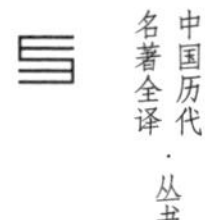

《近思录集解·序》

[清] 张伯行

集群圣之成者，孔子也，删定往训，垂为《六经》，而道统治法备焉。集诸儒之成者，朱子也，采摭遗书，作《近思录》，而性功王事该焉。夫以尧、舜、禹、汤、文、武、周公之圣，使不得孔子继起而绍述之，则《诗》《书》《礼》《乐》，虽识大识小之有人，而残缺灭裂之余，谁为阐圣言于来祀？以周子、程子、张子诸儒之贤，使不得朱子会萃而表章之，则微文大义，所与及门授受而讲贯者，即未尽泯没于庐山之阜、伊洛之滨，关中之所传贻，然而斯人徒与，寥落几何，一脉绵延，安恃不堕？况其时又有介甫之坚僻，杨刘之纤巧，佛老之寂灭虚无，浸淫渐染，卒难划除，其势皆足为吾道敌。唯子朱子承先启后，崇正辟邪，振寰宇之心思，开一时之聋聩；亟取周子、二程子、张子各书，采其关于大体，切于日用者，辑为是录。俾学者寻绎玩味，心解力行，庶几自近及远，自卑升高，而诐淫邪遁不能淆，训诂词章不得而汩没焉。此则许鲁斋所称为入圣之基，而朱子亦谓“四子,《六经》之阶梯;《近思录》，又四子之阶梯”者也。噫！尧、舜、禹、汤、文、武、周公虽圣，得孔子而益彰；周子、二程子、张子虽贤，不亦得朱子而益著哉！我皇上德迈唐虞，学配孔孟，性功与王猷并懋，道统偕治法兼隆。故《六经》、四子而外，每于濂、洛、关、闽四氏之书，加意振兴，以宏教育。近复特颁盛典，俎豆宫墙，跻朱子于十哲之次。诚以集群圣之成者孔子，用是师表于万世；集诸儒之成者朱子，故能启佑乎后人也。伯行束发受书，垂五十余年，兢兢焉以周、程、张、朱为标准，而于朱子是录，尤服膺弗失。间尝纂集诸说，谬为疏解，极知浅陋无当。然藉是以与天下之有志者，端厥趋向，淬厉濯磨。毋厌卑近而骛高远，毋觊凌躐而遁虚无，然后优柔厌饫，有先后次序。所谓江海之浸，膏泽之润，焕然冰释，怡然理顺，以不负先儒谆复诲诱之心也。于是乎士希贤而贤希圣，其维持道脉，光辅圣朝，斯文之盛未艾矣。爰命李生丹桂、史生大范校梓，而书此以为序。

康熙四十九年庚寅仲夏谷旦，仪封后学张伯行题于姑苏之正谊堂。

书《近思录》后

朱熹

淳熙乙未[①]之夏，东莱吕伯恭来自东阳[②]，过予寒泉精舍[③]，留止旬日，相与读周子、程子、张子之书，叹其广大闳博，若无津涯[④]，而惧夫初学者不知所入也。因共掇取其关于大体而切于日用者，以为此编。总六百二十二条，分十四卷。盖凡学者所以求端用力，处己治人，与夫所以辨异端，观圣贤之大略，皆粗见其梗概。以为穷乡晚进[⑤]，有志于学，而无明师良友以先后[⑥]之者，诚得此而玩心焉，亦足以得其门而入矣。如此然后求诸四君子之全书，沈潜反覆，优柔厌饫[⑦]，以致其博而反诸约[⑧]焉。则其宗庙之美，百官之富，庶乎其有以尽得之；若惮烦劳，安简便，以为取足于此而可，则非今日所以纂集此书之意也。五月五日，朱熹谨识。

注释

①淳熙乙未：指宋孝宗淳熙二年，即公元1175年。淳熙，宋孝宗年号。

②东莱吕伯恭来自东阳：吕祖谦字伯恭，学者称东莱先生。

东阳，县名。在今浙江省中部，钱塘江支流金华江上游。

③精舍：书斋、学舍，集生徒讲学之所。

④津涯：水边；岸。这里指边界。

⑤晚进：谓资浅新进者。犹言后辈。

⑥先后：支配、左右。

⑦优柔厌饫：优柔，从容自得。厌饫，吃饱。

⑧约：简明之理。

译文 淳熙二年夏天，吕祖谦从东阳来，路过我讲学的寒泉学舍，住了十天。我们每天在一起研读周敦颐、程颢、程颐和张载的著作，惊叹他们的学问博大恢宏，漫无边界可寻，由此担心初学者找不到入门的路径。于是，我们共同着手，从他们的著述中选取既代表他们的基本思想又切近日常实用的部分内容，编成《近思录》一书。此书共六百二十二条，分为十四卷。凡希望了解学问的开端、学问的着力点，以及如何处己治人、辨异端、观圣贤的纲要的初学者，都可以从《近思录》中了解到大致的梗概。我们认为，对于有志于学的偏僻乡村的年青学子来说，即使无良师益友指点，只要潜心研究此书，也完全可以找到问学的门径。在此之后，再研究四子的全书，以从容的态度，反复潜心钻研，读深读透，从其丰富的内容中达到对义理的真正理解。这样，周敦颐、程颢、程颐、张载无比丰厚精纯的思想和学问，庶几可以详尽全面地把握；如若怕麻烦，怕辛劳，图简单，图方便，以为只要把《近思录》弄懂就足够了，恐怕就误解了我们今天编集此书的真正用心了。五月五日，朱熹谨记。

《近思录》跋

吕祖谦

《近思录》既成，或疑首卷阴阳变化性命之说，大抵非始学者之事。祖谦窃尝与闻次缉之意，后出晚进，于义理之本原，虽未容骤语，苟茫然不识其梗概，则亦何所底止？列之篇端，特使知其名义，有所向望而已。至于余卷所载讲学之方，日用躬行之实，具有科级；循是而进，自卑升高，自近及远，庶几不失纂集之旨。若乃厌卑近而骛高远，躐[①]等陵节，流于空虚，迄无所依据，则岂所谓近思者耶？览者宜详之。淳熙三年四月四日，东莱吕祖谦谨书。

注释 ①躐（liè）：超越。

译文 《近思录》编成后，有人对把四子关于阴阳变化以及性命的思想放在卷首提出质疑，认为对于初学者来说，这些形上的观念大概是不能理解的。我多少知道编排次第的道理，对于初学者来说，虽然不可能马上就给他们讲明诸如义理之本原的形上观念，但如若他们对这些观念一片茫然，一无所知，他们怎么能够知道追求的终极目标呢？把《道体》列为篇首，只不过是为了让他们知道形上本原的概念，使他们有所根本想往而已。至于其他各卷所摘录的关于问学的方法、日用躬行的实践等等，都有次第等级之分；遵循次第的要求，循序渐进，由低向高，由近及远，大致就不会偏离我们编撰《近思录》所确定的目标。如果不从贴近日常生活的具体事情入手，一味好高骛远，不切实际地超越问学明理的阶段性，势必流于空疏，无所依托，这样的人，怎么算得上切近实际的思考者与实践者呢？上述所言，读者理应明白。淳熙三年四月四日，东莱吕祖谦谨书。

图书在版编目（CIP）数据

近思录全译 /（南宋）朱熹,（南宋）吕祖谦撰集；于民雄译注.
— 贵阳：贵州人民出版社，2021.4
（中国历代名著全译丛书）
ISBN 978-7-221-16507-7

Ⅰ.①近… Ⅱ.①朱…②吕…③于… Ⅲ.①理学—中国—南宋
②《近思录》—译文 Ⅳ.①B244.74

中国版本图书馆CIP数据核字（2020）第267671号

出 版 人：王　旭
责任编辑：苏　轼
装帧设计：晓笛设计工作室　舒刚卫　刘清霞
责任监印：尹晓蓓　唐锡璋

书　　名：近思录全译
著　　者：[南宋]朱熹　吕祖谦　撰集
译　　注：于民雄
出版发行：贵州出版集团　贵州人民出版社
地　　址：贵州省贵阳市观山湖区会展东路SOHO办公区A座
印　　刷：北京雅昌艺术印刷有限公司
开　　本：880mm×1230mm　32开
印　　张：19
字　　数：345千字
版　　次：2021年4月第1版
印　　次：2021年4月第1次印刷
书　　号：ISBN 978-7-221-16507-7
定　　价：95.00元